编辑委员会名单

主　任：	张伟斌　迟全华
副主任：	葛立成　毛　跃　潘捷军　陈柳裕　王金玲
成　员：	（按姓氏笔画排序）

万　斌　毛亚敏　卢敦基　华忠林　杨建华
吴　蓓　谷迎春　宋月华　陈　野　陈永革
陈华兴　林华东　徐吉军　徐剑锋　董郁奎
解力平　戴　亮

中国地方社会科学院学术精品文库·浙江系列

中国地方社会科学院学术精品文库·浙江系列

社会主义协商民主：主体维度的思考

An Analysis of the Socialist
Deliberative Democracy:
From the Perspective of Subject

● 唐 玉 / 著

社会科学文献出版社
SOCIAL SCIENCES ACADEMIC PRESS (CHINA)

浙江省哲学社会科学重点研究基地——"浙江省中国特色社会主义理论研究中心"学术成果

浙江省社会科学院"区域政治学"重点学科学术成果

立足地方实践　高扬中国特色

《中国地方社会科学院学术精品文库》总序

人类社会踏上了充满挑战和希望的21世纪，世界各种文明和思想文化经历着深刻的激荡和变革。面对这样的形势，坚持理论创新、科技创新、文化创新以及其他各方面的创新，乃是建设中国特色社会主义事业，振兴中华民族的必由之路。因此，承担着"认识世界、传承文明、创新理论、资政育人、服务社会"职责的哲学社会科学，任重而道远。

中国特色的社会主义，是物质文明、政治文明和精神文明全面发展的新型社会，是人类历史中前无古人的创举，需要在马列主义、毛泽东思想、邓小平理论和"三个代表"重要思想的指引下，解放思想，求真务实，在实践和理论上进行不懈的探索，用科学发展观统领经济发展和社会进步，实现全面协调可持续发展。

胡锦涛同志2003年7月1日《在"三个代表"重要思想理论研讨会上的讲话》中指出，在实现全面建设小康社会这个宏伟目标的征程中，我们将长期面对三个重大课题：一是要科学判断和全面把握国际形势的发展变化，正确应对世界多极化和经济全球化以及科技进步的发展趋势，在日益激烈的综合国力竞争中牢牢掌握加快我国发展的主动权。二是要科学判断和全面把握我国长期处于社会主义初级阶段的基本国情，正确认识和妥善处理人民日益增长的物质文化需要同落后的社会生产力这个社会主要矛盾，不断增强综合国力，逐步实现全体人民的共同富裕。三是要科学判断和全面把握我们党所处的历史方位和肩负的历史使命，加强和改进党的建设，不断提高党的领导水平和执政水平，增强拒腐防变和抵御风险能力，始终成为团结带领人民建设中国特色社会主义的领导核心。哲学社会科学工作者必须立足国情，立足当代，以这三个重大课题为主攻方向，同党和人民一道，在实践的基础上进行前瞻性、全局性和战略性的研究，努力解决广大群众关心的理论问题和实际问题，建设中国特色、中国风格、中国气派的哲学社会科学。

中国共产党历来高度重视哲学社会科学的发展。中共中央在2004年3月发布了《关于进一步繁荣发展哲学社会科学的意见》，精辟地阐述了哲学社会科学在建设中国特色社会主义中的地位和作用，指明了进一步繁荣发展哲学社会科学的指导方针和基本原则。这个文件是在新的历史时期发展繁荣哲学社会科学的精神动力和行动指南，必将唤起广大哲学社会科学工作者为建设中国特色社会主义、服务于中国人民进行实践探索和理论创新的使命感，迎来中国哲学社会科学繁荣发展的又一个阳光灿烂的春天。

地方社会科学院是我国哲学社会科学研究的一支重要力量。20多年来，除台湾省之外，各省市自治区和部分计划单列市先后建立了社会科学院，总数已经达到44家。可以说，地方社会科学院是我国社会主义现代化建设的一支不可替代的生力军。在各省（市）党委、政府的领导与支持下，地方社会科学院在队伍建设、科研体制改革等诸多方面进行了许多探索，取得了重大的成就和可贵的经验，涌现出了一批科研骨干，获得大批立足地方实践、富有地方特色的优秀科研成果，为地方的经济社会发展和理论创新作出了重要贡献。立足地方特色，紧密结合广大人民群众的实践，是地方社会科学院发展的一个显著特点。我们相信《中国地方社会科学院学术精品文库》作为一个多系列精品工程的编辑出版，能够比较集中和系统地展示地方社会科学院的优秀科研成果及其固有特色，激励和推动社会科学学术研究的进一步开展和提高，有益于社会科学工作者之间的联系和合作。

继承和发展马克思主义，发展、繁荣社会主义中国的哲学社会科学事业，实现中华民族的伟大振兴，任重而道远，让我们大家共勉，在以胡锦涛为总书记的党中央领导下，进一步解放思想、开拓创新，迎接哲学社会科学繁荣发展的美好明天。

中国社会科学院院长

陈奎元

2004 年 8 月 15 日

打造精品　勇攀"一流"

《中国地方社会科学院学术精品文库·浙江系列》序

光阴荏苒，浙江省社会科学院与社会科学文献出版社合力打造的《中国地方社会科学院学术精品文库·浙江系列》（以下简称"《浙江系列》"）已经迈上了新的台阶，可谓洋洋大观。从全省范围看，单一科研机构资助本单位科研人员出版学术专著，持续时间之长，出版体量之大，都是首屈一指的。这既凝聚了我院科研人员的心血智慧，也闪烁着社会科学文献出版社同志们的汗水结晶。回首十年，《浙江系列》为我院形成立足浙江、研究浙江的学科建设特色打造了高端的传播平台，为我院走出一条贴近实际、贴近决策的智库建设之路奠定了坚实的学术基础，成为我院多出成果、快出成果的主要载体。

立足浙江、研究浙江是最大的亮点

浙江是文献之邦，名家辈出，大师林立，是中国历史文化版图上的巍巍重镇；浙江又是改革开放的排头兵，很多关系全局的新经验、新问题、新办法都源自浙江。从一定程度上说，在不少文化领域，浙江的高度就代表了全国的高度；在不少问题对策上，浙江的经验最终都升华为全国的经验。因此，立足浙江、研究浙江成为我院智库建设和学科建设的一大亮点。《浙江系列》自策划启动之日起，就把为省委、省政府决策服务和研究浙江历史文化作为重中之重。十年来，《浙江系列》涉猎领域包括经济、哲学、社会、文学、历史、法律、政治七大一级学科，覆盖不可谓不广；研究对象上至史前时代，下至21世纪，跨度不可谓不大。但立足浙江、研究浙江的主线一以贯之，毫不动摇，为繁荣我省哲学社会科学事业积累了丰富的学术储备。

贴近实际、贴近决策是最大的特色

学科建设与智库建设双轮驱动，是地方社科院的必由之路，打造区域性的思想库与智囊团，是地方社科院理性的自我定位。《浙江系列》诞生十年来，推出了一大批关注浙江现实，积极为省委、省政府决策提供参考的力作，主题涉及民营企业发展、市场经济体系与法制建设、土地征收、党内监督、社会分层、流动人口、妇女儿童保护等重点、热点、难点问题。这些研究坚持求真务实的态度、全面历史的视角、扎实可靠的论证，既有细致入微、客观真实的经验观察，也有基于顶层设计和学科理论框架的理性反思，从而为"短、平、快"的智库报告和决策咨询提供了坚实的理论基础和可靠的科学论证，为建设物质富裕、精神富有的现代化浙江贡献了自己的绵薄之力。

多出成果、出好成果是最大的收获

众所周知，著书立说是学者成熟的标志；出版专著，是学者研究成果的阶段性总结，更是学术研究成果传播、转化的最基本形式。进入20世纪90年代以来，我国出现了学术专著出版极端困难的情况，尤其是基础理论著作出版难、青年科研人员出版难的矛盾特别突出。为了缓解这一矛盾和压力，在中共浙江省委宣传部、浙江省财政厅的关心支持下，我院于2001年设立了浙江省省级社会科学院优秀学术专著出版专项资金，从2004年开始，《浙江系列》成为使用这一出版资助的主渠道。同时，社会科学文献出版社高度重视、精诚协作，为我院科研人员学术专著出版提供了畅通的渠道、严谨专业的编辑力量、权威高效的书稿评审程序，从而加速了科研成果的出版速度。十年来，我院一半左右科研人员都出版了专著，很多青年科研人员入院两三年左右就拿出了专著，一批专著获得了省政府奖。可以说，《浙江系列》已经成为浙江省社会科学院多出成果、快出成果的重要载体。

打造精品、勇攀"一流"是最大的愿景

2012年，省委、省政府为我院确立了建设"一流省级社科院"的总体战略目标。今后，我们将坚持"贴近实际、贴近决策、贴近学术前沿"的科研理念，继续坚持智库建设与学科建设"双轮驱动"，加快实施"科研立院、人才兴院、创新强院、开放办院"的发展战略，努力在2020年底总体上进入国内一流省级社科院的行列。

根据新形势、新任务，《浙江系列》要在牢牢把握高标准的学术品质不放松的前提下，进一步优化评审程序，突出学术水准第一的评价标准；进一步把好编校质量关，提高出版印刷质量；进一步改革配套激励措施，鼓励科研人员将最好的代表作放在《浙江系列》出版。希望通过上述努力，能够涌现一批在全国学术界有较大影响力的学术精品力作，把《浙江系列》打造成荟萃精品力作的传世丛书。

是为序。

张伟斌

2013年10月

目 录

引 言 ……………………………………………………………… 1

第一章 西方公民传统与民主发展历程 …………………………… 16
  第一节 古典共和主义：城邦公民与直接民主 ………………… 17
  第二节 近代自由主义：私性公民与代议民主 ………………… 24
  第三节 托克维尔、贡斯当：现代公民与宪政民主 …………… 32
  第四节 当代社群主义：公民德性与参与民主 ………………… 39

第二章 公民身份的整合与协商民主的发展 …………………… 50
  第一节 走向整合的公民身份 …………………………………… 52
  第二节 协商民主理论的发端 …………………………………… 59
  第三节 协商民主理论的兴盛 …………………………………… 69
  第四节 公民问题的理论纷争 …………………………………… 83

第三章 哈贝马斯的审议民主与复合公民理论 ………………… 90
  第一节 概念性重建：审议民主的哲学基础 …………………… 92

第二节　结构性分层：公民理论的社会基础 …………… 100
第三节　"三位一体"的公民身份 ………………………… 108
第四节　审议民主与审议主体 …………………………… 125

第四章　当代西方协商民主的类型与经验启示 …………… 138
第一节　特设论坛中的协商 ……………………………… 139
第二节　公共领域中的协商 ……………………………… 157
第三节　西方协商民主的经验启示 ……………………… 163

第五章　中国公民观念的兴起与协商民主的历史演进 …… 172
第一节　中国公民观念的萌芽与兴起 …………………… 172
第二节　中国公民教育的发展与演变 …………………… 184
第三节　中国协商民主的本土思想资源 ………………… 190
第四节　中国协商民主实践的历史演进 ………………… 198

第六章　社会主义协商民主的实践与经验 ………………… 213
第一节　人民政协的政治协商实践与优势 ……………… 215
第二节　农村与社区协商民主制度的方法与经验 ……… 220
第三节　基层协商民主的特色做法与经验分析 ………… 236
第四节　党内协商民主的发展与完善 …………………… 245

第七章　社会主义协商民主的理论意蕴 …………………… 256
第一节　社会主义协商民主的基本内涵 ………………… 257
第二节　社会主义协商民主的构成要素 ………………… 268
第三节　社会主义协商民主的基本特征 ………………… 282
第四节　社会主义协商民主的内在价值 ………………… 293

第八章　社会主义协商民主的发展与未来 ………… 310
第一节　民主的中国模式：选举、协商与法治 ………… 311
第二节　社会主义协商民主主体：从精英到公民 ………… 318
第三节　社会主义协商民主的挑战与应对 ………… 329
第四节　协商式公民的培育与养成 ………… 337

结　语 ………… 348

参考文献 ………… 354

索　引 ………… 370

后　记 ………… 381

引 言

一

19世纪以来,中国经历着一场历史性、综合性的现代化转型,这一过程既涉及经济和物质领域,也包括政治、社会、文化以及人的现代化。改革开放30多年以来,中国经济取得了举世瞩目的辉煌成就,一跃而成为全球第二大经济体。然而,经济的高速发展、GDP的节节攀升与政治改革的迟滞、贫富分化、环境污染、贪腐问题、群体性事件多发等形成强烈对比,使得中国政府必须在全面深化改革的今天,加快政治体制改革的步伐,缩小贫富差距,完善社会管理,构建公民-政府的合作与信任关系,实现国家利益与个人权利、民生与民主、效率与平衡、稳定与自由、和谐与多元之间的均衡发展。正如福山2009年在接受日本关西大学的"中国世纪"演讲中所指出的,中国已经取得了现代化的诸多成功,但依然属于较为贫弱的国家……今后10~15年,中国若保持经济成长,随着教育水平的提高和市民社会的成熟,将会形成要求民主化的压力。为此,中国必须通过民主政治的发展，改变30多年来以经济领域为主体的跛脚改革，通过民主政治的推进，实现政治转型与经济增长并重的"双元发展"[①]。

"二十一世纪中国的最大问题是政治转型。"[②] 中国的现代化转型必须在经济腾飞的同时面对政治转型的重大挑战。美国政治学家阿尔蒙德提出了政治发展的两大指标——政府权能与民主政治。"政府的权力和效能，和公众对政府影响的程度，是两个衡量政治发展的标准。政治发展指国家的发展和国家的民主化。"[③] 作为后发展国家的中国，政治转型同样需要实现提升国家能力与推进民主政治的双重目标。广义的国家能力，不仅表现为以宏观经济调控和公共财政吸取为主的经济能力，还包括政治合法化和维持政治稳定的政治能力。尽管在某种意义上，民主政治的推进与国家能力的提升二者之间存在难以回避的吊诡，一方面民主政治表征着权力的分化，国家能力则强调权力的整合；另一方面社会的发达和民权的伸张往往以削弱政府能力和牺牲效率为代价。然而，民主政治的推进对于满足多元社会日益增长的参与需求、增进政治系统与公民之间的合作与信任、提升政治合法性、推进国家治理体系和治理能力的现代化，以及培育公民精神、公民文化等方面具有重大意义。在这个意义上，民主政治的推进与国家政治能力的提升是并行不悖的。

[①] 英国历史学家霍布斯鲍姆（Eric J. Hobsbawm）在《革命的年代》中将法国大革命和英国工业革命合称为"双元革命"。
[②] 高力克：《民主政治与国家能力——评奈斯比特夫妇与福山的中国论》，共识网，http://www.21ccom.net，2013年2月28日，最后访问日期：2014年1月20日。
[③] 〔美〕阿尔蒙德：《发展中的政治经济》，载亨廷顿等著《现代化：理论与历史经验的再探讨》，张景明译，上海译文出版社，1993，第362页。

二

"民主"作为一项人类最古老、最具吸引力、最富有生命力的价值追求,经历了漫长的发展历程。从亚里士多德时期的负面形象,到20世纪逐步站稳脚跟,再到亨廷顿称为"第三波民主化浪潮"的迅猛发展,几乎世界上所有国家都声称自己是民主制度。尽管民主的现实与理想仍然存在巨大的差距,总有着这样那样不尽如人意的地方,但是人类从未放弃过这一理想。政治学者们开始断言:民主的时代已经到来。

自民主理想产生以来,相对此前所有其他文明所提出的理想而言,民主提出的仅仅是一种最为消极的要求和目标。正如美国政治哲学家诺瓦克在《民主资本主义的精神》中指出的那样,每一种政治制度都是针对某些恶而设计,民主政治是针对专制(tyranny)这种最危险的恶而设计的。民主也因此被指责为没有崇高理想、没有美好未来的、没有极乐世界的制度设计——一切民主社会除了民主,什么都没有。这种人类政治生活之"最低理想"的独特魅力,恰恰在于其能够成为"抵住通向人间地狱(暴政)之门的顶门杠",而不是"攀向人间天堂的通天梯"。[①]

民主理想在不同历史时期和不同国家落实为不同的具体制度与形态,并在这种多元化的路径选择中逐步发展与完善。古希腊时期的直接民主,通过城邦的公民大会得以实现,每个公民(成年男性公民)都可以直接参与城邦公共事务的管理,轮流作为统治者和被统治者。

---

① 刘军宁:《善恶:两种政治观与国家能力》,《读书》1994年第5期。

现代国家建立以后，为了应对国家规模的挑战，民主实践在个人权利说、分权学说、议会至上原则和人民委托权力等思想基础上，逐步形成了以自由选举、政党政治、分权与制衡为要素的代议制民主，并在启蒙时代以来一直占据着民主形态的主流位置。

然而，随着全球民主实践的发展与深入，代议制民主的弊病与不足日益显露。一方面，代议制民主理论以个人主义和私利为基础，对政治过程的理解往往具有私人化倾向。这种倾向过多地关注个体，拒绝基于公共利益和正义要求的辩护，从而腐蚀了民主的传统理想和核心理念。因而，这种民主制度之中，民众的真实意愿和利益难以得到全面反映；民主形式与内容的脱节，导致了原则与实践的矛盾；选举和投票仅仅是一种聚合的民主形式，其结果往往无法保证公共利益的满足和公平正义的实现，同时多数票决规则也难以获得均衡各方利益的结果，容易导致公共决策控制权的争夺和选民的冷淡；经济上的不平等、金钱和权力对选票的影响、利益集团的操纵等因素都从根本上限制了民主的功能和潜力；政治过程的复杂性导致了合法性危机；等等。另一方面，在世界各国的民主实践中，公民的主体意志、动机、目的与以其名义作出的决策之间的差距越来越大[1]，政治代表的活动及兴趣与公众的关心渐行渐远[2]，间接民主代议制的简单多数原则难以实现真正的公民自治。

基于上述两个方面，民主理论家们开始探寻如何弥补选举民主及其多数原则的不足，对其形成矫正与深化；在共和主义理想的鼓舞下，强调民众通过自由平等理性的对话、辩论和协商方式参与公共决策和

---

[1] 参见〔南非〕登特里维斯主编《作为公共协商的民主：新的视角》，王英津等译，中央编译出版社，2006，第100页。

[2] David Beetham, "Liberal Democracy and the Limits of Democratization," in David Held, ed., *Prospects for Democracy: North, South, East, West* (Oxford: Polity Press, 1992), p. 47.

政治生活，从而保证公民自治、主权在民的民主理想（如广泛平等的公民参与、自由的政治辩论、开放的立法协商、对共同福祉的追求），克服自由主义民主遭遇的集体选择难题和共和主义民主遭遇的伦理或道德超载难题，赋予立法和决策以合法性。20世纪70年代，"伴随着第三波民主浪潮的兴起和各种新社会运动，西方学界对代议制民主进行了很多新的思考。其中，最主要的反思沿着两个方向展开：一是在对自由民主制度的批评中强调大众参与；二是通过汲取古典共和主义的养分，强调公民传统对民主制度良性运作的支撑作用。到80年代，这种反思催生出一种新的试图将二者整合起来的思考方向，就是90年代以后蓬勃发展的审议民主理论"[1]。

协商民主（deliberative democracy），又有审议民主、商谈民主、慎议民主、商议民主、审慎的民主等七种译法[2]，其中"协商民主"是使用最广泛的一种。笔者在本书主体部分使用"协商民主"，在引用和部分章节使用"审议民主"，总体上将这两种译法视为互通或等同的。按照美国学者约·埃尔斯特的看法，协商民主的观念代表了一种复苏，而不是创新。这一观念与民主的观念拥有同样长的历史，自公元前5世纪的雅典之始，"讨论"就既被积极地看作"任何明智之举的必不可少的前提"[3]，又被消极地看作"诡辩或煽动性言辞"。代议制民主出现之后，协商民主便致力于反对选民对代表的控制仅仅通过有限授权（投票）来实现，因为这种有限授权既不能被视为国家意志的表达，也不能形成真正的公共意志。19世纪，约翰·斯图尔特·密尔认为由于人类是易于犯错的，同时又可以通过无拘无束的意见交

---

[1] 谈火生：《民主审议与政治合法性》，法律出版社，2007，第3页。
[2] 对于译法上的深入探讨可参谈火生《民主审议与政治合法性》，第4页，注释7。
[3] 〔古希腊〕修昔底德：《伯罗奔尼撒战争史》，转引自〔美〕约·埃尔斯特《协商民主：挑战与反思》，周艳辉译，中央编译出版社，2009，第2页。

换获得确定的知识,讨论本身(或立法情势本身)就具有培育自我修正的能力,因而协商制度的设计就是为了弥补人类认知上的不足,从而形成"经由讨论的统治"。休谟则从另一个角度讨论了制度应该被设计来限制这些不足可能带来的危害,而未必能对各种规范性问题(normative issues)产生影响。

20世纪70年代以来,休谟的不可知论遭到了罗尔斯、哈贝马斯等人的质疑,并出现了全新的思考路径。罗尔斯通过"反思的平衡"假设了道德协商的可能性;哈贝马斯则借助"理想的对话情境"肯定了协商既是对目的的协商,又是对手段的协商。最终二者的论证主旨共同指向了一个理论内核:为了获得合法性,政治选择必须是自由、平等和理性的行为者之间就目的而进行协商的结果。[1] 因而,"如果想保存乃至深化我们的民主生活,我们必须把未来掌握在我们自己手中。我们必须创造一种能支持公民参与公共对话的制度"[2]。这一制度便是协商民主制度。

三

20世纪80年代,"协商民主"作为一种政府形式和政治制度被首次提出。此前十余年间,美国学者纷纷指出了制宪者和宪法制度的精英主义和贵族倾向。对此,约瑟夫·毕塞特在《协商民主:共和政府的多数原则》一文中阐释了制宪者建立"协商民主"的明确意图在于调和宪政民主的两个看似矛盾的主旨:既要限制大众多数,

---

[1] 〔美〕约·埃尔斯特:《协商民主:挑战与反思》,第1~7页。
[2] 〔美〕阿克曼、菲什金:《审议日》,载谈火生编《审议民主》,江苏人民出版社,2007,第125页。

又要使多数原则有效。尽管在很多学者看来，毕氏的协商民主仍然带有浓厚的精英主义倾向，但这篇文章预示着民主理论再次将关注重心回归"经由讨论形成公共意志"的观点，协商的程序和价值再次得以重视。

其后，伯纳德·曼宁的《论合法性与政治协商》（1987）和乔舒亚·科恩的《协商与民主合法性》（1989）两篇文章均从合法性角度进一步阐释了协商民主理论的核心价值所在，并成为这一理论的奠基之作。在曼宁看来，协商原则的最大理论价值在于，当全体一致的正义或合法性理论失败时，协商原则能够与多数原则共同成为个体意志向公共意志转化的合法性条件——意志的形成过程，即协商本身；其现实意义则在于"仅仅提供了一种不完善的、尽可能合理地作出决策的过程"，是纯粹的正义理论中全体一致要求在现实条件和实现途径的限制之下的某种调整性方案。在另一篇文章中，科恩则强调协商民主是一种将民主的内在价值作为基本政治理想，其事务受成员的公共协商支配的社团。通过对理想协商程序观念的描述体现了一种作为抽象的协商模式的基本特征，也为制度问题的解决提供了与众不同的结构，同时回应了拒绝协商民主的四种异议。

此后，协商民主理论受到政治理论学家们的广泛信奉，成为当代西方政治理论和民主实践形态的最新发展与重要成果之一。在约翰·罗尔斯的《政治自由主义》（1993）和尤根·哈贝马斯的《在事实与规范之间》（1996）的人力推动下，西方政治哲学实现了"审议转向"，用"审议"理念重塑了人类的民主想象。[①] 随后又相继涌现出了

[①] 德雷泽克认为"在1990年前后，西方政治哲学经历了一个审议转向"。John S. Dryzek, *Deliberative Democracy and Beyond: Liberals, Critics, Contestations* (Oxford: Oxford University Press, 2000), p. 1.

德雷泽克、埃尔斯特、古特曼、汤普森、麦基、博曼、雷吉、菲什金等一批协商民主的倡导者。协商民主逐步成为"民主政治的发展方向"、"当代民主的核心所在",以及"对西方代议民主、多数民主和远程民主的一种完善和超越"。①

四

德雷泽克在其《协商民主及其超越:自由与批判的视角》一书的中文版序中指出:"话语民主与西方许多民主分析路径是有区别的,后者强调把自由主义国家机构(尤其是立法机关和法庭)当作协商的归宿,而话语民主思想的一个优势是它能够与许多不同类型的协商实践联系起来,尤其与中国地方层级上的协商实践联系起来。重要的是,它可以与中国许多城市和乡村正在开展的咨询会、恳谈会和听证会等协商实践形式联系起来。"② 因此,协商民主作为人类民主政治的一种实现形式,既可以具有丰富的内涵和表现,又可以与不同国家的民主实践结合起来,展现出更为多元的形态与特质。

"社会主义协商民主"是区别于西方政治制度的一种独特民主制度,它并非对西方协商民主的复制、模仿或简单借用,而是中国人民在共产党领导下的政治实践中逐步探索与创造的具有中国特色的一种民主形式。西方的各种民主形态,在其发展过程中"吸收了形形色色的意义,它们涉及到完全不同的历史背景,也涉及到完全不同的理想

---

① 俞可平:《协商民主:当代西方民主理论和实践的最新发展》,《学习时报》2006年11月6日。
② 〔澳〕约翰·S.德雷泽克:《协商民主及其超越:自由与批判的视角》,丁开杰等译,中央编译出版社,2006,中文版序第1页。

模式"①，而我国的社会主义协商民主在文化背景、发展进程、本质特性等方面都与西方民主存在重大差异。

中国政治基于两大规定性展开：一是社会主义的规定性，二是人民民主的规定性。这两大规定性的制度基础分别是中国共产党领导和人民代表大会制度。② 因此，社会主义协商民主也是以这两大规定性为基础的，这也是它与西方协商民主的本质区别所在。同时，社会主义协商民主还表现出实践与理论并行的个体特性，具有独特的理论来源、运行过程和价值目标等。我们既要面对中西民主化的历史落差，又要认清当前中国政治转型与发展的特殊性；既合理借鉴西方协商民主理论和实践的最新成果，又立足中国国情，探索中国特色的民主政治建设之道。党的十八大报告首次确认了"协商民主"概念，并在此基础上确立了"社会主义协商民主制度"概念，进而对"健全社会主义协商民主制度"进行了规划和部署，这为中国的协商民主研究提供了更为明确的方向和定位。

近年来，中国学者对协商民主的研究可以分为三大类。一是协商民主理论的规范性引介研究，包括协商民主的兴起、基础、概念、性质、价值、困境等内容。③ 二是协商民主理论的阐发性研究，即该理论与其他政治理论之间的逻辑关联研究，认为协商民主能够为克服公共治理困境提供新路径④；能够促进社会资本的形成和转化，与之相互促进、相得益彰⑤；是公共政策的利益主体克服有限理性、化解利

---

① 〔美〕乔·萨托利：《民主新论》，冯克利等译，东方出版社，1993，第280页。
② 林尚立：《协商政治：对中国民主政治发展的一种思考》，《学术月刊》2003年第4期。
③ 如林尚立《协商政治：对中国民主政治发展的一种思考》；陈家刚《协商民主引论》，《马克思主义与现实》2004年第3期；〔澳〕何包钢《中国协商民主制度》，《浙江大学学报》（人文社会科学版）2005年第3期。
④ 梁莹、黄健荣：《协商民主中的公共治理》，《江苏社会科学》2005年第4期。
⑤ 梁莹：《寻求社会资本与协商民主的良性互动》，《浙江社会科学》2005年第6期。

益冲突、实现参与权利、提升公共政策质量的一种决策模式①；它还与宪政理论之间具有互斥与共容的互动关系。② 三是协商民主理论在中国的具体实践研究，主要形成了中国民主政治向协商民主方向发展的宏观判断与地方治理中协商民主的各种实践制度、方法、流程与绩效分析等微观研究。③ 上述三类研究共同构建起了中国现有协商民主理论研究的基本框架，形成了一个紧密的逻辑整体。第一、第二类研究为基础性、规范性研究，能够为第三类地方性、实证性研究提供基本理论构架；第三类研究既能在实践中验证第一、第二类研究，又能为我国的基础理论研究提供地方性补充，为协商民主理论呈现中国式演绎。

在笔者的研究视域内，公民理论作为协商民主理论的一大子命题，始终居于这一理论体系的核心位置。公民理论在某种意义上是关于公民个体（或团体）自我及其目的，以及自我与社会的关系的学说。民主理论的必要性在于其作为一种社会条件，能够为个体实现自我及其利益提供必需的社会条件或环境。也就是说，公民作为民主政治的行动主体，既具有权利与义务的综合身份特征，也具有社会行动的特征；而民主则是在一定的公民观基础之上，对公民个体提供必需的和保护性的社会条件或环境，既具有政治意义上的制度特征，又是某种意义上的公民行动的综合。基于此，本书尝试搭建公民理论与协商民主理论之间的逻辑关联，探讨西方协商民主理论围绕公民理论相关问题的基本观点与主要贡献，并结合浙江省的地方民主实践进行样本分析与归纳，探讨公民理论对民主制度良性

---

① 王学军：《协商民主与公共决策》，《天府新论》2006年第1期。
② 戴激涛：《协商民主研究：宪政的视角》，法律出版社，2012。
③ 陈剩勇、〔澳〕何包钢主编《协商民主的发展》，中国社会科学出版社，2006。〔澳〕何包钢、王春光：《中国乡村协商民主：个案研究》，《社会学研究》2007年第2期。

运作的支撑作用，以及公民建设对社会主义协商民主广泛、多层和制度化发展的积极意义。

从亚里士多德、洛克、卢梭到托克维尔、哈贝马斯等西方民主理论家，对于公民身份、公民权利、公民参与、公民德性、公民教育等的探讨一直是民主理论体系的一大核心问题，这些核心问题与民主理论的内在规范直接相关。公民既是国家和社会的主体，更是民主的主体；公民权利和参与意识是民主的必要前提，而民主的目标和根本又落脚于公民、社会、国家的和谐与完善。因此，民主之主体、前提、根本、目标与公民理论各要素之间也具有直接的、重要的内在关联与互动。

中国的社会主义现代化建设需要从经济、政治、文化等多方位实现——经济发展方式的转型、政府效能和服务水平的提高、有序政治参与的扩大、社会生活的全面民主化、法治化，等等。社会主义的民主政治建设与现代公民的培育和养成密切相关，后者能够为前者提供合格的参与主体、管理主体和监督主体。因此，公民建设既是现代化的内在要求，又是社会主义民主政治建设的重要内容。然而新中国成立以来，一方面受到传统"臣民文化"的深刻影响，另一方面又承受着改革开放以来经济发展中多元文化的碰撞与冲击，公民建设由"臣民""子民"向"公民"的现代转型严重滞后于经济发展、民主制度建设（包括民主制度、法律制度等在内的综合制度建设）、文化建设等。直到80年代以来，"公民"的培养才开始成为我国学校德育的目标。对比西方公民之现代转型和后自由主义的双重困境，我国的公民建设应该如何找到真实有效的途径和方法，既形成对民主政治建设的正向推动和全面提升，又从民主实践中获取脚踏实地的着力点和不竭的动力？这些问题共同构成本书的理论出发点和现实观照。

五

对公民理论的研究方面，国内学者主要围绕相关核心议题进行了系统性研究。公民身份内涵的历史变迁，既体现社会制度形态的变迁，又是人们思想观念的变迁[1]；公民参与是公民权利的实现途径，能够有效防止公权力的滥用、促进社会和谐[2]；等等。总的来说，国内学界虽然在公民身份、公民权利、公民伦理、公民社会和公民教育等方面已经取得了丰硕的成果，但对公共理论的整体性研究还未得到足够的重视，对"公民理论与社会主义协商民主理论的关联研究"也缺乏系统性思路与框架。基于此，本书形成了以下研究思路。

当代公民理论之要旨在于既肯定个体的利益诉求，又倡导公民以共同体成员身份参与公共事务，实现"公民-社会-国家"三位一体的政治理想。民主之于这一要旨，既是实现手段，也是价值本身。从参与主体、前提条件、价值取向、实现目标等方面来看，协商民主理论与公民理论均具有较高的契合性，可以认为二者之间具有直接的、重要的内在关联。同时，公民理论在公民身份、公民权利、公民参与、公民文化、公民意识、公民社会等方面的具体展开，为协商民主的地方实践提供了基本的主体准备，而后者也可以对上述方面产生最直接、最有效的提升效用，形成二者的正向互动。

西方公民传统大致经历了古典共和主义的城邦公民、近代自由主义的私性公民、贡斯当与托克维尔时代的现代公民、社群主义的德性

---

[1] 郭忠华：《变动社会中的公民身份——概念内涵与变迁机制的解析》，《武汉大学学报》（哲学社会科学版）2012年第1期。
[2] 俞可平：《中国公民社会：概念、分类与制度环境》，《中国社会科学》2006年第1期。

公民、哈贝马斯的复合公民五大发展时期。与公民传统相对应的是直接民主、代议民主、宪政民主、参与民主、审议民主等民主模式。不同公民传统在自由、平等、个体与国家、社会的关系等方面的基本理念直接影响了相应民主模式的产生与更替。

20世纪八九十年代以来，公民理论面临多元文化和全球化的时代挑战，逐步衍生出民主公民和多元文化论两大主题。继公民资格理论之后兴起的协商民主理论，进一步推动了两大公民传统的整合，同时还对公民身份注入了新的内涵，形成了新的理论超越。从另一个角度来说，协商民主理论是在对自由民主制度的批判中强调大众参与，以及强调公民传统对民主制度良性运作的支撑作用的民主反思与重建思路之下所产生的一种新的思考方式，体现了民主理论与公民传统在20世纪末期的交叉与汇合。

经由罗尔斯和哈贝马斯的大力推动，协商民主理论的研究进入了兴盛繁荣期，特别是后者的审议民主与复合公民理论，标志着西方民主理论审议转向的完成。在哈贝马斯看来，作为民主前提的社会个体应该具备的认知、沟通和理解能力并非为人类所普遍共有，因而其对协商民主的制度性设计恰恰是以这些品质和能力为目标的，是需要被后天构建出来的，并且在不同历史时期有不同的形态和表征。这样，他不仅关注个体自治以及人类政治关系中所需要的理想社会条件（如机会平等），而且更关注社会交往的品质，特别是什么条件下的交往行动才能对社会个体能力和品质等实现有效建构与提升。协商的制度化不是一个简单的对如何避免外部不平等之"自由"空间的思考，还必须阐明公民之间相互交往之建构的各种限制，以促进主体间协商沟通的实现。同时，当代西方协商民主理论在实践上也呈现丰富的探索形态，协商民意测验、公民陪审团、公民共识会议、专题小组等均为这一理论的发展与完善，特别是从方法与程序的实证角度提供了相应的实证案例与操作指南，形成了一些值得参考与借鉴的成功经验。

在中国，公民观念的兴起与协商民主的历史演进也是息息相关的。清末民初启蒙知识分子在心仪西方民主宪政的同时，开始拥抱并宣扬西方公民观念，开启了近代中国从臣民到公民的转变之路。其间对公民教育的大力倡导，体现了知识分子们希望在中国构建起具有自由民主意识的现代公民和现代公民社会，最终实现民主政治转型的远大志向。这些理论与实践探索不仅传承和弘扬了本土的思想资源，而且为中国社会主义协商民主的形成与发展奠定了重要的思想与实践基础。

改革开放以来，社会主义协商民主主要体现为以各级人民政协为平台的国家制度层面的政治协商，中国共产党内的协商民主，以及地方民主恳谈、民主听证会、社区议事会、工资集体协商制度、互联网公共论坛等多种形态的基层民主协商等。这些实践，不仅是我国统战理论史和党建史上的民主探索，也是作为一种方法论的协商民主在社会主义政治框架内的运用与发展。

中国民主政治的发展，需要通过民主建设充分发挥其维持稳定、增进信任、提升合法性等方面的积极功能，并与国家能力的提升保持一致。中国的民主政治需要在社会主义基本政治制度框架内寻找符合自身实际与需求的发展路径与方法。当代协商民主理论之所以能够与中国的社会主义民主制度相结合，一是由于既有政治协商制度与协商民主之间的内在契合，社会主义协商民主是在此基础上的创造性发展；二是由于西方的协商民主理论作为一种完善公共决策的民主程序与方法，而不是一种基本政治制度，可以为不同政治制度所采用。西方协商民主理论既可以看作对代议制民主的纠正与弥补，也可以看作一种全新的批判与超越。在这个意义上，社会主义协商民主正是协商的民主方法在社会主义的政治制度框架内的运用，是中国在提升国家能力与推进民主政治的双重任务中，对社会主义人民民主形式的大胆探索与初步成果。

从协商民主的发展与未来来看，社会主义协商民主既是中国国家制度层面的原创性民主设计，也是协商民主理论在中国的具体民主实践中的借鉴与运用，充分展现了一种作为方法论的民主协商能够应用于具有不同背景的差异性政治框架之中的强大实践动力与适应力。尽管当前社会主义协商民主的实践与探索面临公民参与能力与责任感不足、缺乏监督机制、易流于形式等诸多挑战与困难，但民主主体已逐步由精英向公民扩展，公民参与式的协商民主必然成为社会主义协商民主的一个重要发展方向。我们相信，在共产党领导下的中国政府、社会、公民的共同努力下，随着参与型政治文化、公民教育以及民主实践的日益成熟，公民的协商能力与素质不断提高，以及相关制度机制的不断健全，中国的民主政治建设与国家能力能够得到同步推进，实现更为均衡的"双元发展"。

第一章
西方公民传统与民主发展历程

在西方政治传统中，存在两大不同的甚至相互竞争的公民传统：共和主义公民传统和自由主义公民传统。二者基于不同的社会观，在个体-公民-政治之间的关系如何、个体如何成为公民、私性与公性的关系、个体如何组成社会、如何达成一致、如何处理自由与平等、如何自我约束等诸多议题中呈现重大差别。这些重大差别一方面造就了两大公民传统在发展历程中的此消彼长，另一方面也促进了公民理论的不断发展与完善，并能够从一个新的高度，再次实现整合与超越。

共和主义公民传统在经历了古希腊的城邦公民、古罗马时期的共和国公民以及中世纪的贵族共和主义公民之后，逐渐被基于个人主义的自由主义公民传统所取代。以亚当·斯密为代表的苏格兰启蒙学派，把经济和生产力的决定论推到了极致，将社会构建为市民社会（只是社会中的市民部分，不同于国家、家庭的市场或商业部分[①]），将公民缩小为经济维度的资产者。针对市民社会模型所造成的公民身份缺失问题，

[①] 王焱、饶淑荣编《社会理论的两种传统》，三联书店，2012，第6页。

卢梭回到古典共和主义传统，借助社会契约论将社会与国家合二为一，通过贵族主义的"平等论转向"，使资产者回归公民。托克维尔和贡斯当也针对自由主义公民传统所面临的危险，强调应该在追逐财富的本能欲望和通过参与政治引人向上的境界提升之间进行一种平衡。

随着西方政治史上两大公民传统的竞争与消长，民主传统也经历了诸多转变和更替。不同的民主模式基于不同的自由平等思想、公共政策的制定原则、达成共识的基础等，解决人类如何理性地组织公共生活、如何赋予政治合法性、如何保障和促进自由、平等、发展等重大问题。公民作为个体的一种公共性抽象，既是民主的主体，又是其合法性来源和保障对象；民主则以公民身份为基础，行使和保障公民权利，同时也是一种直接而有效的公民训练与教育。在公民传统中上述议题的理论分殊，必然影响民主模式的基础理念和内在构成；民主理论在经济、政治、社会层面的展开和运作，也直接关系到公民的相关权利与利益。纵观西方政治史，公民传统与民主传统大致形成了城邦公民与直接民主、私性公民与代议民主、现代公民与宪政民主、德性公民与参与民主、复合公民与协商民主五个重要阶段，公民问题始终作为民主理论的一个重要子问题而存在，二者也同时作为两大历史和政治主题交织在了一起。

第一节 古典共和主义：城邦公民与直接民主

公民和民主均起源于古希腊罗马时代，正是有了公民，才有了民主的最初形态。古典共和主义作为西方政治思想史上最古老而伟大的理论传统，始于柏拉图和亚里士多德，经由西塞罗、罗马法学家以及近代马基雅维里等人的发展，在卢梭和雅各宾派的大力推崇之后日渐弱化，又于二战后汉娜·阿伦特等人的倡导下得以复兴。

一 亚里士多德之城邦公民

"公民"（civic）一词源于希腊的 polis 以及罗马的 civitas，在原始意义上，公民概念的形成关涉古希腊罗马之城邦共同体：城邦是一种公民共同体，公民为组成城邦的自由人。正如希尔斯指出的那样，政治共同体的观念包含了公民观念，"并且孕育了城邦的概念，亦即一个都市以及一群有担任公职并参与公共事务讨论和决策权的公民的概念"[1]。亚里士多德认为，人类具有区别于其他动物的独特禀赋正是理性言说能力，能够辨别正义和利害而形成政治生活，政治生活本身就构成了城邦成员的全部生活。他将公民定义为"凡得参加司法事务和治权机构的人们"[2]，而城邦则由平等、相似而又不同的成员即公民组成，它是追求最高善的最高社群。公民与城邦之间是一种共生的关系，一方只有依靠另一方才能得以存在和维系，自由公民是城邦社群的基本组成要素，他们之间必须具有共同分享的基础，如共同的土地、血缘、宗教信仰、风俗习惯，也可以是利益和情感等，而城邦的最终目的是实现个体公民所追求的最高的公共善——幸福美好的生活。公民资格则是一种参加以辩论和公共决策为职能的议事会的政治权利，其实现形式是轮流作为统治者和被统治者。此种公民身份绝不相容于政治生活之阙如，因而"城邦出于自然演化，而人类在本性上，也正是一个政治动物"[3]。

亚里士多德对公民身份的界定是以公域与私域的严格区分为前提

---

[1] 〔美〕托马斯·雅诺斯基：《公民与文明社会》，柯雄译，辽宁出版社，2000，第36页。
[2] 〔古希腊〕亚里士多德：《政治学》，吴寿彭译，商务印书馆，1965，第111页。
[3] 〔古希腊〕亚里士多德：《政治学》，第7页。

的。古希腊时代，私域内的家计管理和主奴之治都以不平等的支配方式实现，前者依据存在天赋差距的强者与弱者之由，后者则来源于父权的支配地位，家庭生活是为了城邦中的公民（政治）生活而存在的。而公域范围的政治统治则是城邦内自由平等公民之间的轮流统治，这些自由公民即生活上自给自足、有闲暇参与政治的成年男子，其平等体现在政治、法律地位的等同，这种公域的政治生活才是"得体的生活"。

以城邦生活为背景和基础，亚里士多德理解的公民首先是以自由人身份而存在的。"古希腊时期出现了相对奴隶而言的自由民，自由民指拥有权力和义务的城邦公民，自由在当时只是一个政治概念、法律概念，而不是一个哲学概念。早期和繁荣时期的希腊思想家，既没有人对自由作过较多的哲学思考，也没有人提出过实现'个人自由'的要求。那时的人们普遍认为，自由民的自由是属于城邦和集体的，个人离开城邦和集体，不是奴隶便是野兽，无任何自由权利可言。"[1]因此，自由人的身份主要表现为有资格参与城邦的议事和审判事务，而城邦简而言之就是其人数足以维持自足生活的公民组合体。其次，从城邦政治的角度来看，公民就是一个既能统治他人又能受人统治的城邦成员。不同的政体有不同的公民，但在最优良的政体中，公民就是有能力并愿意进行统治和被统治的人。公民必须学会统治和被统治，才能真正参与到某一政体，才能成为一位好的公民。

政治统治之关键在于公民在法律架构中经由自治而培养德行。城邦公民具有共同的社会观念、伦理观念和人生目标，城邦正是在这些共有基础之上的一种自治公民的政治共同体，公民在法律架构中通过

---

[1] 马啸原：《西方政治思想史纲》，高等教育出版社，2001，第282页。

轮流统治的形式实现自治。雅典政制由公民大会、民选执政官、议事会和公民法庭组成，它可以被看作古希腊民主政体之典范。同时，城邦政治又是一种建基于公民德性的美德政治，公民正是通过自治而实现美德生活。相对于东方的野蛮部落和专制帝国而言，城邦是人类古代社会最完美的形式。理想的城邦是一个尽力使每个公民同时具备伦理之德和智识之德，并将两种德性都予以实践的伦理共同体，其中伦理之德包括勇敢、节制、正义、慷慨、真诚等，智识之德则包括科学之智、技艺、实践智慧、哲学沉思等。因而城邦作为一种自治共同体的同时，也是一个伦理共同体，其目的即在于促进最高的公共善和美德，帮助公民追求幸福而高尚的美德生活。[①]

总的说来，古典共和主义的公民传统包含了公民自治、政治自由、平等、共善、公民权、公民德性以及公民参与审议的公共性等核心价值。公民自治乃强调自主性，意味着不被支配的自由状态，包括政治共同体不受外来强敌的奴役以及全体公民不受少数统治精英的专断支配。公民只有通过积极参与政治生活的公民权才能实现个体的自由，且在公共审议的过程中必须排除个人私利的干扰，以共善为目标而实践美德，等等。

然而古典公民身份在其质和量上均有严格的规定，如公民资格的范围仅限于本邦出身的成年男性自由民，而妇女、奴隶、契约农民均被排除在外，并且对于参与审议公共事务的人数也有限制。同时，亚氏的政治理想还是一种有限的自足状态，只有同邦人的共同生活才能达到，因此，公民共同体之范围不能无限扩展，外邦人被排除在外，这点也恰恰成为古典共和主义与现代共和主义的分水岭。另外，政治

---

① 马啸原：《西方政治思想史纲》，第139页。

统治之关键是经由政治参与而培养德行,这对公民素质提出了很高的要求,如亚氏指出一个好公民除了应该具备节制、正义、勇敢、端谨四种基本的美德以外,当其作为统治者时应该具备以实践智能为首的积极德行,而作为被统治者时又应该具备节制的消极德行等。古典共和主义理想的政治共同体自然也无法走出小规模城邦共同体的界域,因此,在古代城邦解体之后,古典共和主义公民传统亦随之衰落。

二 城邦政治与直接民主

古希腊时代的城邦政治与直接民主被认为是一种内在的共生关系。"城邦"绝不等同于"国家"或"城市"。城邦是一种城市共同体,修昔底德称其为 andres gar polis,即男人们造就城邦。politeia(完美城邦)指的就是公民和城邦组织(形式)的一体化,也就是说公民既是城邦的主人,又是城邦本身。而"国家"一词被作为政治术语使用之后,一方面越来越远离"作为一个整体的、从政治上组织起来的社会",另一方面越来越严格地等同于凌驾社会之上的控制结构(权威、权力、强制力)。因此,古代的城邦政治所表现出来的特征是无国家,其共生的直接民主"甚至比城邦的任何形式都更无国家意味"[①]。

古代城邦与国家、城市之间的迥异,不仅在于城邦在人口和规模上非常之小[②],更在于城邦与公民之间休戚相关,甚至生死与共:城邦政治所实践的真正的自治,要求公民完全致力于公务,甚至花费其毕生的时间。"公民……不遗余力地献身于国家,战时献出鲜血,平时献出年华;他没有抛弃公务照管私务的自由,……相反,他必须奋

---

① 〔美〕乔·萨托利:《民主新论》,第282页。
② 一般认为,伯利克里时代的雅典,男性人口中的成年自由公民不超过4.5万人。

不顾身地为城邦的福祉而努力。"① 这便使得城邦能够成为"由集宗教、道德和政治于一身的民族精神所统一起来的紧密社会"②，从而成为直接民主最为理想的实验场。

古希腊的雅典城邦，自由民主之风已经相当盛行，被称为"全希腊的学校"③。经过著名政治家克利斯提尼和伯利克里领导的政治改革，雅典的民主政治日益完善，建立起了公民大会、民选执政官、议事会和陪审法庭等一系列民主制度。主权在民的原则保证了公民自由、平等地参与城邦政治，除妇女和外邦人士，成年男子都有机会通过抽签的方式成为轮值主席。公民大会是雅典的最高权力机构，决定内政、外交、战争、和平等重大问题。成年男性公民都能参加。"五百人会议"由10个部落用抽签的方式各选出50人组成，仍旧是最高的行政机关。陪审法庭由每个部落在30岁以上的公民中用抽签方式各选出60人组成，是最高的司法机关，审理重大案件，监督公职人员，判决采用投票方式。将军由公民大会举手选出，是最高的政府官员，统率军队，掌握实权。另外，伯利克里用抽签代替了财产资格的限制，而且设立公职津贴制度，使更多的人能担任公职，因而扩大了平民的政治权利。

正如伯利克里最享盛名的演讲中提到的，"我们的制度之所以被称为民主制度，因为政权是在全体公民手中，而不是在少数人手中。解决私人争执的时候，每个人在法律上都是平等的……在我们的私人生活中，我们是自由的和宽恕的；但是在公家的事务中，我们遵守法律。这是因为这种法律深使我们心悦诚服。对于那些我们放在当权地

---

① 〔法〕库朗热:《古代城邦》（巴黎，1878），第396页，转引自乔·萨托利《民主新论》，第285页。
② 〔美〕乔·萨托利:《民主新论》，第284页。
③ 斯巴达城邦也具有代表性，它经常对外发动侵略战争，男子20岁就要正式成为军人。

位的人，我们服从；我们服从法律本身，特别是那些保护被压迫者的法律，那些虽未写成文字、但是违反了就算是公认的耻辱的法律"①。在可能的意义上，公民内涵的日益清晰与雅典的民主政治的成熟有着深刻的联系。"民主"的本义是"人民的统治"，亦即公民政治，其重点就在于强调公民身份之"公共性"。

尽管城邦政治能够为直接民主提供理想的实验场，但是从这一实验场的必备条件来看，是不可多得的。即便具备了这些必备条件，古希腊的民主制度最终还是未能避免骚乱与短命。亚里士多德在《政治学》里就把民主政体列为腐朽的政治类型，是"穷人的统治"。民主政体内，穷人总是比富人人数更多，因而比富人更有势力。"这就导致亚里士多德认为，即使富人是个多数，他们仍有可能实行寡头政治；相反，穷人的统治，即使是少数人的统治，仍是一种民主政体。"② 亚氏民主政体观念的重要意义，就在于它反映了古希腊民主政体的兴衰。事实上，公元前4世纪，城邦的分崩离析已走向极端，不是富人为了自身利益实行统治，就是穷人为了自身利益实行统治：古希腊民主政体正在被阶级斗争所粉碎。③

因此，在当代政治思想家乔·萨托利看来，直接民主虽然能够最纯粹最简单地体现民主原则，但这种政体实际上已经被证明是非常脆弱和危险的。"对直接民主的偏爱，是那些既能用理性方式又能用经验方式来回答的问题之一。从原则上大可以认为，亲自行使权力应当是胜于把权力委托给别人，基于公众参与的制度比代议制更安全或更完善。"但真正的自治，对公民的时间精力要求之高，要求公民卷入

---

① 〔古希腊〕修昔底德：《伯罗奔尼撒战争史》（上册），谢德风译，商务印书馆，1960，第130页。
② 〔美〕乔·萨托利：《民主新论》，第284页。
③ 〔美〕乔·萨托利：《民主新论》，第284~285页。

政治的程度之深，造成了社会生活各种功能之间的深度失衡。"政治肥大症造成了经济萎缩症：民主愈趋完美，公民愈趋贫穷。因此导致了用政治手段解决经济问题的恶性循环：为了弥补财富生产之不足，就不得不去没收财富。于是看起来这种古代民主制注定了要毁于富人于穷人之间的阶级斗争，因为它在损害经济人时造就了一批政治动物。"[1] 因而，直接民主制留下的是一种总和为零的政治，其孕育出的"绝对公民"带来了制度的功能性失衡，最终无法避免富人和穷人的战争。

第二节 近代自由主义：私性公民与代议民主

启蒙运动以降，随着现代世界的兴起，个人自由的观念使得自由主义与古典共和主义区分开来。霍布斯等理论家开始认识到："古希腊罗马人的哲学与历史书以及从他们那里承袭自己全部政治学说的人的著作和讨论中经常推崇的自由，不是个人的自由而是国家的自由。"[2] 事实上，早在希腊化时期的哲学便开始孕育现代自由主义的核心精神，即个人主义。如斯多葛学派对自然法的贡献，罗马法对现代自由主义的贡献，以及中世纪的基督教和封建制度与现代自由主义的关联。中世纪，随着城邦民主制的解体，古典公民共和主义传统也开始逐渐衰落，自由主义运动带来了公民社会、市场经济和宪政民主的兴起，这些要素共同构成了区别于古代社会的基本结构，也孕育了一种新的自由主义公民传统。

---

[1] 〔美〕乔·萨托利：《民主新论》，第285页。
[2] Jean Yarbrough, "Republicanism Reconsidered: Some Thought on the Foundation and Preservation of the American Republic," *Review of Politics* 41（1979）：68–69. 转引自萧高彦《共和主义与现代政治》，载许纪霖主编《共和、社群与公民》，江苏人民出版社，2004。

这一时期，民主思想也经受了时代的洗礼：君主和其他等级之间为争夺合法权威的领域而进行的斗争；农民对于过重的赋税和社会徭役的反抗；贸易、商业和市场关系的扩展；技术变革，尤其是军事技术的变革；文艺复兴文化影响的日益增长；宗教冲突……就在各种矛盾迫使封建社会体制濒临瓦解、社会形态开始剧烈动荡与变迁之时，一种以倡导自由、平等、公正的自由主义民主思想，极大地迎合了人们渴望自由，向往平等，力图摆脱专制制度、贵族特权和严酷教会的束缚与迫害的愿望。自由主义民主的快速发展和普及，对于英美国家抵制专制、追求自由起到了重要的积极作用，并由此成为英美政治传统的主流思想。

一 洛克的私性公民

1. 自然状态与社会契约

在欧洲中世纪末期的启蒙运动中，以霍布斯、洛克为代表的启蒙思想家一方面通过设想的"自然状态"勾勒人类生活的原初面貌，另一方面借助超越自然状态的"社会契约"思想解释和描绘人类政治生活的应然图景，最终达到解构传统君权政治和神权政治的目的。在自然状态和社会契约思想中，包含思想家们对个体、公民、政治之关系的基本理念，这些基本理念放弃了古典共和主义的思路，将个体从一种与政治、国家紧密相连的"绝对公民"状态分离出来，转而强调"人之为人"的基本条件，即个体的独立、自由、平等、理性。而基于"同意"的政治仅仅是作为克服这些基本条件所受到的威胁或侵害而存在的，是以个体为出发点、合法性来源和保障对象的。

在启蒙思想家看来，前政治的个体，其原初状态是从现存社会中一切"人为"关系中剥离出来的一种纯粹的"自然状态"。只有通过剥离-还原的方式，才能洞察个体的生存状况以及"人之为人"的基本条件。霍布斯认为，自然状态下的个体具有体力、经验、理性和激情四种最重要的禀赋，每一个体都是绝对自由的，可以做任何想做的事情，由此形成了"每一个人对每一个人交战"的充满恐惧的人类状态。[1] 自然欲望以及对暴力造成的死亡的恐惧，成为原初个体的本质特征。[2] 不同于霍布斯，洛克笔下的自然状态是一种自由的状态，而不是特权的状态。《政府论》的一项首要假设是，在自然状态中，人受自然法约束，其理性天赋大体上能够认知并尊重他人的自然权利。洛克根据《圣经》指出，人类在本质上享有三种自然权利：生命权、自由权和财产权，个体拥有独立地处理其所有物和决定其行为的一切权利，无须得到他人的许可或听命于他人的意志。[3] 同时，由于理性的存在，每个人都具有自主性，都能理解其他所有人享有与他一样的权利，人与人之间是一种互惠的关系，因而自然状态原本就具有一定的社会性质。

尽管启蒙思想家强调了自然状态下个体的独立、自由、平等、理性等自然属性，但是自然状态并非完美和谐，自然权利有受到侵犯或威胁的可能：缺少作为是非标准和裁判纠纷的共同尺度的裁判者；缺少执行法律的公正的裁判者；缺少维护判决的权力。[4] "因此，自然状态的价值是双向的：它既隐含了人之为人的基本条件，又隐含了使这些条件受到威胁的因素。前者规定了现代政治必须秉持的理念，后者则为现代政治的兴起提供了正当性。现代政治正是在自然状态的双重

---

[1] 〔英〕霍布斯：《利维坦》，黎恩复、黎廷弼译，商务印书馆，1996，第98页。
[2] 〔美〕列奥·施特劳斯：《霍布斯的政治哲学》，申彤译，译林出版社，2001，第21页。
[3] 〔英〕洛克：《政府论》（下），叶启芳、瞿菊农译，商务印书馆，1964，第5~6页。
[4] 〔英〕洛克：《政府论》（下），第77~78页。

属性中构建起来的。"① 于是，人们通过签订社会契约的形式引入政府或国家，从而对自然状态进行调节和保护。

社会契约论将政治看作"同意"的产物，政治的出发点必须是个体，其最终归旨也必须是个体。社会契约签订以后，个体以公民的身份参与到政治当中，国家或政府并非上帝给定之物，而是公民为了保护其自然权利自愿转让部分天然自由（通过赋予国家或政府审判权）进而组成的。因此，公民的"同意"以及国家的唯一目的——保护公民权利不受侵犯——赋予了政治以正当性。

2. "公民-市民"的两面性

在社会与国家的关系问题上，洛克强调了自然状态的社会性和独立性，而国家是社会权力让渡的产物，即社会在历史和逻辑上都先于国家，应该由社会决定需要什么样的国家，而不是相反。接着，"劳动起源论"赋予了财产权以合法性，社会契约论则将私人财产归为政治合法性的基础，这便进一步发展了由胡克等人提出的市民社会与国家分离的二元论。与卢梭依据社会契约将国家视为全部财富的主人不同，洛克的社会观拥有了更多的自主权，特别是个体在经济层面的自由：社会个体只要遵循既定的规律，自行进行生产、消费、交换，而无需政府的介入和干预。这种经济自主的社会就是市民社会的基本特征，而市民则是以经济自由为主的个体抽象，其本质在于其经济性，拥有释放欲望、追求财富和个人享乐的自然权利。

因此，洛克视野中的公民，已经完全不同于古典共和主义式的城邦公民或"绝对公民"。个人主义成为市民社会的基本价值观念，合理谋利的经济原则代替了古希腊罗马以及中世纪宗教和家庭义务的伦

---

① 郭忠华：《个体·公民·政治——公民的当代境遇与公民身份的政治责任》，《浙江学刊》2007年第6期。

理原则，自我保存和追逐财富的"市民"取代了献身公共事务的爱国"公民"。这里，笔者将这种以"市民"为基础和主体的公民身份概括为"私性公民"，其首要权利是以个人财产权为中心的经济权。个体经济权既赋予了社会以经济组织的身份，也形成了社会与国家之间的张力，同时使国家的道德性和神圣性在保护市民财富和权利的世俗目的中得以消解。其次，私性公民还拥有监督权和自卫权。洛克认为个体在结成国家时放弃了部分权力，但他们有权判断执行者的行为是否辜负其所受的委托。如果有违背初衷的情况，公民有权撤回委托，始终能够通过第三者的身份监督政府和维护自身权利。同时，自然法允许包括人在内的一切生物为保卫自己不受侵害可以充分行使"以强力对抗强力"的共同权利。[①] 对依靠暴力而失去自然法依托和公民道义支持的政府，他们始终保留着一种保卫自己不受侵害的最高革命权。

拉尔夫·达仁道夫认为，现代社会的经济部分和政治部分是社会冲突的根源所在。在公民身份上，这一冲突体现为"公民-市民"的两面性：当市场经济形成和建立之后，公民除了具有独立的法律身份以外，还具有利己的市民身份，他们既是国家公民，又是市民或资产者。其中一个是平等参与的先行者，另一个则是经济增长的先行者。正如法国的第三等级和英国的资产者，可谓现代社会的孪生子，共同构成了"公民"这一经济和政治复合的新社会形象。[②] 于是，近代自由主义时期，公民身份已经从强调公共性的伦理型公民走向了强调成员经济性质的私性公民。"公民-市民"的二分，表征着现代社会伦理与政治、经济与政治、社会与国家、个人与共同体的分

---

① 〔英〕洛克：《政府论》（下），第142页。
② 〔英〕拉尔夫·达仁道夫：《现代社会冲突》，林荣远译，中国社会科学出版社，2000，第36页。

化与冲突。①

二　现代国家与代议民主

启蒙思想家们通过"自然状态"和"社会契约"的理论假设将古典共和主义个体-政治关系颠倒了过来:"人之为人"的基本条件和资格从政治的手段变为了目的,国家和政府的存在是出于对个体的服务和对个体权利的保障。这也为资本主义私有制经济基础之上个人主义的产生和发展奠定了思想基础。个人主义将个人视为社会的本源或基础,将个人作为社会的终极价值,将自由、平等、人权看作个人的基本政治诉求,将市场经济看作对个体经济追求的承认与规范,将民主法治视为对个人的尊重,等等。这些理念要素又共同构成了近代自由主义传统的理论基础和核心。

在启蒙思想家的政治设计中,现代国家为了实现"人民的权力""人民的统治"和"一切权力归人民",只能采用民主制的政体形式。民主意味着人民拥有超越立法者和政府的最高主权,是个体自由的体制化表现。民主也意味着个体对政治的参与,参与越广泛、越充分,政治的公共性就越高,个体作为人的基本条件就越得到满足和保障。然而,现代国家的巨型化和复杂化,造就了与古典共和主义时期城邦政治完全不同的民主条件:人口众多、领土广袤、商业社会、平等而普遍的公民身份等。在萨托利那里,从民主规模和效用的关系来看,民主"卷入的人越多,他们的参与效力就越小——其结果是一个消失点","当直接民主涉及到的是广大的领土和整个民族,它就会变成一个无用的公式",甚至连在技术上可行的电子操纵的"公民表决民主

---

① 高力克:《卢梭的公民观》,《浙江学刊》2004年第4期。

制"也"很可能是灾难性的"和"自杀性的"。①

在现代政治的理想设计和现实条件之间，近代思想家设计出了代议民主，这种民主形式不仅与资本主义市场经济的确立和发展紧密相关，更与自由主义公民传统中社会权力向政治空间的让渡和公民的有权退出相关。在代议制政府行使下，公民不再以第一人称的身份参与政治，而是通过选举出的代表行使政治权利，并对其进行监督和控制。

洛克提出了个人权利说、分权学说、议会至上原则和人民委托权力的思想，奠定了代议制民主理论的基础和原则性要素。他认为保护个人的生命和自由，特别是对财产权的保护，是人类组建政府的理由所在，也是现代政府的使命和价值所在。在现代政治中，立法权、执行权和对外权三者之中，只有立法权是最高权力（即议会主权原则），其余一切权力都处于从属地位，但立法权的最终控制权应当始终被掌握在人民手中。潘恩则把代议制和民主制明确地结合起来，开创了代议制民主理论。他指出，在直接民主制、贵族制、君主制和代议民主制中，只有代议制能够解决由于人口、领土所造成的政治参与问题，而且还能使现代政府真正建立在知识和能力的基础之上，更好地实现人民主权，是最理想的现代政府形式。密尔也同样认为，"理想上最好的政府形式就是主权或作为最后手段的最高支配权力属于社会整个集体的那种政府；每个公民不仅对该最终主权的行使有发言权，而且，至少是有时，被要求实际上参加政府，亲自担任某种地方的或一般的公共职务"②。显然，君主制和直接民主制都无法实现上述理想。

自启蒙时代以来，代议民主一直具有非凡的魅力和优势。不同于

---

① 〔美〕乔·萨托利：《民主新论》，第286页。
② 〔英〕密尔：《代议制政府》，汪瑄译，商务印书馆，1982，第43页。

直接民主,间接的统治制度"具有一些我们过于喜欢贬低的优越性。首先,一种多层次、多滤层的政治决策过程,恰恰是靠它的间接性才含有了靠直接性不可能获得的防范力和制约力。其次,直接民主制留下的是总和为零的政治,而间接民主制则为总和为正数的政治辟出了场所。第三,由于制度的功能性失衡,古代民主政体下富人和穷人的战争是不可避免的,事实就是如此"①。

尽管如此,另外一些思想家们却清醒地觉察到了代议民主,以及与之紧密相连的私性公民观所面临的诸多困境。卢梭是第一个在反思现代性的基础上批判洛克之分裂式公民,并向亚里士多德的公共性公民回归的政治思想家。"在卢梭那里,'公民'和'市民'具有迥然相异的品性,他们分别是美德和财富、公共和私人、自由和奴役的代表。公民是组成城邦或共和国而分享主权的自由人。正如城邦不同于城市,公民亦有别于市民。"② 只有通过"公意"将个体结合为一个道德整体——公民共同体,才能实现真正的公民自由和平等。卢梭还指出主权是不可代表、不可转让和不受限制的,在代议民主下,人民只有在选举议员的时候是自由的,一旦议员被选出而成为代表时,人民就成了奴隶,就什么也不是了。卢梭与洛克在公民问题上的基本分歧,在于美德公民与世俗市民的对立,同时也揭示了代议制的公民参与缺失这一致命缺陷,当代社群主义的崛起也正是延续这一路线对自由主义发起攻击,因此社群主义常常被称为"自由主义的最凶恶的敌人"(社群主义对自由主义公民观之公共性危机的挑战,将在本章第四节中讨论)。

另外,马克斯·韦伯等思想家也从不同角度对代议民主提出了批

---

① 〔美〕乔·萨托利:《民主新论》,第283~287页。
② 高力克:《卢梭的公民观》。

判。韦伯从宗教学的角度阐释了现代社会的精神特征为理性化，社会生活的理性化必然导致政治领域的科层制，形成"无人统治"的官僚制，从而使得代议民主的理想落空，并将个体囚禁于"理性铁笼"。米歇尔斯则认为代议民主存在蜕变为寡头政治的危险：由于代议民主依赖政党这种由少数人领导的组织，不可能实现真正的人民的统治，因而变成了事实上的君主制[1]，等等。

第三节 托克维尔、贡斯当：现代公民与宪政民主

洛克所代表的自由主义公民传统建基于自利的个人，个体仅仅作为以财产所有制为基底的单纯的资产者，而在此之上构建人类共同体，一味诉诸私人利益，只能是一种缺乏政治维度的市民社会。古典共和主义时期的"绝对公民"被严重地缩水成了"私性公民"。然而，在孟德斯鸠、卢梭、托克维尔、贡斯当等一脉相承的法国政治思想传统中，社会既包括经济维度的市民社会，也包括政治维度的政治社会，即公民社会；政治生活与国家是相互区别并相对独立的。"在英语里，'政治社会'往往就是'国家'的同义词，但是在法语里，'政治社会'是国家之外的一个独立的政治维度，社会并没有通过契约把政治权利完全出让给国家，社会永远保持着政治的维度。这就是法国和英国的社会理论所具有的本质的不同。"[2]

一 公民回归与社会重建

法国大革命之后面临严重的"私性公民"和"原子化社会"问

---

[1] 〔德〕罗伯特·米歇尔斯：《寡头统治的铁律》，任军锋等译，天津人民出版社，2003，第33页。
[2] 王焱、饶淑荣编《社会理论的两种传统》，第13页。

题，大革命夷平了原有的各个阶层，个人可以通过独立经商发财致富。但是，由于法国人过度沉迷私人领域，过度追逐私人利益，用"市民"或"资产者"的身份取代了"公民"，社会的政治维度和公共领域的缺失造成了社会的散沙化和碎片化。自由主义传统在法国大革命之后经受了严峻的考验，也生动地呈现出其难以回避的政治困境。对此，托克维尔延续了孟德斯鸠的主题：个体的生命意义究竟是通过对金钱的追求，还是对政治荣誉的追求，才能获得提升，才能对公共福利作出贡献。他认为，政治生活是使人趋于完美的手段，而行使政治自由，则是克服原子化社会的弊端和幻想所必需的，法国人民必须实现从"资产者"向"公民"的回归，必须在追逐财富和参与政治之间进行一种平衡。

在托克维尔看来，大革命之后的法国所面临的最重要的任务就是通过公民的回归实现社会的重建，特别是政治社会的重建。他既肯定市民社会在构建政治社会的平等基础方面的积极作用，承认没有市民社会的平等就没有政治社会里的平等，因为如果个体连从事工商贸易活动的权利都没有，遑论政治社会中贵族和平民的平等。同时他又强调进一步扩大政治民主，通过政治过程来实现公民的整合，使公民在参与政治过程中追求自由和个体尊严，用一种超拔世俗、特立独行的气质，压倒那种由同质化的社会状况造成的追求琐碎卑微的小小快乐的风气。[①] 因此，托克维尔在考察美国的民主现实时，欣赏的就是美国公民能够将对物质生活享乐的爱好、对自由的热爱以及对公共事务的关心结合起来的状态。"一个美国人在专顾私人利益的时候，就好像这个世界上只有他自己；而在他热心为公务

---

① 王焱、饶淑荣编《社会理论的两种传统》，第12页。

而活动的时候，又好像把私人利益全都忘了。他有时候好像是在受强烈的利己主义私欲的驱使，有时又好像是在受崇高的爱国主义的推动。照理说，人的心是不可能这样一分为二的。但是美国人却能交替地将同样强烈的热情时而用去追求财富……他们从来不认为参加公务是分外的事……"[1]

二 两种公民自由的区分与平衡

对于古典共和主义公民传统与现代自由主义公民传统，贡斯当在《古代人的自由与现代人的自由之比较》中通过"政治自由"和"个人自由"两个概念，区分了两种不同的公民自由。贡斯当指出，自由在古代和现代具有不同的性质。在古代人那里自由是一种公民资格，即具有参加以辩论和公共决策为职能的议事会的权利，因而这种自由实际上只是一种"政治自由"。个人在公共事务中几乎永远是主权者，但在所有的私人关系中是奴隶。作为公民，他可以决定战争与和平；而作为个人，他的所有行为都要受到限制、监视与压制；作为集体组织的成员，他可以对执行官或上司进行审问、解职、谴责、剥夺财产、流放或处以死刑……但是，在古代人那里，没有一个明确界定的私人领域，没有任何个人权利，社会的权威机构干预个人活动的几乎所有领域，阻碍个人的意志，在这个意义上，"古代人没有个人自由的概念"[2]。

立基于个人主义的自由主义，崇尚的是一种使私人领域免于强制的消极自由权利，因而这种自由是一种"个人自由"。"在现代人中，

---

[1] 〔法〕托克维尔：《论美国的民主》，董果良译，沈阳出版社，1999，第732页。
[2] 〔法〕贡斯当：《古代人的自由与现代人的自由之比较》，阎克文、刘满贵译，商务印书馆，1999，第27页。

个人在其私人生活中是独立的，但即使在最自由的国家中，他也仅仅在表面上是主权者。他的主权是有限的，而且几乎常常被中止。若说他在某些时候行使主权（在这些时候，也会被谨慎与障碍所包围），更经常地则是放弃主权。"① 现代人只是追求个人独立、享受有保障的私人快乐的消极公民。由于国家规模的扩大导致每个人分享的政治重要性相应降低，奴隶制的废除和商业的兴起剥夺了人们生活中的所有闲暇和无所事事的间歇，商业激发了人们对个人独立的挚爱等原因，造成了古代公民与自由传统的衰落。因此在全新的社会环境中，"我们已经不再欣赏古代人的自由了，那种自由表现为积极而持续地参与集体权力。我们的自由必须是由和平的享受与私人的独立构成的"②。

与托克维尔一样，贡斯当在肯认公民消极自由、强调私域的不受侵犯的同时，也指出其危险在于个体容易忘掉其公民身份。因而，他并未单独强调公民身份的经济维度或政治维度中的某一方，而是注重私利与公民义务感、参与度和承担公共事务之间的平衡。此后，伯林在"政治自由"与"个人自由"的基础上提出了"消极自由"和"积极自由"的命题。在过去几十年里，西方政治哲学之公民问题基本上是在这种二分法的理论框架之中发展的，当代共和主义与自由主义的拉锯式论战（积极的公民，还是消极的公民）也凸显了两种公民传统的分歧与紧张。

三 "多数暴政"与宪政民主

"民主政府的本质，在于多数对政府的统治是绝对的，因为在民

---

① 〔法〕贡斯当：《古代人的自由与现代人的自由之比较》，第 27 页。
② 〔法〕贡斯当：《古代人的自由与现代人的自由之比较》，第 32 页。

主制度下，谁也对抗不了多数。"① 托克维尔在考察美国民主制度的过程中，看到了多数在美国的无限权威，这种权威一方面来自"许多人联合起来总比一个人的才智大"的思想，另一方面来自"多数人的利益应当优先于少数人的利益的原则"。由于美国是由一些彼此完全平等的人所开发建立的，所以不同居民之间在利益上尚未形成长期对立，所以多数人的权利得到了各党派的承认，并希望有朝一日能够控制多数人的权利而为自己谋利。然而，随着多数人的权利的增加，民主政府固有的缺点就更为明显：立法与行政的不稳定性日益暴露。更为重要的是，民主不能没有任何约束，缺乏引导与纠正，托克维尔将这种以多数人名义行使的无限权力称为"多数人的暴政"。"当我看到任何一个权威被授以决定一切的权力和能力时，不管人民把这个权威称做人民还是国王，或者称做民主政府还是贵族政府，或者这个权威是在君主国行使还是在共和国行使，我都要说：这是给暴政播下了种子……""我最担心于美国的，并不在于它推行极端的民主，而在于它反对暴政的措施太少。"②

对于如何防止"多数暴政"，既保证人民主权原则，实现个体最大限度的自由和广泛地参与国家管理，又不至于使多数在做决策时失去符合正义标准的判断力，托克维尔提出了两个方法：一是在多数人权威与个体公民或者少数人之间建立一个缓冲地带。这个缓冲地带由无数的公务员和法官构成，使得多数人不可能真正有能力伤害到少数人。二是通过司法权威防止民主暴政。例如，"美国人赋予法学家的权威和任其对政府施加的影响，是美国今天防止民主偏离正轨的最坚强壁垒"。"越是深思发生于美国的一切，就越是确信法学界是美国的

---

① 〔法〕托克维尔：《论美国的民主》，第307页。
② 〔法〕托克维尔：《论美国的民主》，第315页。

能够平衡民主的最强大力量,甚至可以说是能够平衡民主的惟一力量。"① 对于托克维尔来说,民主的最终目的是保障少数人的权利,而这必须通过宪政对绝对权力的限制和制约来实现。

尽管宪政思想源远流长,古希腊古罗马的法制传统、古希伯来法和基督教伦理的基本原则、社会契约论等都为宪政民主政治的出现建立了理论渊源,然而1787年美国宪法的颁布,才真正标志着美国乃至世界宪政民主之路的开始,随后,美国的"姊妹革命"法国大革命爆发,1789年发布的《人权宣言》进一步推动了宪政民主思想的发展。随着美国的日益强大,宪政民主作为一种优良的政治经验,为世界各国所广泛汲取,主要包含了人民主权和民选政府、以宪法和法律对政府权力加以限制、实行分权制衡、建立宪法审查和司法独立制度、保障个人权利与自由等原则。其中,宪政与民主、法治的职能分工各有不同,民主决定权力归属,法治负责权力实施,宪政则实现权力制约。宪政民主制度就是宪政、民主、法治三者的有机结合。

然而,在人类发展史上,民主与宪政之间的关系"引起的争议之多,几乎可以与平等和自由的关系问题相媲美"。二者的区别"或者根源于立宪主义者对人类天性不可救药的悲观主义与民主政治拥护者不可救药的乐观主义所形成的鲜明对比"。② 基于迥然不同的人性观,二者也具有完全不同的社会政治观。立宪主义关注有限政府的实现,把注意力放在"保护"之上,一旦建立完全的民主政治,一切使都会面临挑战,特别是社会政治生活中的"关键元素"就可能陷入险境。

---

① 〔法〕托克维尔:《论美国的民主》,第329、336页。
② 〔日〕猪口孝、〔英〕爱德华·纽曼、〔美〕约翰·基恩编《变动中的民主》,林猛等译,吉林人民出版社,1999,第85、88页。

因此，必须设计若干机制，以确保这些"关键元素"尽可能地远离破坏，并且永远受到保护。实现保护的方法就是将它们用宪法文件予以确定，这也就意味着立宪主义主要是面向过去的，尤其是面向宪法起草时的那些光辉时刻。因此，是一种用过去控制现在的静态思路。相反，民主主义则关注"提高"，将社会政治生活视为一个持续发展的过程，相信通过民主的逐渐展开可以实现社会和政治的发展，是一种面向未来的动态发展的思路。

民主与宪政的结合，首先是由于民主遭到了"大众参与"的破坏和威胁，而立宪政体恰恰能够为其提供保护；其次是由于随着时间和实践的推进，立宪主义者逐步接受了民主主义的许多原则，尤其是普选思想，从而开始认识到民主是可以被"驯化"的，也就是说民主并不必然等同于"暴民政治"；最后，随着时代的发展，立宪主义在认同民主原则的前提下，开始将保护民主政治不被颠覆作为自己的一项新的使命。因此，二者才能在宪政民主中终于结成同盟关系，通过权力的分立杜绝少数人专制的可能性，同时也为"多数暴政"设置一道屏障。①

从宪政与代议民主的理论关系来看，由于认为个体原初权利平等的社会契约论构成了近代宪政尤其是欧洲大陆民主政治的基础理念之一，因此，宪政实际上是在代议民主的基础上，针对"多数暴政"的危险而对其进行防范与补充，对民选政府增加了"限政"的层面。而在自由民主的实践中，宪政与代议民主则又是两个必不可少的基本要素，在不同国家也可以具有不同的实践顺序。例如英国是先宪政（光荣革命）后民主（19 世纪普选制）的发展道路，美国则直接通过联邦

---

① 〔日〕猪口孝、〔英〕爱德华·纽曼、〔美〕约翰·基恩：《变动中的民主》，第 88~91 页。

建国将宪政传统与代议民主结合了起来。

宪政民主之于公民的意义,一方面在于通过民主保障公民权利的实现,主要是参与政治的权利;另一方面通过宪政保障公民权利之不受侵犯,特别是不受国家、政府、党派的侵犯。这种民主制度以宪法为原则,主张由公民自由选择统治者和参与决策,既将政府所有权力的行使纳入宪法轨道并受宪法制约,又以保障人权为最终目的。因此,宪政与民主实际上就是对公民之消极自由与积极自由(或个人自由与政治自由)的同时保障。

第四节 当代社群主义:公民德性与参与民主

托克维尔、贡斯当、伯林等自由主义思想家分别从公民与市民的对立、政治自由与个人自由的区分以及积极自由与消极自由的分歧,对自由主义传统中的私性公民和民主制度进行反思与批判,揭示了自由主义公民观之公共性危机和代议制的参与缺失等致命缺陷。他们对公民身份两面性之平衡与宪政民主的设计,均是从自由主义传统内部对公民理论和民主制度进行的调整与修改。然而,当代社群主义的崛起则是以共和主义传统为基础,从自由主义传统外部对其上述缺陷发起猛烈攻击,故常被称为"自由主义的最凶恶的敌人"[①]。

一 公民共和主义的当代复兴

如前所述,共和主义与自由主义在公民问题上走向了两个相反的

[①] 〔法〕迈克尔·H. 莱斯诺夫:《二十世纪的政治哲学家》,冯克利译,商务印书馆,2001,第288页。

方向：前者建基于集体主义，强调城邦公民或者贵族精英阶层在政治生活中平等而积极地参与，公民身份实际上就是政治参与权利；而后者则更多地崇尚私人领域免于强制的自由权利，注重多元价值和制度规范，公民政治权利有很大的淡化倾向。因此，二者具有各自的特殊困境：一个困境是把"自由"主要理解为"政治自由"即公民参与公共政治生活的自由，从而忽视了私人生活的自由和个人权利的保障，其危险就在于它以公共政治生活吞没了个人生活的空间，即社会生活的"过度政治化"（overpoliticization）；另一个困境则在于个人主义带来的社会生活的"过度私人化"（overprivatization），现代国家的巨型化导致了人们不再相信自己有能力影响政治，在政治行为上表现为疏远和漠不关心；由于商业社会的发达，人们更多地忙碌于物质追求，醉心于丰富绚烂的私人生活，从而社会团结也遭受相当的危机。

虽然共和主义不等于社群主义，但在当前西方学术界，社群主义主要是与共和主义相连的，特别是泰勒、桑德尔这样的社群主义者对亚里士多德以及卢梭的共和主义传统颇为向往，所以社群主义与自由主义之争往往和共和主义与自由主义之争是联系在一起的。公民共和主义在经历了亚里士多德和西塞罗的古典创建、马基雅维里和文艺复兴时期思想家的复兴、卢梭的典型诠释，以及19世纪新自由主义（如黑格尔和托克维尔）的吸取和借鉴等多种发展形态之后，始终能够作为一种对自由主义公民身份之缺陷的平衡见解而被保存和延续下来。因此，尽管公民共和主义这一古老的传统对于现代社会而言，已经表现得多么不适应，但其中依然包含了一些具有永恒价值的人类理想，能够找到某种新的适应时代的诠释方式。特别是晚近以来，对公民共和主义传统的兴趣再次得以复兴，其原因一方面在于自由主义传统中存在的弱点或者对它的反对，另一方面在于公民身份本身具有实质的内在价值，而不是可以通过某方面的平等或公正价值来进行解释的衍生性价值。以汉娜·阿伦特为代表的美国学者和公共舆论中，这种复兴浪潮体现得尤为显著。在 1958 年出版的《人的条件》(*The Human Condition*) 一书中，阿伦特充分表达了她对于古典思想家们所设想的积极公民身份的内在价值的肯认："没有分享公共幸福，就没有人会是幸福的；没有体验公共自由，就没有人可称作是自由的；没有分享公共权力，就没有人会是快乐的和自由的。"① 此后，新共和主义的形成和发展一是针对"稀薄的民主"使美国民主体系成为幻灭，参与投票的人如此稀少，以其他方式参与政治的人甚至更少；二是来自对自由主义公民身份削弱共同体价值的批评。社群主义 (communitarian) 概念的产生，就是在第二种思路中，从共和主义传统中汲取有关对共同体的感情和对职责的关注的观点，通过恢复邻里关系、加强国家团结实现真正的个体自由。

二 公民与共同体

自由、平等、博爱作为现代民主确立的三大基本理想，在 18~19 世纪的众多意识形态（社会主义、保守主义、自由主义、民族主义以及共和主义）中都有着不同的理解方式。其中，博爱理想可以通过共享公民资格、阶级团结、共同种族血统或文化认同等不同的共同体理想得以实现，并且始终被视为一种基础性概念而存在。然而，第二次世界大战以后，罗尔斯《正义论》的问世标志着自由和平等理想的主导地位，而对共同体价值的关注则越来越少，以至于自由主义者常常被认为是因为相信"原子主义"而否认"社会论题"的。

---

① 〔美〕阿伦特：《人的条件》，竺乾威译，上海人民出版社，1999，第 255 页。

社会论题是指为了个体自我及其利益所必需的一些社会条件或社会环境，按照其对个体自主能力的功能不同，可以区分出两大类社会论题：发展自主能力的社会论题（如教育体制、家庭、学校等）和实施自主能力的社会论题（如社会文化、社会生活、公共领域等）。姑且不论自由主义对于社会论题的态度是否完全否认，至少我们可以认为他们不仅接受现代社会的公民们形成差异巨大甚至相互竞争的善观念，而且将这种多样性视为文化繁荣和个人自主的源泉。也就是说，对于自由主义者而言，基于共同体的博爱理想并不会因为公民个体生活目的之多样性而遭受瓦解，对自由主义正义观的信奉就足以维持社会团结。因此，共同体理想要么被当作自由和平等的衍生物，要么被排除到自由主义的政治视野之外。

"社群主义"思潮的兴起，正是基于对多样性与共同体之关系的不同判断，基于对自由主义公民身份中共同体价值遭到忽略和削弱的批判。对于现代社会越来越突出的多样性，社群主义者更担心这些多样性对社会团结的影响，以及对群体实现共享目标的能力的影响。他们不相信仅仅依靠对正义原则的共享就可以维持社会团结，因为这种正义原则太宽泛了，可以存在于世界上的不同国家。同时，他们也更担心多样性与团结之间的平衡已经不复存在，哀叹"过去好时光"的各种社会制度的"衰败"或"失败"，如家庭、社区团体、媒体、学校、教会等。因而，社群主义者们的中心论断就是："共同体的价值在各种自由主义的正义理论中，或者在自由主义社会的公共文化中都没有得到充分的承认。他们认为就算不把对共同体的考虑置于自由和平等之前，也有必要给予同等程度的重视。"[①]

[①] 〔加〕威尔·金里卡：《当代政治哲学》，刘莘译，三联书店，2004，第376页。

同时，社群主义还反对福利国家和大政府对公民个体积极性的挫伤、对地方社群自主的削弱和对中介团体功能的妨碍。自由主义公民传统原本是以捍卫个体权利为中心的，反对政府权威或其他权威机构干涉私生活，主张自由贸易和自由竞争。然而，19世纪70年代以来，为了避免垄断的出现，凯恩斯主义抛弃了政府不干预经济活动的主张，提出国家应对社会成员的经济活动进行调节和限制。社群主义认为，政府权力的加强不仅没有强化社会的联系纽带，反而削弱了自然形成的社群联系，基于此，他们试图借助个人和社会之间的各种中介组织形式，克服两个极端的局限。[①]

为了应对社群主义对自由主义国家社会团结和政治合法性基础等问题的挑战，自由主义也在现代民族国家的时代背景下发展出了新的回应与包容——自由主义的民族主义。公民个体对共同体的认同感和对同胞的义务感，既然不能来自宽泛的正义理念，那么也不能来自对特定优良生活的狭窄信奉。同时，民族国家在世界历史中的出现，使得国家的疆域不再仅仅具有纯粹的法律意义，而且能够确定一个公民群体——政治共同体，既作为主权的承担者，又通过其意志和利益确定政治合法性的标准。随着西方民主国家内选举权的普及和大众文化的提高，无论公民之间的不平等还有多大，但几乎所有公民都能参与对共同的民族文化和政治机构的塑造和运作，这便是自由主义民族国家普遍而一贯的做法：努力促进实现疆域与民族身份的高度重合。

然而，社群主义者对于自由主义的上述回应与包容依然感到不满。在自由主义的民族主义那里，共同的民族身份并不需要以某种共识的善观念为基础，而只是需要一种较弱的和较宽泛的感觉——人们

[①] 韩震：《后自由主义的一种话语》，刘军宁、王焱编《自由与社群》，三联书店，1998，第16～17页。

隶属于某个代代相传的社会,享有共同的疆域,拥有共同的过去和未来。国家在各种善观念之上,依然采取的是中立的态度;个体仍然具有修正自己目的的能力。从而,这种民族身份"并非为了促进某一特定的优良生活观,而是为了增加公民兑现自己正义义务的可能性"[1]。而在社群主义者那里,共同感的来源不仅仅包括共同的历史感、共同的疆域、共同的语言和共同的公共制度,还应该包括共同的善观念、共同的生活习惯、共同的社会习俗和共同的文化传统。对于社会团结而言,仅有的共同民族身份还太弱,不足以构成真正的政治基础。

基于上述理由,以麦金泰尔、桑德尔等为代表的绝大多数社群主义者们都具有明显的地方主义倾向,将真正的社群主义政治基础转向区域性的地方层面——试图通过权力向地方让渡而弥补国家层面团结与合法性的缺乏,并且相信只有在地方层面才可以将共同善观念的追求作为团结与合法性的强支撑。因而,"社群"主要是一些由有限数量且具有直接联系的个体组成的中介组织形式,它们由一些休戚相关的"我们感"(we-ness)连接起来,拥有共同的行为习惯和价值观,将个体与社会整体连接起来,如小镇、职业协会、家庭等。同时,与马克思主义认为只有通过社会革命、推翻资本主义和建立社会主义社会才能实现共同体的观念不同,社群主义的"共同体"一直存在于共同的社会习俗、文化传统以及社会共识之中,因此不必对其进行重新构建,相反,需要的只是尊重和保护。

在社群主义看来,自由的公民个体不仅作为构成共同体的基本单位,更重要的是,他们都是在共同体的传统和结构功能中得以生成和存在的。首先,共同体的实践和交往活动构成了个体权利的基础。在

---

[1] 〔加〕威尔·金里卡:《当代政治哲学》,第486页。

泰勒看来，个体并不能孤立地，而只能通过部分公开部分隐蔽的对话和协商，来发现自我的特性。自我特性本质上依赖于个体与他人的对话关系。因此，个体权利是社会活动的产物，是历史地形成的，并不具有对各种社会价值的优先性。其次，个体自我人格的生产依赖于社群的历史传统。麦金泰尔指出，个人只有存在于一贯的历史传统中，才是一个完整的人，只有借助传统，个体才能获得自我理解的能力和有意义的生活。因此，社群主义倾向于用社会本原论取代自由主义的个人本原。[①]

社群主义对自由主义的批评实现了从20世纪70年代政治哲学以正义和权利为中心概念到80年代以共同体和成员资格为关键词的转变。不过，社群主义只是试图解释自由主义以个人主义为基础的公民观无法维系共同情感、共同身份以及任何可行的政治共同体所需要的边界。同时，它对共同体与公民的理解虽然消除了自由主义传统中原子个体之脱离社会的抽象权利，但又将共同体对个体的构成性意义推向了极致，走向了另一个极端。因此，它的崛起不但没有避开反而强化了消极公民与积极公民的二元对峙。

三 自治与参与民主

面对多样性与社会团结的紧张，自由主义者表现出乐观与自信，而社群主义者们则担心越来越突出的多样性对社会团结所造成的瓦解。但是，对于如何重新建立多样性与社会团结之间的平衡，社群主义内部存在两种不同的思路，威尔·金里卡将其区分为"向后看的社群主义"和"向前看的社群主义"。那些向后看的社群主义者们认为，

[①] 韩震：《后自由主义的一种话语》，第18～19页。

在包容个体选择和文化多样性上,自由主义已经走得太远,使得许多过去的美好的社会制度衰败了,并对此表现出"乡愁般的哀叹"。这类社群主义者主张通过恢复某一种共同善观念来恢复原有的平衡(如限制同性恋者的权利、限制离婚、倡导在学校进行祷告等),因而在实质上只是一种"用社群主义的新词汇包装起来的传统保守主义的演说方式"①。

而另一些向前看的社群主义者,在个人选择与文化多元已经成为现代社会不可逆转的事实基础上,承认生活目的多样性的内在价值。然而,他们同样担心"传统中维系社会团结的资源不足以承受这么大的多样性",于是希望寻求新的资源和方法去重建共同体纽带,使之"能够整合和包容(但不限制)生活方式上的选择多样性"。② 参与型民主就是这类社群主义的一种,主张通过差异性的慎议来构建团结,将这种民主方式作为一种新的更强的共同资源来抵消多样性的冲击。

在公民共和主义对自由主义公民传统的批判基础之上,社群主义者们继续对自由主义民主提出了诸多质疑与批判。尽管自由主义所主张的民主模式在对抗专制主义时期起到过积极作用,但"自由主义作为实践的流行并不能否证其作为理论的贫乏。相反,哲学上的错误会在实践中表露出来。当代美国自由主义民主的困境凸显了它理想内部的紧张。自由主义的实践远不能证明自由主义政治的自主,它印证了其哲学预示的问题:程序共和国不能够维护它所承诺的自由,因为它不能维持自由所需要的那种政治共同体和公民参与"③。泰勒也指出,自由主义不仅没有看到自由主义民主中政治共同体的分裂这一根本性

---

① 〔加〕威尔·金里卡:《当代政治哲学》,第500页。
② 〔加〕威尔·金里卡:《当代政治哲学》,第501页。
③ 〔美〕迈克尔·桑德尔:《民主的不满——美国在寻求一种公共哲学》,曾纪茂译,江苏人民出版社,2008,第27页。

危机，而且还推动了这一危机的发生：消极公民或私性公民的身份加剧了社会成员之间的原子式分离，社会契约论则削弱了共同善观念。因此，社群主义的民主理论就必须通过确立广泛的认同基础为这一危机寻求真正的出路。

为民主政治寻求广泛的认同基础，首先必须以共同体的存在为先决条件。在泰勒看来，民主就是公民能够且应该自由地、明确地表达意见，这些意见是真正出于他们的内心并经过了一定理性思考而形成的，而不是在宣传、误导和恐惧中形成的。民主所需要的前提条件包括"（a）相关的人民要了解自己是共同体的分子，这个共同体拥有某些共同目的，并且认定其它成员也分享这些目的；（b）公民的各种团体、形态与阶级的心声能够被倾听，并在辩论中也能发挥他们的影响力；（c）由此所产生的决定，是真正为大多数人所喜好的"[①]。因此，只有共同体的存在才能为人民主权的落实提供客观载体，正如菲利普·塞尔兹尼克所言，"如果说人民是主权者，则他们不是分离的个体，而是共同体联合的参与者。他们通过传统和制度，通过理所当然的理解和联系而集体行动。在民主国家中，我们相信，人民是最高政治权威的最安全的宝库。当共同体衰退时，这种信念就受到了挑战"[②]。

其次，这种共同体必须是一种具有强势认同的共同体，而不是自由主义民主中基于正义理念的弱势认同。对于民主国家而言，"最为重要的：我们正在努力创造的——自由、民主、一定程度上自愿平等共享的——社会需要由他们的公民作出的强势认同。事实上依

[①] 〔加〕查尔斯·泰勒：《公民与国家之间的距离》，李保宗译，载汪晖、陈燕谷主编《文化与公共性》，三联书店，2005，第205页。

[②] 〔美〕菲利普·塞尔兹尼克：《社群主义的说服力》，马洪、李清伟译，上海人民出版社，2009，第81页。

赖于其成员的自发的支持行动的各种自由社会需要其成员的强势忠诚意识,孟德斯鸠称之为'德行'。这在市民人道主义传统中始终受到重视"①。这类强势认同具体体现为公民的忠诚,能够坚定地承担参与公共事务的义务,能够相互倾听、相互知晓和相互理解,能够在承担义务的过程中不断达成共识等。强势认同不仅为民主决策的运行和获得意义提供了前提与基础,还为民主政治的合法性提供了必要的先决条件。

再次,自治是民主政治的根本,是个体自由的实现手段或内在要素。泰勒对两种民主模式的区分,在于自由主义民主对个体消极自由的关注和共和主义民主对参与和自治的关注,"这两种观点得以区分,部分是由于他们对自由社会所追求的两种主要善行——个人自由与自治——有孰先孰后的不同争议。显然,极力争取限制权力的人认为前者比后者更为重要"②。共和主义民主则认为自由必然蕴含自治,个人的自由在于积极地争取权力并参与统治的政治自由。由此,自由和自治在两种民主模式中具有不同的内在关系,在自由主义民主中,自由是对自治的一种约束;而在共和主义民主那里,自由是自治的一个结果。"我之所以是自由的,是因为我是一个掌握自己命运的政治共同体的成员,并且参与了支配其事务的决策。"③ 因此,对于社群主义者来说,自治已经上升为一种共同善的观念,它既可以对自由具有决定性意义,是自由的具有自身价值的内在要素(如以亚里士多德为代表的强势或本

---

① Charles Taylor, "Why Democracy Needs Patriotism," in Martha C. Nussbaum, *For Love of Country: In a New Democracy Forum on the Limits of Patriotism* (Boston: Beacon Press, 2002), pp. 119-121.
② 〔加〕查尔斯·泰勒:《公民与国家之间的距离》,第 201 页。
③ 〔美〕迈克尔·桑德尔:《民主的不满——美国在寻求一种公共哲学》,第 28~29 页。

质性共和主义），又可以体现为个人自由的工具性要素（以公民资格理论者为代表的弱势或工具性共和主义）。

最后，共和主义民主理想的复兴，需要在公民参与自治的过程中逐步培育和提高公民美德。在泰勒看来，真正的公民尊严在于参与自治，其本身就具有极为重要的价值。"共同体的团结纽带是以共享的命运感为基础的，在此共享本身就是有价值的。"因此，参与自治本身内含公民身份资格的确定，也是一种不可或缺的认同要素，是一种应当由人们共享的共同善。"充分地参与自我统治，被认为是（至少在一部分时间内）在形成我们和别人能够认同的主导性共识方面能够发挥某种作用的事情。治人和治于人意味着至少在某些时候统治者可以是'我们'而不总是'他们'。"[1] 同时，参与政治要求公民德性的培育，需要公民美德的养成。对此，有的社群主义者认为通过市民社会的各种自发机构，如家庭、工会、环保组织等可以生成公民美德；有的则认为参与本身就是激发美德或爱国主义的最佳途径，需要大力培育公共领域，为公民参与自治提供理想的场域。

---

[1] 〔德〕哈贝马斯：《在事实与规范之间》，童世骏译，三联书店，2003，第662页。

第二章
公民身份的整合与协商民主的发展

20世纪70年代以前，共和主义公民观和自由主义公民观始终作为两大公民传统居于西方政治思想史的核心位置。共和主义传统与自由派传统基于不同的自由概念而形成了不同的公民观，贡斯当与伯林对此进行了"古代人的政治自由"与"现代人的个人自由"以及"积极自由"与"消极自由"的二分，这样公民身份问题也就在这种二分法的基本框架中得以展开。然而，70年代之后的十多年时间内，公民理论经历了一段较为沉静的时期，公民概念日趋淡出政治思想家的视野。① 直到罗尔斯《正义论》问世之后的一段时间，这一情况才逐渐得以改变。社群主义的崛起虽然实现了公民和共同体向西方政治哲学中心位置的回归，但同时也强化了公民身份的二元对峙。八九十年代以来，公民理论开始面临多元文化和全球化的时代挑战，共和主义和

---

① 《1971-1985社会学期刊累计指引》（"Cumulative Index of Sociology Journals 1971-1985"）的统计数字显示，这十多年内，出现在"公民"（citizenship）指标下的件数仅为4。这一数据来自 Thomas Janoski, *Citizenship and Civil Society* (Cambridge: Cambridge University Press, 1998), p. 237。转引自林火旺《正义与公民》，吉林出版集团有限责任公司，2008，第141~142页。

自由主义基于个人主义和集体主义的分殊和辩论，逐步衍生出民主公民（关于公民德行、实践和责任的讨论）和多元文化论（关于多种族社会中少数族群的权利和地位的辩论）两大主题。公民资格理论的兴起，开启了两大公民传统的整合性尝试。而协商民主理论的发端与兴盛，则进一步推进了这一整合，并对公民身份注入了新的内涵，形成了新的理论超越。

20世纪70年代以来，伴随着第三波民主化浪潮的兴起，西方学界开始沿着两个方向展开对民主理论的反思与重建：一是在对自由民主制度的批判中强调大众参与；二是通过汲取古典共和主义的养分，强调公民传统对民主制度良性运作的支撑作用。[①] 到80年代，这种反思催生出一种新的试图将二者整合起来的思考方式，即90年代以后蓬勃发展的协商民主理论（deliberative democracy theory）。在这一理论中，一个核心的问题是：公民之所以能够成为公民，不仅需要对公民身份进行以权利和义务为主要内容的法律界定，以自由、平等、契约、包容等为核心价值的文化认同，更需要通过广泛而深入的民主实践，赋予公民身份以整全性的意义；而且，这些具有学习和教育功能的民主实践，其主要形式不能也不应该仅仅局限于民主选举，民主协商的提出恰恰能够为现代民主政治的发展和公民身份的整合提供一个新的方向和范式。因此，协商民主理论的兴起，既是对自由民主制度的批判性修正，也是大众参与的凸显和共和公民传统的回归。在这种意义上，协商民主理论体现了西方民主理论与公民传统发展至20世纪末期的交叉与汇合。

---

① 民主理论中，对大众参与的强调主要是20世纪70年代之后，大量参与民主的重要著作问世。对公民传统的强调，以罗伯特·D. 帕特南的《使民主运转起来：现代意大利的公民传统》为代表。转引自谈火生《民主审议与政治合法性》，第3页。

第一节　走向整合的公民身份

按照雅诺斯基的定义,"公民身份"是指个人在一个民族国家中平等地具有普遍性权利与义务的消极和积极的成员资格。[①] 自由是政治哲学的核心概念,在不同的自由传统中,涉及一个核心问题,即自由应该体现为个体与他者之间的何种关系。这些他者既可以是一个共同体(国家、族群、集体等),也可以是他人。在人类政治生活中,个体总是以具有某种内涵的公民身份而存在,因而自由问题便转化为公民与共同体、公民之间、公民及其内心的关系问题。如此,公民身份问题也便自然处于各种自由传统及其所属政治传统的核心位置,并呈现出二元分野之后逐渐走向整合的发展态势。本节内容主要在第一章的基础上,以几种自由传统为脉络,就公民身份及其内涵由分歧走向整合的发展进行专门梳理与阐释,以期为本章提供一种更为集中的背景性介绍。

一　自由传统与公民身份的二元分野

如前所述,贡斯当早在1819年《古代人的自由与现代人的自由之比较》的演说中曾对两种完全不同的自由作出区分,伯林也因此把贡斯当列为"最清晰地阐述了两种自由之冲突"的思想家。1958年伯林发表《两种自由概念》一文,将"古代人的自由"与"现代人的自由"重新定义为"积极自由"(positive liberty)与"消极自由"(negative liberty),并赋予自由更深刻、更广泛的含义。

[①] 〔美〕雅诺斯基:《公民与文明社会》,第267页。

第二章
公民身份的整合与协商民主的发展

在伯林看来，积极自由的要求产生于"每个人都想成为自己的主人，都要自我导向、自我实现的那种愿望"。与积极自由相关的问题是"什么东西或什么人，是决定某人做这个、成为这样而不是做那个、成为那样的那种控制或干涉的根源"[①]。积极自由不仅仅是缺乏外在的干预状态，同时意味着以某种方式行为的权力和能力；自由是一种理性的自由，强调理性的导向作用，而不是由非理性的欲望所左右；自由还意味着集体自决，每个人都通过民主的参与方式在控制自己的社会环境中扮演一定的角色。因此，它主要涉及的是权利的来源，是一个"谁来控制我"的问题，公民的地位是由政治权利，特别是由被理解为积极自由的政治参与和交往的权利决定的。

相反的，消极自由大致是霍布斯以来英美自由主义者强调的那种不受他人制约的自由，其含义来自对一个或一群人在不受他人干涉和强迫的情况下从事活动的那一空间的追求，也就是一个人能够不被别人阻碍行动的领域。"如果别人阻止我做我本来能够做的事，那么我就是不自由的；如果我的不被干涉地行动领域被别人挤压到某种最小的程度，我便可以说是被强制的，或者说是处于被奴役状态。"与之相关的问题是："主体（一个人或一群人）被允许或必须被允许不受别人干涉地做他有能力做的事、成为他愿意成为的人的那个领域是什么？"[②] 消极自由正好类似贡斯当的现代个人自由，这种自由是"在没有其他人或群体干涉我的行动程度之内，我是自由的"。在这个意义上，政治自由只是指一个人能够在不受别人阻挠的情况下活动的空间

---

① 〔英〕伯林：《自由论》（《自由四论》扩充版），胡传胜译，译林出版社，2003，第189页。
② 〔英〕伯林：《自由论》（《自由四论》扩充版），第189页。

范围，公民的地位首先是根据他们拥有的相对于国家和其他公民的消极权利（negative rights）决定的。消极自由的特征可以归结为：（1）自由具有内在的价值，而不是实现价值的手段。（2）它是一个近代概念，核心是个人的权利。（3）它强调的是一种不干涉的状态，主要涉及的是权利的控制范围，而不是权利的来源问题。（4）自由是美好的价值之一，但是不是唯一。因此，"自由在这个意义上就是'免于……'的自由，就是在虽然变动不居但永远清晰可辨的那个疆界内不受干涉"[①]。

英国当代政治理论家戴维·米勒也作出过关于西方三种主要自由传统的区分：第一种，共和主义的（republican）传统，即最古老的自由传统，认为自由人就是一个自由政治共同体的公民，自由政治共同体就是自主的共同体，公民在政府中扮演着积极的角色，法律在某种程度上反映人民的愿望。古希腊的共和理念、汉娜·阿伦特的政治理念就代表了这一传统。第二种，自由派的传统，认为自由是个人行为的某种状态，即不受他人制约或干涉的状态，同时也认识到政府本身凭借武力强加给公民的法律和法令而对个人自由形成的威胁，因此认为只有在政治终结的地方才可能存在自由。第三种，唯心主义或理想主义的自由传统，自由的主要内涵是自律。事实上，第三种自由传统可以被看作自由派传统的一种分支，由于它把政治当作实现自由的手段，受到了同时来自自由主义和共和主义的强烈批评。

二 两种自由与公民身份的结合与平衡

尽管贡斯当与伯林均对西方自由传统作出了二元区分，但是他们

[①] 〔英〕伯林：《自由论》（《自由四论》扩充版），第195页。

在对待两种自由传统的态度上存在明显的不同。在价值取向上，伯林真正追求的是自由主义传统的精髓——消极自由，这也使得《两种自由概念》成为一篇货真价实的"自由主义宣言"。他指出，成为自己的主人的自由，与不受别人阻止地作出选择的自由，初看之下，似乎是两个在逻辑上相距不太远的概念，只是同一个事物的消极与积极两个方面而已。不过，历史地看，"积极"与"消极"自由的观念并不总是按照逻辑上可以论证的步骤发展，而是朝不同的方向发展，直至最终造成相互间的直接冲突。①

作为积极自由之核心的自主（self-mastery），往往与"真实的""理想的""更高的"自我与"虚假的""经验的""低级的"自我的区分相关。所谓真实的自我，还可以被看成某种比个人更广泛的东西，如部落、种族、教会、国家以及社会整体，这样，就有可能忽视人类或社会的实际愿望，借人们的"真实"自我之名实行所谓"强迫自由"，因此，伯林认为，追求积极的自由可能导致两方面的结果，一是由于真正的自由不可得而导致消极的"遁世主义"，如佛教。二是真实的自由可以外化为某种国家意志、集体意志、某种规律。个人虽然在表面上被别人强迫，但是实际上这种强迫使他按照真实自我的意志去行为，因此他是自由的。这种观念可以为极权主义以及形形色色的对人的奴役辩护。与之相较，多元主义以及它所蕴含的"消极的"自由标准，"比那些在纪律严明的威权式结构中寻求阶级、人民或整个人类的'积极的'自我控制的人所追求的目标，显得更真实也更人道"②。

然而不同的是，在政治自由与个人自由的关系问题上，贡斯当并

---

① 〔英〕伯林：《自由论》（《自由四论》扩充版），第200页。
② 〔英〕伯林：《自由论》（《自由四论》扩充版），第244页。

未采取非此即彼的立场。他在分析法国大革命期间从公民政治参与激情高涨到后来人人厌恶政治的情况中强调：第一，私人生活的自由须以政治自由为保障，如果公民们都不参与政治从而放弃对公共权力的有效制约，那么归根结底私人生活的自由是没有保障的；第二，一个民族的伟大素质只有其公民充分参与行使政治权力才能发展起来，因为政治自由扩大人的精神境界，提高人的思想层次，并塑造该国公民的一种群体性知性素质而奠定该民族的光荣和昌盛。在强调公民消极自由和私域不受侵犯的同时，一个巨大的危险在于个体容易忘掉其公民身份。因此他并没有单独强调公民身份的经济维度或政治维度中的某一方，而是注重私利与公民义务感、参与度和承担公共事务之间的平衡。所谓私人生活的自由与政治参与的自由绝不是非此即彼的关系，重要的是要学会把两种自由结合起来。① 正如研究中世纪共和国历史的著名学者西斯蒙第曾经说过，制度必须完成人类的使命，如果某种制度能使尽可能多的公民升华到最高的道德境界，它便能最好地实现这一目标。

三 公民资格理论的尝试与突破

公民资格常被看作民主与正义的附属，譬如，公民就是具有民主权利和正义要求的人。在战后的大多数政治理论中都开始支持这样一个观点：在任何合理的政治理论中，公民身份都必须有一种独立的规范性作用，并且促进负责的公民资格是政治政策的急迫目标。马歇尔在1949年的《公民资格与社会阶级》一文中提出，公民资格的本质就是，保证人人都能作为完整的和平等的社会成员受到对待，而要确

---

① 〔英〕伯林：《自由论》（《自由四论》扩充版），第46页。

保这种成员资格感,就要把日益增长的公民资格权(citizenship rights)赋予人们,其中包括三类权利——兴起于18世纪的公民权利、兴起于19世纪的政治权利和20世纪得以确立的社会权利。自由主义民主的福利国家是对公民资格的最充分表达,它能保证所有人都拥有上述公民资格权,使社会的每一位成员都能感受到自己是社会的完整成员,能够参与和享受共同的社会生活,否则人们就将被边缘化并且无法参加社会生活。[1]

马歇尔的公民资格实际上也只是一种消极的或私人的公民资格,它强调资格,但并不要求有参与公共生活的义务,是一种"拥有权利的权利"。因此,这也引起了许多评论者的关注,他们指出需要通过对公民责任和公民品德的积极实施,如经济自立、政治参与、公民礼仪等,来补充这种消极的接受。市民社会巨型化的同时个人获得了决定对政治生活采取何种态度的自由权利,"他们都不必然是政治动物,纵然生活在一个社会中,他们也不需要关心这个社会的政治,不需要积极参与政治生活,也不需要珍重社会的政治体制和价值观"[2]。这些都是消极自由体系中所呈现的现象,为了克服"公民的私人化症状",公民共和主义内部的两大阵营:一个阵营即"亚里士多德式的共和主义"者坚信政治参与本身就是具有内在价值的,因而贬低私人生活的价值,但是这种观点难以被大多数人接受;另外一个阵营则承认许多人在不同程度上对政治天生就缺乏兴趣,所以要对积极公民资格的要求予以限制,以便容纳那些不同的优良生活观,他们把政治参与所需要的各种基本品德看作维系正义制度的工具性手段。他们所要求的社

---

[1] 〔英〕T. H. 马歇尔:《公民身份与社会阶级》,郭忠华、刘训练编,江苏人民出版社,2007,第10页。

[2] 〔美〕罗伯特·A. 达尔:《现代政治分析》,王沪宁、陈峰译,上海译文出版社,1987,第129页。

会公共生活以及对公民社会中对平等规范的支持都体现了自由主义的根本价值，并致力于寻求培养公民品德的苗床，比如市场、公民社会的自发机构、家庭、学校等。

公民资格理论的目标是实现对自由主义的个人主义和社群主义的集体主义之间对立的超越，把自由主义对正义的要求和共同体成员资格的要求整合到一起，同时也是对两种公民观的一种综合或超越。在公民资格理论者们看来，现代民主制的健康和稳定不仅依赖于基本制度和正义，而且依赖于民主制下的公民的素质和态度，如他们为了促进公共利益以及为了使政治权威承担责任而参加政治活动的愿望等。如果没有具备这些素质的公民的支撑，民主制将步履维艰甚至趋于动摇，并且公共政策在许多方面实际上都有赖于公民对自己的生活方式作出负责的决定。如哈贝马斯所言，"只有在人民尽力支持的前提下，这样的宪政制度才有价值"[1]。因而他们对公民身份问题倾注了更多的关注。对正义的理解从来都是具有很大的分歧，公民资格理论因此转向了一个新的策略，依据一些超越不同学术传统、对持有不同正义观的人都有吸引力的理解，来为政策提供辩护，民主的公民资格理想就正好能够服务于这个目标。这是一种不同于以往的价值判断式的论证而更倾向于工具式的论证。不过对于这种转移，究竟应该看作一种策略性的倒退还是一种进步，现在还很难判断。但是可以肯定的是，这一策略充分体现了现代政治环境发展的需要，为公民传统的整合性探索提供了新的思路和启示。

协商民主理论的发端与兴盛，延续了贡斯当以及当代公民资格理论对公民身份的整合性尝试。为了应对自由民主中公民身份私人特质

---

[1] Jürgen Habermas, "Citizenship and National Identity: Some Reflections on the Future of Europe," *Praxis International* 12/1 (1991): 1–19.

的疯狂扩张、对政治生活的冷漠逃离、道德冲突和资源不平等带来的参与无效等"过度私人化"问题，致力于通过对差异性的商议来实现两种自由传统与公民身份的有机结合，并以此建构社会团结的新纽带，重现公民参与自治。在这一全新的民主范式中，协商的理念被赋予了独特的价值，既肯定公民的积极参与的政治自由，又尊重国家与社会保持界限的个人自由；既体现了民主的程序性价值，又强调了民主的规范性内涵；完善民主程序、扩大参与范围、强调自由平等的对话既可以消除冲突、保证公共理性和普遍利益的实现，也是政治民主最基本的内容和条件。

第二节 协商民主理论的发端

尽管协商民主理论兴起于 20 世纪 80 年代，但协商的观念及其实践和民主本身一样古老，均形成于公元前 5 世纪的雅典。伯利克里在颂歌中称赞道："我们不是将讨论（discussion）看作行动的绊脚石，而是认为它是任何明智之举的必不可少的前提。"[1] 而在亚里士多德的《修辞学》中，机智的演说家可以通过强调自己的朴拙和对手的花言巧语来获得更多的信任，讨论常常被批驳为带有诡辩或煽动性言辞的政治操纵倾向。因此，协商的观念从形成之初起就既被积极地看待，又被消极地看待。

雅典时期的直接民主中，公民集会上的协商是少数演讲者之间的讨论，其余公民则作为听众的角色参与其中，因此演讲者希望说服的是听众，而不是彼此。尽管这种协商缺少了许多当代协商民主理论家

---

[1] 〔古希腊〕修昔底德：《伯罗奔尼撒战争史》，转引自〔美〕约·埃尔斯特《协商民主：挑战与反思》，第 2 页。

们所考虑的要素,但在某种程度上实现了对真实协商的模拟,毕竟真实协商是以对话者为说服对象的。代议制民主产生之后,协商慢慢被投票所代替,演说者不必再投合听众的心意,而只需通过选票获得有限授权。在某种意义上,这种投票人通过选举对代表进行预期控制的观念与协商的观念在本质上是相互冲突的,选举民主也因此而遭受诸多反对和批驳。

18世纪法国政治思想家西耶斯认为,在选举民主中,选民在家中形成他们的观点,然后将它们带到投票所,如果没有形成绝大多数,就返回家中重新思考。这种公共意志的形成过程不仅是有缺陷的,甚至是荒谬的。19世纪英国著名哲学家约翰·斯图尔特·密尔则明确提倡"经由讨论的统治"(government by discussion),正是因为人类易于犯错,所以协商是必要的。在他看来,选举民主所暗示的一个论断是,一个代表无法从一种与其他代表的无拘无束的意见交换中获取任何重要的东西。然而事实并非如此,代表不仅能够从意见交换中获取重要的东西,而且立法情势(legislative situation)本身的独特本质就在于它能够培育自我修正的能力,是一种用作弥补人类认知上的不足的制度设计。[①]

从协商民主与自由民主的关系来看,前者更多地形成于对自由主义理论和选举代议制民主在当代发展中的弊病与困境的反思,用于应对"过度私人化"、政治冷漠、低度参与和社会团结下降等问题,弥补选举民主及其多数决原则的不足。协商民主旨在将平等利害相关者自由的、具有公共性的说理作为民主的本质,旨在更忠实地践行被忽

---

① S. Holmes, "Gay Rules," in J. Elster and R. Slagstad, eds., *Constitutionalism and Democracy* (Cambridge University Press), pp. 19–58. 转引自〔美〕约·埃尔斯特《协商民主:挑战与反思》,第5~6页。

略甚至被遗忘的民主承诺（如广泛平等的公民参与、自由的政治辩论、开放的立法协商、对共同福祉的追求），克服自由主义民主遭遇的集体选择难题和共和主义民主遭遇的伦理或道德超载难题，以实现民主、人权和法治三大价值之间的合理平衡。[1] 由此可以认为，协商民主毋宁是一种后自由主义民主，在某种意义上既是对自由主义的一种批判性反思，同时也为当代自由主义和共和主义提供了新的发展方向与内容。

一 作为一种政府原则的协商民主

20世纪80年代，约瑟夫·毕塞特发表《协商民主：共和政府的多数原则》一文，在为"美国宪法的民主特征"的辩护中首次提出了"协商民主"的概念，成为当代协商民主理论的开山之作。当时，一批美国学者针对建国时期的制宪者和宪政民主制度之反民主意图提出了诸多批判，认为"从本质上讲，宪法是当时设计用来制约民主的趋势的贵族式文献"，"设计宪法就是为了使'少数'的权力和价值超越'众人'（many）的权利和价值"。对此，约瑟夫·毕塞特反击地指出，美国宪法的民主特征主要体现为对两个看似矛盾的主旨的调和：既要限制大众多数，又要使多数原则有效。"宪法是一套政治制度，在其结构和功能中，体现着持久的、理性的大众政府原则。"[2] 因此，宪法是协商民主原则的体现与产物，协商民主同时也是宪法的民主内涵与特征，体现着一种大众政府原则。

以《联邦党人文集》为基础，作者首先从理论上分析了麦迪逊

---

[1] See Carlos Santiago Nino, *The Constitution of Deliberative Democracy* (New Haven and London: Yale University Press, 1996), pp. 10-14.
[2] 〔美〕约瑟夫·M.毕塞特：《协商民主：共和政府的多数原则》，载陈家刚主编《协商民主与政治发展》，社会科学文献出版社，2011，第37、50页。

"明确意图"中的协商民主萌芽。由于"原始的"（simple）和"纯粹的"（pure）民主的自身弊端，及其对于新兴美国的规模和人口等方面来说都不是恰当的政府模式。代表制的产生就是要在"多数的统治"和"一个人或少数人的统治"中寻找中间道路，使多数的统治通过代表得以实现。其合理性一方面体现为允许政府延伸至更大规模的人口和更广阔的疆域，从而使非正义的多数更难聚集在一起并实施其各种意图；另一方面体现为通过某个选定的公民机构内代议原则的运作，公众的意见得以提炼和扩大，并通过人民代表表达出更符合公共利益的公众意愿。在这里，公众的意见得以"提炼"和"扩大"，而不是简单地被代替。

一般来说，存在两种多数观点或两类公众意见：一种是更直接或更自然、更原始和更缺乏反思的观点，另一种则是更审慎、需要更长时间、有赖于对各种信息和观点的充分思考才能形成的观点。因此，制宪者认为，代表往往比选民更有知识，更有经验，又身处能够形成关于公共关怀的集体推理环境之中，这些都是选民所不具备的主客观条件。立宪的任务就是要形成一套制度，通过代表实现正确理解的"多数的统治"，形成对大众不合理意愿的短期制约，同时又不违背多数原则，不导致非民主的结果。协商多数的统治就是要在回应和限制之间实现恰当的平衡，防止缺乏反思的、轻率的、不正当的大众意愿的危险。[1]

其次，毕塞特阐释了美国的两院制和分权制对协商民主的贡献。"在制宪者设计他们的选举和责任体制以保证代表的审慎与公民利益之间基本契合的同时，他们还认识到，过多的责任对于合理的协商

---

[1] 〔美〕约瑟夫·M.毕塞特：《协商民主：共和政府的多数原则》，第43页。

可能是危险的。"① 在美国的两院制设计中，众议院由大众选举产生，任期两年，最直接地对公众负责；参议院由各州选出，任期六年，对各州的立法机构负责。不同的任期设计，其目的在于通过较长任期的参议员避免只注重短期思考的立法协商，而将国家行为的长期影响纳入考量范围，同时也不必牺牲与大众的联系。因此，参议院应该更多地寻找那些负责的、有远见的公众所期待的政策，并使国会更具有协商性。两院制的制度设计因而是一种能够有效推动协商治理的制度机制。

国会与总统的分权，也从实际上体现和推动着大众政府的协商特性。如果说两院制的设计解决的是协商机制中的责任与远见问题，那么总统否决制要解决的则是偏见问题。一方面，当国会的立法协商中聚合起来的各种观点是以某种偏见为基础时，只有总统能够作为整个国家的代表，能够表达整个国家的观点。因此，总统的否决行为并不是推翻立法，而是要在国会的意见与更大范围内多数的意见之间形成回应与制约，让立法更符合多数的意见。另一方面，宪法要求总统在否决一项法案时应该公开自己的理由，这便能够在实际中形成真正的意见和观点的竞争，促进政府各部分之间的协商。②

再次，作者还对美国政府原则的协商民主解释和其他两种基本的民主解释进行了区分。一种解释将美国的宪政设计理解为"公民和领导人对个人利益的追求，这种追求几乎可以自动地促进形成更大范围的公共利益"，而协商的作用完全被忽视了。另一种解释则是"使民主原则变成人民选择领导人的权利"。选举的功能仅仅是认同"德性之人"，而不是提出和讨论政策问题，因此尽管选举产生的德性的和明智的代表之间的协商具有重要意义，但共同体愿望与协商之间只存

---

① 〔美〕约瑟夫·M. 毕塞特：《协商民主：共和政府的多数原则》，第38~40页。
② 〔美〕约瑟夫·M. 毕塞特：《协商民主：共和政府的多数原则》，第43~45页。

在偶然的或脆弱的联系。毕塞特对这两种趋势都给予了否定，他强调美国政府原则中公共利益的促进不仅需要主动意义的协商，而且协商体现在竞选过程之中，体现在公众舆论对代表的持续性控制之中，因而协商与共同体愿望之间应该具有必然联系。

最后，作者指出了当代美国经济、政治和社会变革使协商民主面临的威胁。在美国宪法设计之后200余年的今天，美国的民主制度一方面受到精英政治的威胁，少数利益集团、金钱和权力既能"捕获"政府制度，甚至还能操纵公共舆论；另一方面，直接民主的现代运动开始允许公民通过创制权和公民投票过程制定自己的法律，从而规避代表以及代表间的协商。对此，作者强调"这种大众的思考，很可能会受到竞选广告花言巧语、论辩双方最刺耳的言辞以及当时激动情绪的深刻影响"，"合理的协商既需要广博的知识，也需要促进就共同目标进行的集体理性思考。即使国会还远不是完善的协商制度，但它更接近于合理协商的条件，而不可能像人们期望的那样，出现在亿万民众的大会上关于大多数立法竞争之中"。[①]

二 作为合法性原则的协商民主

在协商民主概念被作为一种大众政府原则被提出后不久，伯纳德·曼宁于1987年发表了《论合法性与政治协商》一文，两年后乔舒亚·科恩也发表了《协商与民主合法性》。两文均从合法性角度对"协商民主"概念进行了深入分析，在毕塞特的基础上进行了丰富与发展，成为协商民主理论的奠基之作。[②]

---

① 〔美〕约瑟夫·M. 毕塞特：《协商民主：共和政府的多数原则》，第48~50页。
② 详细内容参见〔法〕伯纳德·曼宁《论合法性与政治协商》，陈家刚主编《协商民主与政治发展》，第111~141页。

在曼宁看来，当代政治思想界关于社会正义的争论已经远远超越了市场和国家各自在财富分配中发挥何种作用等传统议题，开始重点围绕"如何定义能够为所有人都一致认可的普遍性社会规则"这一核心问题而展开和深入。古典自由主义者对这个问题的回答是：安全。他们认为人类对安全的需要是第一位的，个人的自由首先是一种免于强迫的自由，因而安全就成了界定个体自由的唯一原则。在霍布斯那里，人与人之间的自然状态就是"所有人反对所有人的战争"，这样，"畏惧横死"的恐惧就使得和平与安全成了人类首要的政治价值。国家的建立在于能够缓解这种恐惧，确保每个个体的生命和财产都能免于强制，并且还能够按照自己的方式追求幸福，决定并实现自己的目标。安全也就成了唯一能被普遍接受的政治原则。这类只将自身的功能限定于保证安全的国家和政府是建立在平等对待每个人的原则基础之上的，因而只有这种"最弱意义上的国家"和"小政府"才是能够被所有人接受的、合法的国家类型。

罗尔斯看到了自由主义的问题所在，即在"最弱意义上的国家"内，某些人由于贫困而无法实现目标，普遍主义的追求根本无法实现。他以"原初地位"为"阿基米德支点"，层层递进地给出了他对上述核心问题的回答：正义。对于所有不知道自己将要占据何种地位的个体来说，两大正义原则能够提供一种所有人都一致认可的立场。其一，每个人都应当平等地享受与他人相同的、最广泛的基本自由权，即自由权原则；其二，如果需要出现经济或社会上的不平等，那么这种不平等必须惠及贫困群体，必须确保所有人在机会均等条件下能够享有工作权利和一定的社会地位，即平等原则。因此，当那些为某些社会阶层谋福利的无法引起普遍认可的非普遍性规则，在实施中却能够被普遍接受时，合法性就真实地存在了。从表面上看，个人主义原则强调每个人的自由和平等，任何支配和被支配都是不正当的，而政治权力及其规则会影响和约束所有人，所以其合法性基础必须而且只能源自全体一致。罗尔斯通过普遍性正义原则的确立为全体一致原则提供了一种规范性论证。由此，政治合法性原则、全体一致原则在其正义论中转化为同一个问题——社会正义的实现。

然而，不论是以确保安全为功能限定的古典自由主义，还是以确保非普遍性规则被普遍认可的正义论者，都面临来自现实多样性的困难。现代国家规模的巨大化、个人主义原则所赞美的个人意志、自由竞争的经济原则中相对独立的个体利益、不同文化群体的多元价值诉求等，使得现实中真正的全体一致难以达成。相反，如果总是存在一种对共同意志完全等同于所有个人意志总和的要求，将会导致"社会一致的瓦解"。

与正义理论一样，民主思想也必须"回答如何建立一个基于个人意志的政治和社会秩序"的问题，因而也必须解决全体一致原则所面临的多样性难题。对此，民主理论给出了两种现实的妥协方案。第一种方案是降低对"一致"的过高要求，例如不是将一致定义为对每项具体决策的一致，而仅仅是对遵循的规则的一致；不是将一致定义为所有个体实际行动上的一致，而仅仅是原则上的一致。第二种方案则是降低对"全体"的过高要求，即多数原则的提出。这一方案主要在于现实多样性所造成的全体一致困难不仅关系到合法性问题，还关系到决策的效率问题。然而，多数意志自身并不具备合法性，只有当其被赋予全体意志的所有特征时，才会变成合法的。也就是说，合法性仍然只能来源于全体一致，多数原则与合法性之间不存在任何必然的合理的关联。用多数一致替代全体一致，仅仅是民主理论所提出的一种更现实、更高效的决策方式，是一个更为方便的约定而已。

这样，一个新的难题又产生了。多数永远不能等同于全体，多数原则与全体一致之间，或者决策原则与合法性原则之间，总是存在难以调和的内在冲突。卢梭的"公意"原则为解决这一冲突提供了一种解决方案。与大多数自由主义者一样，卢梭赞成个人意志是政治责任的唯一来源，并且从经验上看，所有个人意志与将要形成的共同意志可能存在不一致，然而在原则上，二者必然是一致的，"公意"正是全体一致的意志。"在国民大会上，一致意见越占优势，即人们的意见越接近全体一致，那么，'公意'就越占优势。"[1] 因此，少数的意见只是一种关于公意的错误意见，每个人对"公意"的服从实际上也只是在服从自己。必须看到，这一解决方案的问题在于，全体一致似乎已经早于决策而形成，"公意"是一种为社会上的每个人所相信的共同意志，只需通过找到"公意"而不是询问人民真正需要什么，就能实现合法性，全体一致的问题实际上也就被取消了。因此，这种方案并未调和二者的内在紧张，而是以取消其中之一为路径的，因而既与"合法性只能来源于全体一致"的前提相冲突，又与基于"同意"的社会契约原则相冲突。

协商民主理论将卢梭的失败归结为其对个人意志和公共意志的静态描述，合法性或全体一致的条件并不是早于决策而形成的个人意志和业已决定的"公意"，相反，恰恰是来自公共意志的形成过程，即协商本身。在卢梭那里，人民在公民大会上决定公共事务时，已经知道他们想要什么，决定了他们的意志，而任何他人的说服行为只会腐

---

[1] 〔法〕伯纳德·曼宁：《论合法性与政治协商》，第117页。

蚀和压制他们的意志。同时,"只能对那些有可能产生两种对立解决方案的问题进行协商,至于那些过去、现在或将来都只能如此的事情,那些接受其性质的人,没有谁会在协商中浪费时间"①。因此民主必须要排除的就是某些个人(或派别)施于他人的言辞的影响和说服的权力,提倡公民之间的交流与协商。对此,协商民主理论家认为政治生活的现实中完全不存在那种具有坚定意志、已经完成决定和作出选择的个人,真实的情况是,个人拥有的信息往往都是零碎的、不完全的,作出决定往往受到时间的限制,在决定形成之前也不可能拥有一系列连续的偏好。也就是说,包括罗尔斯之"原初地位"中被"无知之幕"挡住双眼的具有相同立场、不存在争论的个体也是不存在的,那种能够对一系列连续偏好进行排序的选择是一种"古典经济人"的计算方式,也不是协商。

因此,对于由"如何达成全体一致"这个核心问题转化而来的"如何形成全体一致的条件"或"如何调和多数原则与全体一致原则"等问题,曼宁的方案就是在决策原则和合法性原则之间,更准确地说是在决策原则之前增加了协商原则,通过"协商"和"多数"共同形成全体一致的条件。协商原则,强调的是个人,尤其是需要作出政治决策的个人必须在其意志形成过程中与他人进行协商,每个人都拥有参与协商的权利。代议民主理论中被忽视的集体维度又得到了重现——每个人的意志形成不再是完全基于个体的内心反思,而是通过主体间的沟通与交流而实现的。多数原则偏向关注效率问题,协商原则则更多地关注合法性问题,二者的结合既体现了民主的参与理想,又代表了民主制度的现实妥协;既注重为全体一致提供条件,坚持集

---

① 〔法〕伯纳德·曼宁:《论合法性与政治协商》,第122页。

体决策来自人民的民主原则,又不排斥个人主义原则,以协商为中介形成多种意见供个人选择。

在对合法性问题的关注中,曼宁将协商作为一种全体一致的必要非充分条件而引入政治决策之中,科恩则有所不同。《协商与民主合法性》将民主的内在价值作为一项基本的政治理想,是一种由成员的公共协商起支配作用的社团。在对罗尔斯的民主思想分析基础上,科恩认为只有通过一种更为实质的协商程序观念才能实现协商社团的理想,并能够为制度问题的解决提供与众不同的结构。也就是说,科恩将协商理解为一种现实的或实质的程序性观念,这一观念既体现着民主的古老理想,同时又作为一种制度性结构支撑起整个民主的合法性人厦。

第三节 协商民主理论的兴盛

在曼宁与科恩的两篇奠基性文章之后,西方协商民主理论的研究日趋丰富、深入、细致。20世纪90年代,随着世界范围内社会复杂性的增加和文化多元主义的兴起,研究者们在理论与实践的张力和批评与辩护的论争中,开始反思协商民主,并初步形成了一些基本共识。在与精英民主、多元民主、参与民主等多种民主模式的影响与互动中,协商民主理论逐渐在对政治平等、投票行动和民主条件等核心议题的讨论中形成独特的理解视角与阐述方式。

一 协商民主理论的核心议题

1. 政治平等

平等是西方政治哲学的核心理念之一,不同的民主模式代表着对政治平等原则的不同理解与维护。对政治平等原则的最直接体现,就在于民主制度能够体现和保障的那些实现自我及其利益的个体范围。在精英民主那里，最广大意义的社会个体仅仅是消极被动的消费者，只有政治精英能够参与政策制定与修改；民众只能通过投票决定谁应该成为政治领袖，而无权过问具体的政策问题。因此，精英民主的政治平等原则仅适用于少数精英。多元民主理论对精英民主的狭窄主体进行了扩展，实现了"去中心化"的进步，将决策权扩展到利益集团。然而，以利益集团为主的民主行动主体仍然不是普通公民个体，失去利益集团庇护的公民个体仍不能充分表达意见和利益诉求，被排除在政治平等范围以外。

参与民主理论的兴起，正是强调通过公民对具体政治政策的参与来实现民主的政治平等原则。协商民主在参与民主的基础上，不仅强调参与，更强调参与的形式：仅仅强调参与"尚不足以实现传统代议制民主的更新，除非民主审议能够穿透资本主义生产和社会剥削的禁地，因为正是它们维持着社会不平等和不自由的再生产"①。同时，协商民主还需要尽量避开两种排斥机制的发生，一是那些应该被包括进来的人或团体被有意或无意地排斥在论坛和决策过程之外的外部排斥机制；二是由于公民与议题相关的经验相差太大，或由于表达方式不符合惯常的风格，导致其主张没有得到认真对待和平等尊重的内在排斥机制。这样，协商民主通过将民主的主体从少数精英扩大到普通民众，将参与的程度从资本主义外围推向纵深，以及对排斥机制的尽量避免，实现了政治平等原则的更广泛更真实的理解和体现。

2. 投票行动

协商民主理论根据对投票行动的不同理解，将现有的民主理论划

---

① Constantin Stamatis, "The Idea of Deliberative Democrocy," *A Critical Appraisal*, Ratio Juris, Vol. 14, No. 4, December 2001, pp. 390–405.

分为两种：一是聚合式民主（aggregative democracy），即将民主意志的形成完全寄托在未经反思的秘密投票基础之上的投票民主。精英民主、多元民主以及社会选择理论所描述的民主模式都属于这种类型。二是协商民主，即强调投票之前应有一个公共审议的过程，在理想状况下，仅通过审议即可达成共识，而无须借助投票。即使在无法通过审议达成共识，而需要借助投票机制来形成民主意志时，这种投票也不同于聚合式民主的理解。也就是说，经过审议之后，投票者的投票行动是建立在对自身偏好的充分反思，对其他人或群体的偏好的同情了解基础之上的，并且投票者还会从共同体整体利益的角度对不同诉求进行考量，这便形成了与聚合式民主之投票行动的根本区别。

聚合式民主中，民主的本质就是各种具有平等价值的偏好之间的竞争，以偏好的聚合来选择政党和政府官员，再通过公共政策来满足偏好，其合法性来自产生的结果能否满足最大多数人的偏好。然而，在协商民主看来，对于复杂的社会和政治议题，公民个体并不能提前具备固定的偏好，更不能提前为这些偏好排出先后顺序，相反，只有在公民个体通过审议的程序对自身偏好进行充分反思，对他人偏好进行同情了解的基础上，才有可能产生出明确的偏好和排序。当然，更重要的是，协商民主中的公民个体要基于交往理性和公共利益，对个体偏好与集体偏好之间的各种冲突作出权衡和考量，并可以而且也应该对原有偏好进行调整和改变。这样，公共领域的构建就显得举足轻重了，只有通过公共领域中各种正式的或非正式的审议和讨论，公民个体才能获得更多了解、反思、提炼、修正偏好的机会，为民主提供开放的探索空间和条件。因此，这种偏好基础上的投票完全不同于理性判断基础上的投票，且公民的深思熟虑和偏好选择是以共同善为目标的。

3. 民主条件

对于精英民主、多元民主和参与民主等聚合式民主模式来说，民主的基本条件都在于一种经验式的实际运作方式，如少数精英对政策决定权的控制、将政治权力分散到多个精英集团手中、通过投票对各种具有同等价值的偏好的聚合和选择、通过公民参与实现政治平等等。而协商民主对民主条件的理解更倾向于一种规范性的约束，从四个方面对公共审议的过程提出了原则要求，以保证对话和审议在开放的非强制的条件下进行。

其一，相互性原则。这一原则要求每个群体的成员必须以其他人都能够理解并接受的方式提出和论证其意见，同时也要能够容忍他人观点，哪怕这些观点是非常不同的，并为了最终形成共识而能够对自己的偏好进行调整或改变。这一原则是公民在平等基础上相互尊重的重要体现，也是民主审议过程中最核心的要求。

其二，公开性原则。这一原则要求审议过程必须对自由的公民个体保持公开、透明，使之能够充分了解和自由参与。协商民主对审议过程之公开性的强调，使得政策的制定和制度的设计都不得不基于共同善而展开，参与审议的公民或政治人物也不得不公开地提出有说服力的理由以证成自我立场，在场的每一个人都不得不从所有相关人的视角去思考问题和寻求最佳的平衡点。因此，公开的审议至少能够保证审议者不能对他人的立场置之不理，在更为积极的意义上，能够通过各方的相互倾听和同情性了解，培养参与主体的宽容品性和公共精神。

其三，责任性原则。在审议过程中，每一个团体的成员都有责任向全体成员给出充分全面的说明，让他们了解其偏好可被接受的各种理由。特别是在现代政治已经完全超出面对面的小规模民主形式之时，大规模的代议制能否与责任原则密切相连并相容，正是古特曼和汤普森重点关注的问题。在大规模的代议制中,责任性原则面临两大基本困难:一是谁有资格来陈述决策的理由?二是陈述决策理由的对象是全体公民还是与陈述者有特殊关系的选民?基于此,古特曼和汤普森认为,协商民主中的参与者不仅应该对投票的选民负责,更应该对道德上的选民负责,这便将责任性原则应用到了可能会受到决策影响的最大范围内的公民和未来时代的成员。

其四,包容性原则。协商过程不仅要公开、透明,更要开放、包容。这种包容不仅是指协商过程要向不同的参与成员开放,即协商资格的扩展,还要面向不同的协商形式开放。这意味着不仅理性的声音能有机会呈现,那些不是很理性的声音也应该有机会被听见,不仅逻辑的论辩能够得到充分的运用,修辞手段亦能在审议中占有一席之地。这样的包容性是保障那些少数群体和边缘群体能够介入审议的必要条件。哈贝马斯正是致力于以协商资格的包容性作为民主的真实性基础,德雷泽克则超越了罗尔斯等人将真实协商界定为特定条件下进行的争论,将协商的形式更宽泛地包含了争论、巧辩、诙谐、情感、陈述、说谎或闲话等形式。

二 协商民主理论的分类

作为一个复杂的理论体系,可以根据不同标准对协商民主理论进行不同的分类。诺埃里·麦加菲根据协商的不同基础区分了三种理论模式:一是以埃尔斯特和菲什金为代表的"基于偏好(preference-based)的审议民主模式",认为民主作为一种治理方式,可以通过审议来改变偏好,并使之成为公共政策的基础;二是以罗尔斯和哈贝马斯为代表的"理性的程序主义(rational proceduralist)审议民主模式",即审议必须具备两大条件:好的理由和所有人都能接受的程序,才能保证好的结果。三是以杜威和巴伯为代表的"综合的（integrative）审议民主模式"，在前两种模式面对着共识缺乏或不充分困境时，多重的、异质的综合视角能够帮助公民通过审议抓住各种公共问题及政策建议之不同后果的实质，以解决公共福利为目标，在不同偏好之间进行选择。① 根据重建协商理论的规范性要求是伦理目标导向的还是人际的协商过程，协商民主又可以划分为预先承诺型和对话程序型协商民主。② 布劳格则按照规范性程度将审议性民主理论划分为三类：共和主义的审议理论、后现代的审议理论以及普遍主义的审议理论。③

按照协商规模和形式的不同，协商民主理论又可划分为三种理论模型：微观协商民主、宏观协商民主和双轨模式的协商民主。微观协商民主集中诠释了有组织的协商程序的本质和理想条件，强调理想的协商程序，协商参与者支持一系列程序规范，进行面对面的交流，倾听、响应并接纳他人的观点并忠于理性与公正的价值，这种微观模式主要适用于立法机关和协商论坛。宏观协商民主，关注发生在公民社会中的非正式谈话协商形式，强调协商中的非组织的、开放式交流，其作用在于形成公共舆论，并将其传达到建制性的决策机构，如议会。④ 双轨模式协商民主则强调制度内的意志形成过程和公共领域意见形成过程之间的互动，从而使得司法化的社会生活具有吸纳民意的

---

① 〔美〕诺埃里·麦加菲：《民主审议的三种模式》，谈火生主编《审议民主》，第48~63页。
② 参见韩冬梅著《西方协商民主理论研究》，中国社会科学出版社，2008，第39页。
③ Ricardo Blaug, "New Developments in Deliberative Democracy," in Ricardo Blaug and John Schwarzmantel, eds., *Democracy: A Reader* (Edinburgh: Edinburgh University Press, 2000), pp. 494-500.
④ 〔澳〕卡罗琳·亨德里克斯：《公民社会与协商民主》，陈家刚：《协商民主》，上海三联书店，2004，第126~128页。

动态机制，实现微观与宏观的融合。这一模式以哈贝马斯的话语民主理论为代表，其关注的商议性政治模式包括议会的商谈和民间的商谈，前者是意志形成的过程，具有决策功能，而后者是意见形成的过程，即在政治公共领域形成一种公共舆论，形成一种对行政权力具有构成作用的交往权力。此外，还有一些划分方法，如古丁将协商民主分成内部反思性协商与外部集体性协商[1]，乌尔内提则区分了共识型协商民主和竞争型协商民主[2]，等等。

在本书中笔者选用了微观、宏观与双轨的分类方式，分别就三类协商民主的代表性人物进行介绍与分析。在编排上，本节重点就前两种理论模型进行梳理与对比，第三种模型将在第三章中详细展开。

三 罗尔斯：从"反思的平衡"到社会正义

密尔在提出"经由讨论的统治"时，正是基于"人类易于犯错"的假设之上指出了协商的必要性——"协商"的一个重要功能便是"培育自我修正的能力"。然而，在同样的假设前提下，另一位思想家却得出了完全不同的结果。休谟认为，世界上存在的只有心理的知觉、感觉，此外是否有真实的存在，那是人类所不可能知道的。制度设计必须持"人人应当被假定为无赖"这样一种假设，即人必须被看成"理性"的谋利动物，而制度所要达到的目的是：不论他多么利欲熏心，通过完善的制度机制的钳制功能，使人"规规矩矩"地服务于公益。他指出，"在设计任何政府体制和确定该体制中的若干制约、监控机构时，必须把每个成员都设想为无赖之徒，

---

[1] Robert E. Goodin, "Democratic Deliberation Within," in *Reflective Democracy* (New York: Oxford University Press, 2003).
[2] Nadia Urbinati, "Representation as Advocacy: A Study of Democratic Deliberation," *Political Theory*, Vol. 28, No. 6, 2000, pp. 758–786.

并设想他的一切作为都是为了谋求私利，别无其他目标。我们必须利用这种个人利害来控制他，并使他与公益合作，尽管他本来贪得无厌，野心很大。不这样的话……自由或财产除了依靠统治者的善心，别无保障，也就是说根本没有什么保障"①。也就是说，与密尔将制度设计作为人类认知上不足的弥补性措施相反，休谟并不认为制度设计对认知和道德不足具有任何弥补功效，而仅仅能够用来限制这些不足可能带来的危害。"政治作家们已经确立了这样一条准则，即在设计任何政府制度和确定几种宪法的制约和控制时，应把每个人都视为无赖——在他的全部行动中，除了谋求一己的私利外，别无其他目的。"②

休谟关于制度设计的这种观点，实际上也表达了自由主义传统的一种核心思想，既然所有政治家和政治行动者在政治生活中都可能成为"无赖"，那么必须有强大的制约机制在先，让人们服从制度规则。正如詹姆斯·布坎南所指出的那样，"当人们的政治行为被认为一如他们其他方面行为一样是追求私利之时，宪政上的挑战就成为这样一种挑战：构造和设计出能够最大限度地限制以剥削方式追求个人利益，并引导个人利益去促进整个社会利益的制度和规章"③。联邦主义者也深受休谟思想的影响，詹姆斯·麦迪逊指出，"如果人都是天使，就不需要政府了。如果是天使统治人，就不需要对政府有任何外来的或内在的控制了。在组织一个人统治人的政府时，最大的困难在于必须首先使政府能管理被统治者，然后再使政府管理自身。毫无疑问，

---

① 〔英〕休谟：《休谟政治论文选》，张若衡译，商务印书馆，2010，第27页。
② 〔美〕斯蒂芬·L.埃尔金等编《新宪政论》，周叶谦译，三联书店，1997，第27~28页。
③ 〔美〕詹姆斯·M.布坎南：《自由、市场与国家》，平新乔、莫扶民译，上海三联书店，1989，第39页。

依靠人民是对政府的主要控制；但是经验教导人们，必须有辅助性的预防措施"①。这便是现代宪政思想的来源。

密尔所提倡的"经由讨论的统治"，在休谟或者休谟主义者那里，可能并不能帮助人们从无拘无束的意见交流中获取什么重要的东西，至多能够改变人们关于某些实际事务的看法，减少某些因认知和道德不足而产生的危害，而不会对各种规范性问题产生实质性影响。然而，20世纪90年代之后，这种立场受到了罗尔斯和哈贝马斯的质疑和挑战，二者均假设了协商对人类认知和道德的积极功能，不仅在"反思的平衡"（reflective equilibrium）中道德协商是可能的，而且在"理想的对话情境"（ideal speech situation）下，协商的对象既能是目的又可以是手段。② 在本节中，笔者仅对罗尔斯的论证思路进行简单阐释，哈贝马斯的相关论证将在本书第三章中详细探讨。

罗尔斯在对笛卡尔、斯宾诺莎、康德、胡塞尔等人思想的继承和改造基础上，提出了"反思的平衡"思想，作为其道德哲学和正义学说的方法论起点。其一，人们在社会生活中已经形成了基于直觉的、比较固定的常识性准则、判断和信念。其二，在人类社会面临道德原则的选择时，道德原则的理性设计应该与上述判断、直觉和信念紧密结合起来。其三，如果二者之间是相符或一致的，那是最好的情形；如果二者存在不一致或冲突时，就需要不断将二者进行对照，来回修正原则或纠正判断，力求达到最终的一致或趋于平衡。因此，"它是一种平衡，因为我们的原则和判断最后达到了和谐；它又是反思的，因为我们知道我们的判断符合什么样的原则以及是在什么样的前提下符合的"③。

---

① 〔美〕汉密尔顿等：《联邦党人文集》，程逢如等译，商务印书馆，1980，第264页。
② 〔美〕约·埃尔斯特：《协商民主：挑战与反思》，第6页。
③ 〔美〕罗尔斯：《正义论》（修订版），何怀宏、何包钢、廖申白译，中国社会科学出版社，1988，第18页。

在其正义学说中，罗尔斯同样以"反思的平衡"方法确立其两大正义原则。首先，正义原则的理性设计是以"原初地位"与"无知之幕"的假设为前提的。也就是说，由于受到自然禀赋、社会出身和自我利益等客观因素的干扰，人们往往难以作出公平的判断，只有通过"原初地位"与"无知之幕"抹掉所有个体特殊性之后，才能形成人类合作所必需的那种"正义的环境"。其次，在"原初地位"下所形成的"深思熟虑的确信"（considered convictions），需要与我们的直觉、判断和信念进行对照，最终通过"反思的平衡"达到和谐。其中，对照、修改与纠正的过程完全不同于基于主体理性的"独白式"思维方式，也不同于古典经济人按照成本-收益对偏好进行排序的计算方式，而是一种寻找主体间合理性的"交互式"协商。这种协商不仅包含道德协商，而且还依赖于明确的道德原则，从而放弃了古典自由主义的中立原则。最后，两大正义原则就是在这种方法下确立起来。原则一，每个人都应当平等地享受与他人相同的、最广泛的基本自由权，即自由权原则；原则二，如果需要出现经济或社会上的不平等，那么这种不平等必须惠及贫困群体，必须确保所有人在机会均等条件下能够享有工作权利和一定的社会地位，即平等原则。特别是由于资源稀缺等造成不公正分配时，两大正义原则便能够提供一种所有人一致认可的立场。社会正义的实现最终将政治合法性原则与全体一致原则结合了起来，并且使二者得以同时实现。

四 德雷泽克：超越自由主义与批判理论的协商民主

2000年澳大利亚学者约翰·德雷泽克出版了《协商民主及其超越：自由与批判的视角》一书，阐释了宏观意义上的超越了自由主义与批判理论的协商民主。在德雷泽克看来，20世纪90年代以来民主理论明显走向协商，其重要意义在于重新引起了人们对民主真实性问题的关注：在多大程度上，民主控制是实质性的而不是象征性的，而且公民有能力参与其中。

与罗尔斯等倡导"公共理性"的协商论者将真实协商界定为特定条件下进行的争论不同，德雷泽克在更宽泛的范围内认为，真实协商允许存在争论、巧辩、诙谐、情感、陈述、说谎或闲话。而民主真实性的唯一条件是人们在交往中对偏好的考虑是非强制的，也就是要求所有参与者能够通过反思性的偏好对各种形式的压迫保持对抗性批判，并能够影响集体决策。只有保持批判性，协商民主才能是真实的，才能在多元的社会现实中发挥深化民主的功能。

民主理论的协商转向主要源于两个理论起点：一是主要来自美国的自由宪政主义，二是源于阿多诺、哈贝马斯一脉的批判理论。然而，当前一个较为普遍的现象是自由宪政主义的协商民主理论与批判的协商民主理论开始出现了趋同，特别是协商民主的批判性出现了持续的减弱。因此，德雷泽克从三个方面探讨了协商民主。[①]

第一，从自由宪政主义的角度来看，民主的协商概念能够通过三种方法将自由主义与民主原则有效结合起来。

第一种方法是认可自由权利的协商原则。自由主义的协商民主认为，存在一些必须尊重的基本权利，即有效实现民主所需要的公民资格，以及有效实现协商民主的权利，如言论和结社自由权，获得基础教育的权利等。在罗尔斯和科恩对"公共理性"的运用中，无论是实现对政治讨论进行过滤或筛选，还是引出自由主义核心的主要权利和

[①] 详细内容参见〔澳大利亚〕约翰·S.德雷泽克《协商民主及其超越：自由与批判的视角》，第1~23页。

平等，民主的协商概念都意味着对"合理多元主义"以及那些没有达成共识的个体之平等地位的尊重，因而认可个体的自由权利成了协商的首要原则。

第二种方法是用自由宪政主义推动协商。自由宪政主义的一个最核心的观点是，宪政的意义在于保障个体能够享有免受公共入侵的私人生活，同时，宪政对于创造协商的公共领域具有不可替代的重要性。罗尔斯就明确将"作为协商的立法机构的宪政民主制度框架"与公共理性、公民追求公共理性的知识和愿望作为"协商民主所必需的三个本质要素"。卡斯·桑斯坦则直接从宪政主义的角度来界定协商民主，认为美国宪法就是保护和推进政治主体之间从整体上开展普遍政治协商的工具，而不仅仅是一种法庭体制。类似的，沃泽尔也强调宪政主义可以促成一个作为社团生活的有活力的公民社会，其中所有类型的公共问题都可以得到讨论。因此，在自由宪政主义者那里，宪法框架下的决策并不仅仅是对特殊案例中的普遍规则和权利作出分类判断的一种行为，或者在规则和权利发生冲突时决定做什么，并且更关键的是对规则的意义和适用性进行协商。

第三种方法即将制宪本身作为一种协商过程来看待。这类自由主义协商民主论者希望，在特殊类型的场合下才应该进行协商。在罗尔斯对公共理性的运用所提出的范围界定之内，只有在立法这类与"基本正义"密切相关的事务内，协商才是恰当的。同样，哈贝马斯也充分强调公民的创制权和创制活动，认为这类交往行为能够通过立法的形式直接渗透到系统之中，从而使交往权力转变为行政权力。阿克曼在《我们，人民》一书中，将参与美国宪法的起草和运用的讨论看作实际的协商民主案例，然而协商能力仍然是一种稀缺资源，因此只有在特殊场合如宪政创制、经济危机、内战等国家面临的大危机时期，协商才是需要的,才能实现公民与政府之间的抗衡。

然而,在德雷泽克看来,尽管自由主义作为一种灵活的信条,能够像一种最有效的真空吸尘器一样,将所有表面上对自己形成挑战的学说都吸纳进去,民主的协商概念也被吸收利用,使自由主义与民主原则能够更有效地融合在一起,但是自由主义的局限也是不可否认的。宪政结构并不能完全决定任何体制中形成的所有政治类型,特别是在当今的多元主义政治中,参与政治体制的途径可以是多种的,而且诸多存在于企业和其他个体的表达权之间的不平等或排斥现象并不能通过修宪来得以纠正。在宪政结构之外,还存在一些重要的物质力量和话语,并与资本主义的政治经济密切相关。当这些内嵌于国家与资本主义政治经济的物质力量与话语结合或交织在一起时,话语竞争就不能仅仅被局限于自由宪政结构之中,就会能动地产生约束力。另外,对自由宪政主义的批评还来自诸多其他民主理论,如社会选择理论对投票机制的可能性提出了质疑;差异民主论者批评了自由主义关于讨论路径的中立假设,认为它们在现实中排除了特殊个体和团体的声音;法团主义的存在也对自由宪政主义提出了挑战,政府官员和商业领袖、劳动联盟之间的合作决策已经完全超越了法律的范畴;等等。

第二,从批判理论的角度来看,协商民主的批判性不仅在于辨别个体和社会所面对的压制性力量是什么,而且更在于思考应该或可能采取什么样的措施来抵制这些力量,实现个体和社会的进步性解放。

德雷泽克强调,必须对自由宪政主义的协商民主与批判理论的协商民主作出区分。尽管自由宪政主义者和批判理论家都相信,协商民主的本质是一种避免扭曲的政治对话,但是前者通过宪政设计与法律安排的意义消除个体与社会所面对的压制性力量,且只能在资本主义政治经济的表层发挥作用。他们既没有认识到获取宪法权利和法律权利仅仅是斗争的一半而已,也没有认识到宪法行为在消除意识形态和话语等力量带来的扭曲方面的局限性。相反,批判理论的协商民主则将压制性力量看作意识形态的偶然性,从而相信个体和社会可以通过协商逐渐理解讨论中的这些偶然性,并且明确抵制所需要的措施。这样,批判理论的协商民主所触及的就不仅仅是资本主义政治经济的表层,而是能够深入与结构性的经济力量交织在一起的内嵌物之中,如跨国政治经济。同时,批判理论还不满足于停留在对压制性力量的辨别之上,认为民主社会的公民能够通过参与真实的协商政治而得以提高其承认和反对这些压制性力量的能力,能够变得"更有公共精神,更宽容,更有见识,更关心他人利益,更追求自身利益"。这些观念都区别于自由主义将个体的改变与政治参与分离开来,以及将偏好视为给定等思想。

第三,鉴于两种协商民主理论之间的日益趋同以及协商在较大程度上被自由宪政主义的同化,德雷泽克强调应该恢复协商的民主概念的批判性。

德雷泽克认为,一种宏观意义上的协商,指的是各种重叠话语(overlapping discourses)之间的竞争,它们意味着"一种共有的理解嵌入语言中的世界的方式"。宏观或话语的协商不是以自由主义国家机构(尤其是立法机关和法庭)为归宿的,而是发生在交往不受限制的和自发的非正式社会空间或"未开发"空间。它包含一系列从小范围面对面的讨论到社会运动和媒体行为的交往空间,其间并不必然排斥类似抗议、抵制和激进行动等更为策略性的行为形式。

这种非正式的或"未开发"的社会空间即公民社会,是由观念和话语形成、塑造和竞争的空间,在宏观的协商模式中发挥着支配性作用,要求公民作为各种社会运动的行为主体能够积极广泛地参与到真实的公共协商中来。通过这种具有解放潜能的交往行动，消除各种内嵌于资本主义政治经济中的压制性力量所带来的扭曲，从而对国家形成一种具有约束力甚至是对立的作用，实现民主主体的自我解放。也就是说，这类宏观的协商民主理论强调的是一种非正式的、非组织的、开放式的，在自由和平等的公民所在的公民社会中形成公共舆论的批判性话语协商。

然而，一种非常明显的趋势引起了宏观协商民主论者们的重视，即两种协商民主理论之间的日益趋同以及协商在较大程度上被自由宪政主义"同化"或"驯化"。在本杰明·巴伯、本哈比、戴维·米勒、南希·弗雷泽、哈贝马斯等理论家对民主的自由理论与实践的批判基础上，德雷泽克进一步指出，协商民主被自由宪政"同化"或"驯化"，实际上是采用了一种民主的静态视角，既无法为当今世界动态而开放的民主实践提供任何批判性经验分析，也无法反击来自社会选择理论、差异民主理论和后结构主义怀疑论的各种批评，因此必须为了发展和捍卫协商民主理论提出更强大更具批判性的思维视角，以应对社会政治构成中的深层多样性、差异性、生态危机、经济跨国化以及全球化等引发的挑战。"自由的民主理论和批判理论之间的关键差异在于后者不可能接受前者被协调的现状"[①]，因而协商民主当前所面临的任务就是恢复其批判的声音。

第四节　公民问题的理论纷争

当代协商民主理论在经历了发端、奠基、兴盛等几个时期以后，

---

① 〔澳〕约翰·S.德雷泽克：《协商民主及其超越：自由与批判的视角》，第13页。

已经逐步成为一种较为成熟并向更深和更广层面发展的理论体系。对于协商的界定已经由最初与人类的"基本正义"密切相关的领域，逐步扩展到了诸多非正式、非组织的公民社会及其政治体现——公共领域；同时，面对当今世界经济全球化和各种多元社会现实，在哈贝马斯、德雷泽克等理论家的推动下，协商民主理论以一种更为开放的动态视角，跨越了民主国家的界限，在全球经济政治的结构内不断地为民主发展提供新的动力，尤其能给追求民主的真实性提供新动力。

在这一理论的发展过程中，诸多协商民主论者都对公民问题进行了广泛而深刻的讨论。毕塞特从美国制宪体制的理论和实践说明了协商民主在使多数原则有效和限制大众多数两个主旨之间进行了平衡——通过公共协商，作为共和政府合法性来源的公民集体意志得以凸显，同时对多数统治中的不合理意愿形成限制，体现出持久的、理性的大众政府原则。曼宁和科恩都从民主的合法性角度强调了作为社会合法性原则的基于全体一致的共同意志和"平等公民之间自由而公开的推理"。正是公民的个体意志表达和共同意志的形成过程，即协商本身，成为合法性来源。因而，对合法性的基本条件的追求就变成了对公民参与协商的权利的寻求。罗尔斯认为社会正义意味着政治决策对所有受该政策约束的全体公民的平等对待，也就是只有当非普遍性规则被普遍接受时，公民才享有真正的自由权和平等权，公共协商即成了实现公民平等与社会正义的有效方式。哈贝马斯则以"人民主权"原则使协商民主建立在更民主的基础之上，通过双轨模式的协商民主制度构建实现了公民身份在积极意义和消极意义的整合。这样，协商资格与公民资格在很大部分实现了重合，其包容性水平直接构成了协商民主的评价标准。

按照托马斯·克里斯蒂亚诺的分析，协商民主具有一种"综合的"价值，既对于提高民主政治中的决策质量具有独特的工具价值，又对民主政治产生正义结果的能力有着重要贡献,特别是对公共协商过程中的平等具有基于正义要求的内在价值。① 对于公民问题而言,协商民主的理论和实践也体现出多角度的阐释与构建,其价值与意义也可以大致作出类似的分类,并以此为基础,形成对公民理论的综合与平衡。

一 协商民主对公民问题的工具性分析

从毕塞特第一次使用协商民主这一概念起,协商民主理论就存在两个核心主旨:一是使多数原则有效,即民主的原则;二是用集体的理性反思来限制多数,即协商的原则。因此,协商民主理论就公民主体而言,其工具性价值主要体现为:一方面,通过民主原则使公民的集体意志能够成为决策的合法性的真正基础或唯一来源;另一方面,通过协商原则克服公共协商中大众参与的各种缺陷与弊端。

对第一个方面,曼宁和科恩给予了重点关注,认为只有公民的个体意志经由公共协商所形成的集体意志,才能为公共决策和政府行动提供合法性来源。这就不同于卢梭那种"给定"的"公意",一种不需要询问和论证就已经一致存在的共同意志,仿佛"人们在公民大会上决定公共事务时,已经知道他们想要什么,已经决定了他们的意志,而他人的任何说服行为只会腐蚀和压制他们的意志"②。对于"只能如此"的事物,协商就是多余的,同时少数的意见也只是一种关于公意的错误意见。相反,协商民主理论不仅强调公民个体意志是政治决策的合法性来源,还强调公共协商对公共舆论和集体意志形成的建设性作用,强调共识的形成过程。

---

① 〔美〕托马斯·克里斯蒂亚诺:《公共协商的意义》,詹姆士·博曼、威廉·雷吉主编《协商民主:论理性与政治》,陈家刚等译,中央编译出版社,2006,第 184~185 页。
② 更多的相关论述参见曼宁《论合法性与政治协商》,陈家刚主编《协商民主与政治发展》,第 121~125 页。

另一个方面，针对公共协商中大众参与的缺陷与弊端，协商民主论者们提供了诸多不同的分析路径。其一，柏克针对情绪化的民主过程而提倡协商，其目的在于捍卫政治代表对大众舆论的抵制，联邦党人也具有类似观点。这一分析路径也引来了理论界对协商民主的精英主义倾向的强烈批判。其二，以密尔、麦迪逊等为代表的协商论者从认识论角度论证了协商的必要性。由于人类是易于犯错的，往往存在两类公共意见，一种是更直接、更自然或更原始、更缺乏反思的观点，另一种是理性指导下的更审慎、需要更长时间才能形成、有赖于对各种信息和观点的充分思考的公众意见。民主的协商概念就是为了尽量使后者对前者给予纠正和替代。同时，麦迪逊这样的自由宪政主义者还将认识论的分析路径与前一种路径结合起来，希望通过宪政制度的设计与安排，既不违背正确理解的多数统治，又对大众不合理的意愿形成制约，在回应与限制之间实现恰当的平衡，防止缺乏反思的、轻率的、不正当的大众意愿的危险，促进协商多数的统治。

其三，古特曼、汤普森等人认为协商的必要性在于能够为解决政治生活中公民之间广泛存在的道德分歧提供最具正当性的工具。由于资源的稀缺和公民的偏狭气量，人类政治生活中广泛存在着各种各样的道德分歧。协商民主的目标或意义便在于通过赋予集体决策的合法性、克服偏狭带来的局限性来解决那些可调和的道德分歧。对于一些容易被忽视的根本无法调和的道德价值，则可以通过公共协商使得各种观点的道德价值能够被对方所认识。对于不完善的理解而言，包含着"辩驳—学习—认识误解—产生新观点"的公共协商则具有纠正集体行动时的失误的价值。[①] 当然，上述三类分析路径仅仅是一种理想

---

① 〔美〕埃米·古特曼、丹尼斯·汤普森：《审议民主意味着什么》，谈火生编《审议民主》，第9~10页。

的理论划分,在不同协商论者的阐释分析中,三种路径并不是完全独立的,特别是后两种往往是交织在一起的。

其四,协商民主有助于培育公民精神。在人类广泛的政治生活中,参与主体往往受到"偏狭的气量"的制约,很少是完全利他的和长远考虑的,从而个体往往基于自我利益或短期利益而作出判断和提出理由。为了抵消由"偏狭的气量"所带来的主体局限性,公共协商(例如一些组织良好的论坛中的公共协商)就能够通过鼓励参与者用一种更开阔的眼光来观察涉及公共利益的问题,形成既能尊重他人的需求和道德利益,又能妥协和节制个人需求的公民美德。同时,在另一个层面上,公共协商也使得公民在对话过程中能够跳出一种对社会既有权力分配格局完全接受的思路,培育其质疑的品格。古特曼和汤普森是在对聚合民主的缺陷分析时谈到这个问题的,"聚合民主是将现存的偏好或至少是修正过的偏好视为给定的,并将其作为集体决策的基础,这就从根本上接受甚至强化了社会现有的权力分配格局"[1],但聚合民主不能为公民提供任何判断其公正与否的机会,从而无法让公民改变他们对现有权力分配格局的看法。相反,协商民主就能通过讲理的需要打破原有思维,为公民提供一种具有质疑性和批判性的原则和程序。

二 协商民主之于公民的内在价值

古特曼、汤普森在《审议民主意味着什么》一文中,对于协商民主之于公民问题的内在价值给予了充分的关注和说明。他们将协商民主看作这样一种治理形式:自由而平等的公民(及其代表)通过相互陈述理由的过程来证明决策的正当性,这些理由必须是公民相互之间

---

[1] 〔美〕埃米·古特曼、丹尼斯·汤普森:《审议民主意味着什么》,谈火生编《审议民主》,第13页。

可以理解并接受的，协商的目标是作出对当前所有公民都具有约束力的决策，同时这些决策又都是开放的，随时准备迎接未来的挑战。在这种治理形式的理论框架下，公共协商对于公民的内在价值就在于形成社会个体基于平等的正义的条件与限制。

第一，公共协商以讲理的需要（reason-giving requirement）为基本特征，这就要求陈述的理由首先是能够为自由而平等的公民在没有任何外在强制的条件下所共同接受的。①"审议民主要求公民及其代表给出的理由应该能满足如下原则：个体在力求公平合作时没有理由拒绝这些理由。这些理由既不能是纯程序的（如'因为多数人倾向于采取战争的方式'），也不能是纯粹实质的（如'战争能促进国家利益和世界和平'），它们应能为寻求公平合作的、自由而平等的个体所接受。"②这种基于个体之自由平等的共同接受要求，实际上也为"全体一致"提供了基础，因而这一内在价值的外化体现就是为公共决策提供合法性来源。

第二，公共协商必须是能够为所有参与协商的公民所共同理解的。在协商过程中，论辩双方的理由必须要能够被对方所理解，才能最终说服某一方转变其最初偏好。这种"互惠的形式"要求公共协商必须在公共空间内进行，而不能仅仅在个体的大脑中或家中独立进行。同时，理由的内容也必须是公共的，是能够与所有参与公共协商的公民发生直接关联的，而不是"神的启示"之类的个体性体验。③

第三，公共协商能够体现国家（或政府）对公民（及其代表）以

---

① 〔美〕埃米·古特曼、丹尼斯·汤普森：《审议民主意味着什么》，谈火生编《审议民主》，第4页。
② 〔美〕埃米·古特曼、丹尼斯·汤普森：《审议民主意味着什么》，谈火生编《审议民主》，第4页。
③ 更多内容参见谈火生编《审议民主》，第5页。

及公民（及其代表）之间的相互尊重的价值。一方面，"仅仅通过利益集团之间的讨价还价和选举投票来确认公民的权力是不够的，没有人会真的认为，可以通过政客之间的幕后交易或全民公决的方式来决定是否发动战争。公民权力的确认及其意志的表达无疑是民主政治的核心成分，但它们仍需通过讲理的方式来进行。如果政府最初为发动战争而提出的理由被证明是错误的，或更糟，具有欺骗性，那么，有问题的不仅是它的证明，更在于它还是不是一个尊重人民意志的政府"[1]。另一方面，在面对无法调和的道德价值时，尽管公共协商无法使其相互兼容，但能够帮助参与者将两类道德分歧（可能化解的和无法调和的）区分开来，并且认识到对手的观点在道德上的价值所在，从而促进决策中公民（及其代表）之间的相互尊重，为将来可能产生的合理共识打下基础。[2]

---

[1] 〔美〕埃米·古特曼、丹尼斯·汤普森：《审议民主意味着什么》，谈火生编《审议民主》，第5页。
[2] 〔美〕埃米·古特曼、丹尼斯·汤普森：《审议民主意味着什么》，谈火生编《审议民主》，第15页。

第三章
哈贝马斯的审议民主与复合公民理论

20世纪协商民主理论的兴起,一方面延续了激进民主传统的批判路径,强调通过公共讨论、推理和判断来调和激进的公民参与。协商所代表的深思熟虑正是救治民主之弊端的良药,在说服听众、弥补认知不足、形成公共意志的合法性等价值判断之外,对协商的推崇还是为了捍卫政治代表对大众舆论的抵制,对暴民政治的调和。另一方面,"审议民主的理想代表了一种重新唤醒政治生活中理性力量的努力"[1],代表着对大众参与和共和主义公民传统的尊重与重申。20世纪90年代,社会形势的发展与变化带来了全球范围内的民主化趋势,各种以"差异"为名的新社会运动愈演愈烈。面对深刻的文化多样性以及高度的社会复杂性,协商民主理论试图通过共识来整合个人偏好和集体利益,填补二者在社会合作中的规范贫乏,并提高日趋衰弱的民主治理能力。民主理论内部的反思与社会形势的发展共同推进了协商民主理论的进一步发展。

---

[1] 谈火生:《民主审议与政治合法性》,第158页。

经由罗尔斯和哈贝马斯的大力推动，协商民主理论的研究进入了兴盛繁荣期，逐步成为西方政治理论学家广泛信奉的一大民主理论。继承了批判理论和理性传统的德国思想家哈贝马斯，于1992年出版了《在事实与规范之间》一书，对协商民主的蓬勃发展具有重大推进意义。正如古特曼和汤普森所评价的那样，"就审议思想在当代的复兴而言，哈贝马斯比其他任何思想家的贡献都大，他不仅刺激了人们对审议的兴趣，而且将其建立在更加民主的基础上。他的审议性政治严格地建立在人民主权的观念之上。合法性最根本的源泉是人民的集体判断，但这种集体判断不是未经调节的大众意志的表达，而是扎根于按照审议理想来加以组织的各种实践中"[①]。

如果说《正义论》标志着西方政治思想史上以自由和权利为核心的探讨转向了以平等为焦点的道德论证，《在事实与规范之间》则标志着当代民主理论审议转向的完成。然而，罗尔斯与哈贝马斯在对个体自治能力的判断、民主是个体自治与人类合作的条件还是内在构成等问题上，仍然存在较大差异。在罗尔斯看来，所有人都具有一种天然的品质，即能够通过其符合逻辑的、理性的和自我反思的能力而实现自治，并最终导向政治合作。这种必要的认知、沟通和理解能力为公平协商和民主政治的实现提供了前提，因而需要对影响民主的外部因素，如社会等级、教育水平、收入和种族差异等，提供制约性的制度设计，通过以社会正义为基础和目标的公共协商排除外部因素对参与者的干扰和控制。只有基于自由、平等的社会正义的实现，才能为社会个体的自治和政治合作提供必要条件。相反，哈贝马斯则认为社会个体的上述品质和能力并非为人类所普遍共有，因而其对协商民主

[①] 〔美〕埃米·古特曼、丹尼斯·汤普森：《审议民主意味着什么》，谈火生编《审议民主》，第8页。

的制度性设计恰恰是以这些品质和能力为目标的，是需要被后天构建出来的，并且在不同历史时期有不同的形态和表征。

尽管在上述理论出发点和研究路线上，罗尔斯与哈贝马斯呈现英-美主义和欧洲大陆主义的区分，但二者最终能够基于对公共协商式公民参与的共同关注而走到一起，都认为自由、开放与合作的当代协商为民主治理提供了一种新的形式，有助于作出更加合法、公正和有效的公共决策，促进更加平等的、人道的和合作的社会关系，培养个体公民更高层次的认知和能力，建构更加包容的共同体。[①]

第一节 概念性重建：审议民主的哲学基础

作为西方马克思主义重要流派——法兰克福学派的第二代领袖和当代西方最为重要、最具影响力的思想家之一，尤根·哈贝马斯在哲学、社会学、政治学、语言哲学、解释学、历史科学、心理学等诸多领域都有着深厚的造诣，被誉为"社会科学的各个学科中起着重要作用的"，"最有成就的鼓动家"以及"联邦德国思想威力最强大的哲学家"。他的政治思想是一个非常庞大而复杂的理论体系，审议民主思想和复合公民理论是其中尤为重要的两大部分。哲学基础的概念性重建作为其政治理论大厦的根基所在，对其民主思想和公民理论的形成与发展具有重要的基础性意义。

一 交往理性与交往行动

西方哲学发展大致经历了三个阶段：本体论、认识论（意识哲

---

① Shawn W. Rosenberg, *Deliberation, Participation and Democracy: Can the People Govern?* (New York: Palgrave Macmillan, 2007), pp. 1–22.

学）和语言哲学。本体论是古希腊时期侧重于研究现实存在的本源或某种形而上学的本体的哲学方式。到了近代，哲学研究的中心从本体论转向了认识的起源、认识的能力及其界限、认识的途径与方法等。实践理性概念虽然最早可以追溯到亚里士多德的概念框架中，但启蒙运动以降的政治传统才真正将实践理性作为一种主体能力而加以对待。意识哲学中的实践理性是人类个体从事和选择正当行为的机能和能力，关注的是意志自由的个体如何自我约束和自我控制的问题，即找到行动必须遵循的道德法则的问题。在这一概念体系中，个体具有从事正当行为的欲望和能力，同时，存在一个评价个体行为正当与否的公共的普遍的标准，也就是强调个体能够凭借自己的理智指导自己进行正当行为的选择。

然而，随着现代西方哲学的发展，其研究中心再次发生转向，从认识论转向了语言哲学。现代哲学不再像近代哲学那样以主客体关系为出发点，而是通过意义辨别和语言表达的分析来解决人类的认识问题。同时，韦伯对合理性的批判，深刻揭示了理性化的现代社会越陷越深的困境与僵局：实践理性作为一种"目的-工具合理性"，一方面推动了世界"解除魔咒"的历史性转折，即人类使社会摆脱传统的控制，运用理性的方法来理解和征服世界；另一方面，实践理性原则越来越广泛地发展，现代社会的本质特征就越来越变成单纯以"合目的性"为取向，价值与道德之间就越来越分裂，最终越来越导致非理性的结果，即意义的丧失和自由的丧失。因此，英美分析哲学和欧洲大陆哲学的语言转向，特别是以维特根斯坦为代表的语言分析范式，以及韦伯将目的合理性行为模式描述为对人的本性、自由的一座"铁的牢笼"的批判式分析都对实践理性向交往理性的转变产生了重大影响。

哈贝马斯看到，契约论思想家秉承的实践理性传统，仅仅从主体意志的角度把人理解为市民社会中孤立的、自由竞争的个人，他们只是出于保护自我利益才形成契约关系，实际上是一种脱离了"它扎根于其中的文化的生活形式和政治的生活秩序"的个体观和理性观。基于此，哈贝马斯对实践理性进行了改造，提出交往理性概念，用来表达隐含在人类言语结构中并由所有个体共享的理性。①

首先，交往理性是以语言为媒介的。由于相互理解作为目的寓居于人的语言中，因此语言内在地包含一个真正的主体间一致性之所以可能的条件。其次，交往理性是一种主体间性的相互理解范式。不同于传统理性对主客体关系的独白式理解，交往理性涉及不同言谈者之间的对话关系，是一种双向甚至多向的相互理解方式。只有在交往理性之下，自我约束的个人把自我之外的其他人作为"他者"，同时个人主体的"自我"也成了"他者的他者"（"第三对象"），因而"他者"也成了一个立法的主体。这样，交往理性不再被归入单个主体或国家-社会层次上的宏观主体，而是被归入一种主体间性。最后，交往理性具有程序性特征。交往理性的实现，即交往合理性，其核心在于寻求主体间达成一致的可能条件，而不具备实质性或实体性意义。也就是说，交往理性不像实践理性那样旨在形成动机和指导意志，而只是使一种对有效性主张的取向成为可能，并无确定内容之导向。古典形式的实践理性构成的行动规范源泉，与社会实践之间的联系过于直接，而构成交往理性之虚拟基础的理想化预设则仅仅是一种弱化的"必须"，且对个体具有内在的超越意义（即学习意义）。②

---

① 〔德〕哈贝马斯：《在事实与规范之间》，第1~3页。
② 参见〔德〕哈贝马斯《在事实与规范之间》，第4~7页。

交往理性对实践理性的替代，减弱了理性与道德之间独有的联系，同时又保持了理性与社会的联系。交往理性的合理性观念，包含着对传统理性的批判和扬弃，尤其是克服了韦伯将理性作为获得真理和实现目的之单纯手段的狭窄理解，而把理性放到主体间广泛而生动的交往活动中去考察。

在交往理性的基础上，哈贝马斯进一步区分了四类社会行为：目的行为，是一种旨在实现某种目的的行为，就是有目的的、因果地介入客观世界的行为；规范调节行为，是一种社会集团的成员以共同价值观为取向的行为；戏剧行为，是一种行动者在公众中通过或多或少有意识地显露其主观性而造成的一种关于他本人形象或印象的行为；交往行为，是一种主体之间通过符合协调的互动，以语言为媒介，通过对话达到人与人之间的相互理解和一致的行为。

交往行为具有其他三种行为所不具备的特性。其一，交往行为同时与客观世界、社会世界和主观世界发生关联，而其他行为只涉及其中的某一项。其二，在个体的社会整合方式中，交往行动能够消除其有效性与事实性之间的紧张关系。

交往行动的首要条件为一种理想化的合理性期待，即"互动的参与者必须彼此承认对方是具有责任能力的，因而预设他们是能够使其行动以有效性主张为取向的"①。这一基本概念已经承认了事实性和有效性之间的紧张关系，即提出异议的风险，因此需要通过语言行动的语内行动约束力对不同行动者的行动计划进行协调。同时，内在于语言和语用的事实性与有效性之张力又重新出现于通过交往而社会化的个体之间的整合及社会整合之中，表现为具有合理推动力的信念与外

---

① 〔德〕哈贝马斯：《在事实与规范之间》，第24页。

部制裁的强制之间的紧张。特别是在现代国家世俗化的社会中，社会复杂性越来越高，异议风险的空间越来越大，生活形式多样化和生活历程个体化的程度也越来越高……即使生活世界具有确定性，也无法为元社会保障的缺失（如现代社会中神灵之物的缺失）提供足够的补偿。因此，当事实性与有效性发生冲突时，行动者走出困境必须依靠他们自己对策略性互动的规范性调节达成理解，行动者用交往行为代替策略行为的过程，就是"交往理性化"。①

二 人权与人民主权

公共自主与私人自主的关系，是个体的社会整合过程中必然面临的另一个哲学基础问题。哈贝马斯继承了贡斯当的思路，从三个角度论证了二者之间的同源关系：理性法传统中人权与人民主权之间的关系，法与道德之间的关系，以及公民权利体系对两种自主的同时促进与保障。

主观权利学说的发展始于具有道德内容之主观权利的规范性自主化，这些权利对政治立法过程主张一种更高的合法性。作为这一观点的反动，出现了另一个最终将主观权利抽象地置于客观法之下的发展过程，但无法解释实证法的合法性来源。这两种发展趋势都以某种方式忽略了行为自由的主体间意义，以及私人自主和公共自主之间的同源性。②而在哈贝马斯那里，扎根于宗教和形而上传统中的规范性内容经过后传统论证的过滤之后，凝结于人权和人民主权两个概念之中。③

---

① 〔德〕哈贝马斯：《在事实与规范之间》，第30~32页。
② 〔德〕哈贝马斯：《在事实与规范之间》，第111~112页。
③ 这两个问题并非简单地对应着日渐分离的道德问题和伦理问题两个向度。伦理向度考虑的是我的或我们的好的生活目的，道德向度所考虑的是一个摆脱每个自我中心的或种族中心的视角，平等地尊重每个人，对所有人的利益作平等对待。

在自由主义和共和主义两大政治传统中，前者把人权理解为道德性自我决定的表达，假定确保个人的前政治的自由、为政治立法者的主权确定界限的人权具有优先性，并将人权作为某种既成之物、作为某种扎根于虚构的自然状态中的东西而施加在道德洞见之上。与此相反，共和主义则把人民主权理解为伦理性自我实现的表达，重视公民的自我组织，强调这种自我组织具有不可工具化的内在价值，因而对于一种政治性的共同体来说，人权仅仅作为它自己自觉袭取传统的成分而具有约束力。同时，共和主义对自我实现之集体采取的是一种伦理-政治意志式的理解，也就是说任何不符合自己真切生活筹划的东西，都不能被承认。从这两个角度来说，人权和人民主权之间的关系的确是一种相互竞争的关系，在自由主义那里占优势的是道德-认知环节，在共和主义那里占优势的是伦理-意志环节。①

卢梭和康德希望在自主性这个概念中实现实践理性和主权意志的统一，使人权观念和人民主权原则相互诠释。不过，他们都承认，经过道德论证的人权和人民主权原则之间存在一种未被承认的竞争关系，因而康德的法权论中遮蔽了道德原则和民主原则之间互相阐明的关系。另外，"这两位作者也没有能把握这两个概念之间的完全对称的相互交错关系，总的说来康德更接近自由主义对政治自主的理解，而卢梭更接近共和主义对政治自主的理解"②。

在康德和卢梭那里，理性和意志在自主性观念中的统一只能将自我决定的能力归诸一个主体，即《实践理性批判》的"本体之我"和《社会契约论》中的"人民"。要么个人道德自主必须贯穿所有人联合意志的政治自主，要么政治自主必须被理解为一种特定共同体伦理生

---

① 〔德〕哈贝马斯：《在事实与规范之间》，第 122~124 页。
② 〔德〕哈贝马斯：《在事实与规范之间》，第 124 页。

活本质的自觉实现。"这两种想法都缺少一种商谈性意见形成和意志形成过程的合法化力量，在这个过程中，取向于理解的语言使用活动的语内行动约束力被用来把理性和意志结合在一起——以导致所有个人都可能无强制地同意的信念。"① 因此，哈贝马斯认为人权与人民主权的内在联系，只能存在于一种运用政治自主的方式之中，这种方式只能诉诸商谈性意见形成和意志形成过程的交往形式，而不能由普遍法规来确保。

从商谈论角度对自主的解释，体现为法律的创制者同时也是这些法律的承受者，"权利体系所显示的恰恰是政治自主的立法过程所必需的交往形式本身得以在法律上建制化的条件"②。一方面，人民主权在商谈性意见形成和意志形成过程中获得法律形式，另一方面，人权的实质就体现在这种过程得以法律建制化的条件之中。因此，"权利体系既不能被归结为对人权的道德解释，也不能被归结为对人民主权的伦理解释，因为公民的私人自主既不能置于他们的公共自主之上，也不能置于他们的公共自主之下"③。这样，哈贝马斯在康德和卢梭的基础上，将人权与人民主权之间相互竞争的传统模式通过商谈论而发展为一种互为前提、互相补充、互相阐明的关系。

三 道德与法律

在《利维坦》中，霍布斯曾试图不借助道德理由而仅仅从参与者的开明利益出发来为权力系统辩护，认为专制主义社会作为一个整体正是出于所有参与者之目的合理性考虑而形成的工具性秩序，希望通

----

① 〔德〕哈贝马斯：《在事实与规范之间》，第127页。
② 〔德〕哈贝马斯：《在事实与规范之间》，第128页。
③ 〔德〕哈贝马斯：《在事实与规范之间》，第128页。

过这种思路来消解法律内在的事实性和有效性之张力。然而,自然状态之各方无法形成一种社会的视角,无法认识基于相互性原则的社会关系意味着什么,即使借助"欲于人者,施于人也"这根使自然状态浸透道德性质的黄金稻草也仍然没有改变。这一矛盾在霍布斯理论中始终没有得到化解,也就意味着其撇开道德将人权与人民主权统一起来的尝试失败了。康德在《道德形而上学基础》中从道德律的基本概念出发,通过限定道德律而获得法律规则。也就是说,道德立法反映在法律的立法之中,道德性反映在合法律性之中,善的义务反映在法律义务之中。①

不同于上述两种思路,哈贝马斯假设:"在后形而上学的论证层次上,法律规则和道德规则同时从传统的伦理生活分化出来,作为两个虽然不同但相互补充的类型的行动规范而并列地出现。"② 如果说康德设想是基于一种柏拉图主义的直觉,认为法律秩序是"目的王国"的本体秩序在现象世界的一种模仿和具体化,那么哈贝马斯则指出,实证法与道德的关联不应该得出道德是置于法律之上的结论,相反,二者毋宁说处于一种既相互区别又同源补充的关系之中。③ 一方面,道德仅仅表达的是一种文化知识,而实证法不仅是一种符号系统,也是一种行动系统,它还能在建制层面上获得约束力;另一方面,现代法律秩序对自主化的道德具有同源的补充作用,法律形式的存在是为了弥补传统的伦理生活崩溃所带来的缺陷。同时,道德的保护范围也能超越法律的"权利承担者"并扩展到充分个体化的人的整体性,道德原则可以通过一个与之有内在联系的法律系统而辐射到所有行动领

---

① 〔德〕哈贝马斯:《在事实与规范之间》,第 129~130 页。
② 〔德〕哈贝马斯:《在事实与规范之间》,第 129 页。
③ 〔德〕哈贝马斯:《在事实与规范之间》,第 130 页。

域，甚至包括以系统的方式自主化的、有媒介导控的互动领域，这些领域解除了公民个体（行动者）除普遍服从道德之外的一切道德期待负担。这样，在对道德规则的普遍主义有效性意义的重视之下，康德视角下单个地、私人地从事的理想的角色承当转变为一种公共的、由所有人共同从事的实践。

"从法律和道德的内涵来看，法律与道德一样被认为是用来平等地保护所有人的自主性的，但是，法律的实定特征迫使（人的）自主法以特殊的方式分裂，法律领域中包含制定（和裁定）法律的人与从属于既成法律的受众这二种角色使得在道德领域是整体性的自主在法律领域以二元形式出现：私域自律和公域自律。"[①] 因此，道德与法律的同源互补性不仅和人权与人民主权的互补互述相一致，实际上也同公民的私人自主和公共自主的同源性问题相联系。在澄清这两组概念之关系基础上，哈贝马斯借助商谈理论而构建起公民权利体系，再次印证了私人自主与公共自主、人权与人民主权之间互为前提的。

第二节　结构性分层：公民理论的社会基础

哈贝马斯的政治理论如交往行动、商谈伦理、公民身份、审议民主等，都是建基于他对社会层面的结构性划分的。市民社会（经济系统）-公共领域-国家（政治系统）的三分法则表明：只有独立的公共领域才是个人自由和政治民主的基础，自由的市民社会则为公共领域提供了私人性质的生活世界基础，而国家政治系统则能够使公共舆论通过民主立法模式转变为具有约束力的政治权力影响力。因此哈贝马

[①] 应奇：《两种自由的分与合》，载《哲学研究》1999年第11期。

斯的政治理论已经将重心移至以市民社会为基础的公共领域，其主角是在合适的交往条件下具有交往沟通能力的公民（团体），通过交往行动和商谈行为实现交往权力，从而影响政治权力，在民主秩序中消解事实性与有效性之张力。宪法民主国家的公民正是通过以上三个领域动态地实现了公民个人自由与政治自由的协调统一，从而肩负起实现公民与国家良性互动、实现社会整合、加强社会团结的重任。

一 公共领域及其独立性

尽管公共领域是一种基本的社会现象，但无法通过表示社会秩序的常用概念来把握。它不能被理解为建制或组织，也不是具有权能分化、角色分工和成员身份等规则的规范结构，而只能被描述为一个关于内容、观点、意见的交往网络，交往之流在那里以一种特定的方式（以语言为媒介的商谈）被过滤和综合，从而成为根据特定议题集束而成的公共意见或舆论。它区别于日常交往，不具备日常交往的功能和内容，因而只是一种在交往行动中产生的社会空间；它也区别于系统，虽然可以为其划出内部边界，但具有开放的、可渗透的、移动着的视域特征。[1]

在公共领域的交往网络中，充满着各种各样以行动者为主体的交往活动。这些行动者在一个由语言构成的公共空间中相遇，并以理解作为相互关联的基础，同时又通过合作来达成这种理解。同时，这些作为行动者的公民（或公民团体）并不是全体国家公民，而是一个从全体公民中吸收新成员的公众集体。[2] 不过，公共意见合格与否由它的产生程序属性决定，而并非"普遍公众之建立"便能使之合理化，

---

[1] 〔德〕哈贝马斯：《在事实与规范之间》，第446页。
[2] 他也将这些公众称为"潜在的相关者"。参见哈贝马斯《在事实与规范之间》，第451页。

这恰恰与卢梭之"公意"形成了对照。

成功的公共交往能够形成一定的公共意见,这便首先要求一种共同进行的交往实践的规则,其次要通过富有实效的传播媒介来扩散内容和观点,最后对于议题和提议的同意只能作为一种争论——在这种争论中,建议、信息和理论是或多或少被合理地处理的——的结果才能形成。相反,一种受权力压制的公共领域是排斥富有成效的、澄清问题的讨论的。

成功的公共交往所形成的公共意见代表着一种政治影响潜力,它可以被用来影响公民的选举行为或议会团体、政府或法院的意志形成过程。不过,只有通过建制化程序,政治影响才能转变为政治权力,即变成作出有约束力之决定的潜力。由于公民对公共领域具有构成性意义,因此公民的信服对于公共意见来说具有一种权威,只有建立在一个结构平等的非专业人员公民集体的共鸣,甚至同意之上的公共交往和公共意见才能获得实际的政治影响。[①]

除了作为政治公共领域的承担者以外,公民还同时具有第二种身份——社会成员。作为承担着一些互补的角色的社会成员,公民们以一种特别的方式面对着相应的功能系统的要求和失误,这种在生活史的视域中得到诠释的私人体验域在公共生活世界的情景中与其他的生活史交织在一起。公共领域实际上就是简单互动的空间结构的扩大、抽象化,而不是扭曲,其中,远距离进行的陌生人之间的交往也仍然保留着社会成员日常实践中占主导地位的理解趋向。划定私人领域和公共领域之间界限的,正是不同的交往条件,这些条件在确保私人领域的亲密性和确保公共领域的公共性两种可能性上会造成一些差别,但是并没有将两个

---

① 〔德〕哈贝马斯:《在事实与规范之间》,第447~449页。

领域分裂开来，而是将议题之流从一个领域传输到了另一个领域，正是通过这种传导式的交流，公共领域才得以保持独立和鲜活。①

政治公共领域作为一种交往结构，通过市民社会这一基础而植根于生活世界之中，是那些必须由政治系统来解决的问题的共振板、预警系统和传感器，同时也是防止国家对私人领域侵犯的隔离带。它一方面具有积极的建设性功能，能够捕捉社会问题，通过社会运动放大社会压力，通过辩论协商提供问题的解决方案；另一方面具有防御性的功能，能够防止政治系统对生活世界的扩张和侵犯。虽然其依靠自身解决问题的能力有限，但是用它来监督政治系统内对问题的进一步处理是必需的。②

由于当今世界公共领域正遭受着大量来自商业化原则和技术政治的侵害，自主的公共生活越来越萎缩，人们变得孤独和冷漠，因此更凸显了公共领域之独立性的重要价值。在《现代性的哲学话语》中，独立的公共领域被定义为："由日常实践的微观领域自发凝聚起来的各个交往中心发展成的自主公共领域，就成了具有支撑力的更高层次的互主体性，它达到一定程度就能有组织地运用以交往为媒体的生活世界的潜能。自我组织的形式加强了集体行动的力量。"③ 哈贝马斯主张通过重建非商业化、非政治化的公共领域，让人们在自主的交往中重新发现人的意义与价值。

二 自由的市民社会

关于市民社会，存在着不同的定义。自由主义传统中，市民社会

---

① 〔德〕哈贝马斯：《在事实与规范之间》，第 452~453 页。
② 〔德〕哈贝马斯：《在事实与规范之间》，第 445 页。
③ J. Harbermas, *The Philosophical Discourse of Modernity* (Cambridge: Polity Press, 1987), p. 364.

具有"资产阶级社会"的含义;黑格尔将之理解为社会劳动和商品交换的市场经济体系;在马克思主义那里则理解为根据私法构成的、通过劳动市场、资本市场和商品市场之导控的经济。而哈贝马斯有所不同,在他看来,市民社会是以一些非政府的、非经济的联系和自愿联合为核心的,它们使公共领域的交往结构扎根于生活世界的社会成分之中。组成市民社会的是那些或多或少自发出现的社团、组织和运动,它们对私人生活领域中产生共鸣的问题加以感受、选择、浓缩,并经过放大以后引入公共领域。①

因而,市民社会的核心就是那些能够实现公众商谈在公共领域中的建制化的联合体,这些联合体是平等的、开放的,反映了连续性和持久性的交往活动的本质特点。这些社团是一种从私人领域中凸显出来的、普遍的公众集体的组织基础,它为自己的社会利益和体验寻求公共诠释,并对建制化的意见形成和意志形成过程发挥影响。

借助科恩与阿拉托的研究,哈贝马斯列出了市民社会的一系列特征,这些特征把市民社会同国家、经济和其他功能系统划分开来,但又同生活世界的私人核心领域联系了起来。"多样性:家庭、非正式团体和自愿性社团,它们的多样性和自主性允许各种各样的生活方式;公共性:各种文化建制和交往建制;私人性;一个个人自我发展和道德选择的领域;合法律性;为了把多样性、私人性和公共性至少同国家,也越来越同经济划分开来所必需的一般法律和基本权利。这些结构加起来确保一个现代的、分化的市民社会的建制性存在。"②

由于社团、联合体等公民实体对市民社会具有构成性意义,公民

---

① 〔德〕哈贝马斯:《在事实与规范之间》,第454页。
② J. L. Cohen, A. Arato, *Civil Society and Political Theory* (Cambridge, Mass., 1992), p.346. 转引自〔德〕哈贝马斯《在事实与规范之间》,第455页。

权利中的部分权利也对市民社会具有构成性意义，如集会自由和结社权利、言论自由、出版自由、宗教自由等。公民的选举权以及其他参与权，进一步保障和加强了政治系统、公民领域和市民社会在政党活动和公民选举中的密切联系。一个充满活力、具有独立性、自主性、自发性的市民社会能够维护公共领域的交往结构，保持公共领域的自我稳定。

同时，科恩和阿拉托也看到了市民社会和公共领域的局限性，哈贝马斯则在此基础上提出了一种"有限行动空间"的理解。[①] 首先具有活力的自由的市民社会只能建立在一种未受破坏的私人领域之上，私人领域的存在有赖于隐私权利，但现实中国家、市场和公众领域都对私人领域有所侵犯，即"生活世界的殖民化"，而且自由的市民社会只能形成于一种自由的政治文化和相应的社会化模式之下；在自由的公共领域中行动者所获得的也只能是影响而非政治权力；就算能够转变为法律或行政权力，这些政治性工具在一个功能分化的社会中所具有的作用也是有限的。因此，从市民社会中产生的民主运动必须放弃对一个总体上自我组织之社会的向往，而这种向往正是马克思主义社会革命观的基础。

哈贝马斯还引入了交往权力和政府权力以外的第三种权力——社会权力。社会权力是指行为者凭借自己的财富和势力把自己的意志强加于他人的能力，实际上就是指资本主义社会不平等所产生的权力。任何社会都不能消除社会权力，但是一个独立健全的市民社会可以抑制社会权力，防止其篡夺政治权力。因此国家与社会的适当分离，不是为了保护市场的自由竞争，而是为了限制市场经济不平等所产生的社会权力对政治的影响，维持一个自由平等的公共领域，维护市民社

---

① 更详细的阐述见〔德〕哈贝马斯：《在事实与规范之间》，第459页。

会的独立性和自主性，形成一个私人自主判断和公共批评的空间。

三 民主的立法模式

话语理论向我们解释了公共政治意志是如何理性化的，市民社会和公共领域理论则回答了公共意志是如何形成的问题。只有公民广泛参与的理性话语才能保证政治意志具有合理性，因此，哈贝马斯既反对平民主义民主，也反对议会民主，其独特的审议民主理论试图在避免"多数人的暴政"的同时突出民主政治的理性特征。在其审议民主理论中，蕴含一种从公共舆论到正式立法过程的制度模式，其中包含的是在公共商谈原则之上公民普遍参与的政治。

在复杂社会中，市民社会和公共领域始终处于整个宪法民主国家的边缘位置，而居于中心位置的依然是拥有立法、行政和司法权力的政治系统。审议民主就是要通过语言沟通个人自律与政治自律，实现建制化的议会政治中心与边缘的市民社会、公共领域之间的良性互动。

哈贝马斯的《交往行为理论》一书中概括了近现代西方国家先后经历的四次立法浪潮。第一波立法浪潮是十六七世纪，它导致资产阶级国家的出现，以民法形式确立了私人的法权主体地位。第二波立法中出现了宪法国家，建立了调节行政权威的宪法，确立了法治原则，即任何权威必须在宪法赋予的权力范围内行使自己的职能，如果违背宪法，公民就有权反抗。第三波民主立法浪潮建立了民主宪法国家，"宪法国家权利已经民主化；公民，作为国家的公民已经获得政治参与权。法律现在只有当存在着民主的前提，保证它们表达了普遍利益并且被所有受影响的人同意时，才能生效"[①]。最后是

[①] 〔德〕哈贝马斯：《交往行动理论》第二卷，洪佩郁、蔺青译，重庆出版社，1994，第360页。

民主福利国家立法阶段，在欧洲工人运动产生的压力下确立了公民的一系列社会权利。不过哈贝马斯认为，第一波立法具有保护自由的特征，资产阶级市民法和依法行使的官僚统治至少意味着前现代权力和依附关系的解放。随后的三波立法则是对自由更大程度的保护。然而，福利国家的立法相对于前三波而言，始终徘徊于保护自由和取消自由之间。[①]

民主立法问题的关键在于究竟哪些人能够把议题放入议事日程，并决定交往之流的方向。对于这个问题，哈贝马斯从民主理论的角度对考伯、劳斯等人提出的三种模型——内部进入模型、动员模型和外部动议模型——进行了分析，体现了公共领域和政治系统之间相互影响的不同方式。在第一种模型中，动议是由拥有官职者或政治领袖提出来的，而议题持续循环直到在政治系统中得到正式处理。在第二种模型中，动议也是从政治系统内部提出的，但这个系统的行动者们必须对公共领域进行动员，因为需要公众的支持。只有在第三种模型中，动议是由政治系统之外的力量提出的，这些力量借助动员起来的公共领域，也就是说借助一种公共舆论的压力，迫使系统对议题作正式处理。这种议程形成模式要求通过市民社会和公共领域的交往权力改变公民对市场和国家的依附性，重新协调金钱、权力和社会团结的力量之间的关系。只有民主的立法模式才是将公共领域中的公共意见和舆论转变为具有正式约束性的政治权力的正式途径，因而它在政治系统中较行政与司法等环节显得更为重要，同时也对公民的私域自律和公域自律提出了相同高度的要求：一方面，只有公民在私域自律受到平等的保护的基础上充分独立时，他

[①] 〔德〕哈贝马斯：《交往行动理论》第二卷，第366页。

们才能够适当地利用其公域自律;另一方面,只有在恰当地运用政治自主时,他们才能在私域自律方面达成双方同意的调节。从理论上说,民主的立法模式在比较平等的社会中可能成为主流,然而事实上,它在完整意义上的存在还很少。①

公民参与政治生活的方式还表现为各种社会运动,而公民抗议运动尤其能体现公共领域之强化的合法化要求,"公民违抗"是公民抗议运动的最后手段,可以使公民的对抗性论据得到更响亮的表达、具有更大的舆论政治影响。按照科恩和阿拉托的定义,"公民违抗包含一些不合法律行动,通常是集体行动者方面的不合法律行动,这些行动是公开的、基于原则的,具有象征性质的,主要包含一些非暴力的抗议手段,并诉诸民众的理性能力和正义感。公民违抗的目的是说服市民社会和政治社会中的公共舆论相信…一条特定的法律或政策是不合法的、做出一种改变是由正当理由的…卷入公民违抗的集体行动者援引立宪民主体制的一些乌托邦原则,诉诸基本权利或民主合法性的一些观念。公民违抗因此是…在市民社会对政治社会施加影响的合乎法律努力已经失败、其他途径已经穷尽的情况下…一种重新确认市民社会和政治社会之间纽带的手段"②。因此公民违抗也体现了公民作为政治生活的参与者对民主法治国和宪法的一种动态理解。

第三节 "三位一体"的公民身份

查尔斯·泰勒以下列方式描述自由主义和共和主义两种公民观:"一种模式主要关注个人权利和平等对待,以及对公民的各种偏好进

---

① 〔德〕哈贝马斯:《在事实与规范之间》,第 468~469 页。
② 〔德〕哈贝马斯:《在事实与规范之间》,第 473 页。

行估价的政府操作。这是已经确保了的东西。公民资格主要就在于实现这些权利，确保平等对待，以及对决策者施加影响的能力。……这些建制的意义完全是工具性的。参与统治就其本身而言，被认为是没有什么价值的。……相反，另一个模式则认定参与自我统治是自由的本质，属于必须加以确保的东西之列。这是……公民资格的一个本质成分。……充分地参与自我统治，被认为是（至少在一部分时间里）在形成我们和别人一起能够认同的主导性共识方面能够发挥某种作用的事情。治人和治于人意味着至少在某些时候统治者可以是'我们'而不是'他们'。"①

在哈贝马斯看来，两种公民传统对公民身份存在着相反且相互竞争的阐释模式，自由主义所蕴含的是一种对公民角色的个人主义工具式理解，而共和主义则包含对公民角色的交往性伦理式理解；自由主义之公民在本质上与私人性市民具有一致性，他们追求的是与国家相对立的前政治利益，而共和主义之公民只能于集体性的自决实践之中实现其公民身份。面对自由主义公民传统的现代性困境（即私人性导致公共性丧失），哈贝马斯在贡斯当将个人自由与政治自由结合起来的思想脉络之下，努力实现对两大公民传统之抽象对峙的综合、扬弃和超越。

然而，对于哈贝马斯这样一位康德主义者来说，其理论体系不可避免地透露出对康德共和主义传统的向往，尤其在其公民理论中对公民道德、公民参与等方面的重视等，都表明他的综合公民理论在对待两种公民传统上并非完全中立和毫无偏好的。"认为公民与共

---

① Taylor, "The Liberal-Communitarian Debate," in N. Rosenblum, ed., *Liberalism and the Moral Life* (Cambridge, Mass., 1989), 178ff. 转引自〔德〕哈贝马斯《在事实与规范之间》，第662页。

同体完全融为一体的整体性共同体模式，虽然在现代政治的许多方面来看是不合适的，却具有一个优点：它揭示了政治自主是这样一种自我目标，这种目标的实现是没有人能够孤立地、作为私人在追求其自身利益中加以实现的，而只能由大家普遍地通过互相承认这种平等关系的网络而构成，它要求每一个人采取第一人称的参与者视角，而不仅仅是一个以个人成就为取向的观察者或行动者的那种观察者视角。"① 同时，自由主义公民观的缺陷也日益显露：在搁置关于共同善的内在价值争议的情况下，认为"任何善观念内在价值一律平等"，这是一种保持脆弱公民维系的、只具形式不具内容的共同理念，是一种故意搁置实质内容的多元主义，因而仅仅是一种脆弱且空泛的支撑。

一 作为政治、社会主体的公民

在哈贝马斯的宏大政治理论体系中，公民始终占据着核心地位。他以交往行动理论和商谈伦理学为基础，通过阐明"人民主权"和"人权"两个概念的互为前提和互相补充的关系，论证了公域自律和私域自律之间共为基原的关系，从而将两种公民传统"缝补"起来。一方面，只有公民在私域自律受到平等保护的基础上充分独立时，他们才能够适当地利用其公域自律；另一方面，只有在恰当地运用政治自主时，他们才能在私域自律方面达成双方同意的调节。在商谈论论证路线下对公民权利体系的构建，也能够赋予两种公民自由以同等分量的有效性，并将政治的重心由国家向公共领域转移，将公民权扩大到所有立法领域，运用民主的交往权力不断根据生活条件的变化而重

---

① 〔德〕哈贝马斯：《在事实与规范之间》，第663页。

新定义市场和国家的关系。

按照交往行动理论,公民的交往权力形成于合理的生活世界(即市民社会或经济子系统),但是交往权力不能以公民集体的一致行动来体现,而是通过高度分散的公共领域来体现,公民不能直接行使自己的统治,而是通过参与公共领域政策辩论和协商而间接影响行政权力。民主宪法国家中的核心问题是政治权力如何合法化,即公共政治意志何以形成的问题,只有民主的立法模式,才是将公共领域中的公共意见和舆论转变为具有正式约束性的政治权力的正式途径。现代民主制不能通过公民对政治制度的直接控制获得依据,而是以法律作为社会融合的中介,因而法律必须体现公民的交往权力,即实现民主立法模式。"公民违抗"则是公民自发地通过非合法性途径重新确认市民社会和政治系统之间纽带的最后手段。

无论是民主立法,还是"公民违抗",可以看出哈贝马斯在政治权力合法化这一核心问题上,既没有依靠强大的国家组织或建制化的议会,也没有依靠自发的市场,而是将希望寄托在具有交往行为能力、使用语言进行沟通和协商并拥有一系列合法权利的公民身上。公民既是国家法律的承受者,同时也是其创制者;公民既是国家权力的参与者,更是与国家权力相对抗的交往权力主体。交往权力与政治权力的矛盾构成了民主宪法国家的内在张力,也是事实性与有效性之紧张关系在民主宪法国家层面的再现,而消解这一张力必须依靠生活于其中的参与主体——公民。

二 公民权利体系

公民权利并不是人们历来普遍享有的,在古代,享有公民权者在许多国家还不到人口的十分之一。随立国过程的发展,享受公民权利的主体范围不断得以扩大，首先是贵族得到一些法律权利，紧接着是中产阶级在工业革命期间通过各项法典和宪法获得了法律权利和政治权利。随着公民权思想的逐步传播，特别是20世纪的两次世界大战之后，权利主体进一步扩展到不同的性别、种族、民族以及残疾者和弱智者。虽然公民权的扩展过程并非一帆风顺，且大多伴随着相当的冲突，但从12世纪到20世纪，公民权利在大多数工业化国家都得到了落实和发展。

启蒙运动中理性个人主义的崛起成了公民权利与义务的思想引擎，此后，西方学界对公民权的探讨也在进一步扩展和深化。马歇尔于1950年出版了《公民身份与社会阶级》，提出了关于公民权利与义务的第一个社会学理论。其中，作为一种制度的公民权被划分成三类——法律权利、政治权利和社会权利，并且与纳税、服兵役以及对国家的其他服务等公民义务相平衡。莱因哈德·本迪克斯侧重讨论公民身份如何通过结社权、教育权和选举权扩展到工人阶级，以及公民权扩大与大规模官僚机构的变革关系。特纳则将公民理论推进到冲突理论，将社会运动视为导致公民权利发展的动力。在马歇尔的三种公民权利基础上，雅诺斯基又增加了参与权利。他认为，现代社会中公民地位是不断扩大和巩固的，不过只有政治参与权利才能作为公民的反思的、自我关联的法律地位的基础。相反，消极的自由权利和社会分享权利则是可以按家长主义的方式授予的，可能造成公民角色的唯私主义（privatistisch）退缩。

哈贝马斯对公民权利的理解正是建立在雅诺斯基公民理论的基础之上的，虽然在内容上他并没有增加任何公民权利的子目，但他在商谈论路线下对公民权利体系的构建，能够赋予两种公民自由以同等分量的有效性，同时他将政治的重心由国家向公共领域转移，将公民权扩大到所有立法领域，运用民主的交往权力不断根据生活条件的变化重新定义市场和国家的关系，使公民主权向一些在法律上被建制化的程序，向基本权利使之成为可能的那些讨论性的意见形成和意志形成的非正式过程回归。在这一思路中，通过客观法强制的一套权利体系划分出个人行动的合法领域，有条件地承认主观行动（包括私人利益的策略性追求）自由。

其一，公民权利必须获得法律形式，保障多个公民个体私人自主的相互协调。由于具备一定稳定性的法律对道德的补充意义，立法和执法的事实性（强制性）便构成了某类免除道德负担的互动。也就是说，"法律媒介本身预设了一般地确定法权人的权利承担者地位的那些权利。这些权利仅限于典型的个体化的社会行动者的选择自由……法的基本价值表现为它既能确保可归诸单个人的各种私人自主，又使得这些权利彼此协调起来"①。在这里，私人自主可以被描述成对交往自由②之种种义务的摆脱："一个法律主体的私人自由本质上可以理解为这样一种消极的自由：从彼此间语内行动义务的公共空间中抽身出来，转入相互观察和相互影响的立场。在私人自主的范围内法律主体没有必要向别人做出解释，没有必要为自己的行动计划提供能被公共地接受的理由。主观行动自由为退出交往行动、拒绝语内行动义务提供了辩护；它们为一种摆脱相互承认、彼此期待的交往自由之负担的隐私权提供了论证。"③

其二，自我立法观念要求公民个体作为法律之承受者，同时也能

---

① 〔德〕哈贝马斯：《在事实与规范之间》，第145页。
② 交往自由：在以理解为取向的行动中预设着的一种可能性，对对话者所说的话种所提出的旨在主体间承认的有效性主张，表示一个态度的可能性。与此相联系的一些义务，由于受法律保护的主观自由而不具有约束性。交往自由仅仅存在于彼此将要以施为的态度就某事达成理解、彼此能够对相互提出的有效性主张加以表达的行动者之间。交往自由对于一种主体间关系的这种依赖，告诉我们为什么这种自由是同语内行动义务相联系的。
③ 〔德〕哈贝马斯：《在事实与规范之间》，第146页。

够被理解为法的创制者,从而实现其公共自主。由于道德立法者并不等同于法律承受者,因而只有通过政治上自主的立法,才有可能使法的承受者也能正确理解整个法律秩序。与合法之法相一致的,只能是一种不毁坏遵守法律之合理动机的法律强制模式,因此公民自我立法的观念不应该被归结为单个个人道德的自我立法,而必须对自主性作更普遍、更中立的理解。①

其三,公民权利是由一组包含了诸多子目的体系构成,如基本的消极自由权、成员资格权利、正当过程权利、政治参与权利和社会福利权利。当公民之间相互承认作为法律承受者的角色,并同时能够提出权利的主张与针对对方兑现权利的要求时,前三个范畴的基本权利就能用来保护个人自由选择或私域自律。不过,只有在政治参与权利范畴下,法律主体才获得其法律秩序创制者的角色,才能实现对前三项权利的反思运用,也就是说政治权利为自由和平等的公民地位提供了基础。反过来,如果没有前三类权利,私域自律将无法得到保障,更无政治参与权利可言;即使具有某种保护私域自律的法律和权利,也仅仅是家长式的强加而不是自主的表现。而社会福利权利,只是在公民对政治权利的有效运用依赖于一定社会和物质条件的范围内,才成为必要。② 公民个体对这一组抽象权利体

---

① 〔德〕哈贝马斯:《在事实与规范之间》,第 147~148 页。
② 哈贝马斯在《在事实与规范之间》的附录中谈道,商谈原则要能够通过法律媒介而获得民主原则的形式,只有商谈原则和法律媒介彼此交叠,并形成一个使私人自主和公共自主建立起互为前提关系的权利体系。权利体系以平衡的方式确保私人自主和公共自主,因此而将事实性和有效性之间的张力操作化了。这两个环节的连接实现于法律形式和商谈原则的相互渗透中,也实现于法律一面朝着承受者、另一面朝着创制者的两面神头颅上。一方面,借助那些使各种平等的主观自由相互兼容的强制性法律这种权利体系放手让以成功为取向的单个行动主体进行利己选择;另一方面,在立法实践中,这个权利体系将那些被假定为取向于共同之善的公民的交往自由动员起来、统一起来。这里又一次暴露出事实性和有效性之间的张力,基本政治权利必须把对于交往自由的公开运用建制化成为主观权利的形式。

系的共同承认,才能够赋予两种公民自由以同等分量的有效性。

三 公民身份的复合内涵

公民身份在社会科学上的定义是:个人在一民族国家中,在特定平等水平上,具有一定普遍性权利与义务的被动及主动的成员身份。[1] 哈贝马斯对于公民身份的理解始终是以一种复合视角为基础的。在一个自由平等的联合体中,"每个人无例外地都可以受到三重承认:每个人作为不可替代的个人、作为一个族裔或文化群体的成员、作为公民(即一个政治共同体的成员)都应该能够得到对其完整人格的同等保护和同等尊重"[2]。

自由主义公民观重视超越特定社群的普遍原则,其原型或核心是作为市场经济之基础的那些抽象人权和公民权,其中主要涉及财产权和自由权;社群主义公民观则重视特定社群具有特定内容的伦理生活形式和善的观念,强调公民权利的基础和价值在于公民作为国家的一部分、作为社群成员对国家事务和社群活动的参与,公民权利的核心在于公民参与权。在上述平等自由联合体中的个体身份表述中,哈贝马斯如自由主义者那样强调个体权利的普遍向度,又如社群主义者那样强调个体权利的规范性向度。他对交往理性(普遍主义的规范向度)与社群主义所重视的伦理向度(特定社群的自我理解),以及自由主义所重视的实用向度(不同利益的平衡协调)进行了精巧的结合和构架,基于此,笔者将其归结为一种"三位一体"的公民身份:以实现和维护主体及主体间权利为基础的权利性公民、以某种共同体的自我理解的特定价值和善为目的的政治性公

---

[1] 〔美〕托马斯·雅诺斯基:《公民与文明社会》,第11页。
[2] 〔德〕哈贝马斯:《在事实与规范之间》,第660页。

民和以语言为媒介进行交往行动的交往性公民,三种公民要素整合为一的公民模式。

公共领域-市民社会-国家的三分法则在三位一体公民模式中起到了基础性作用,也体现了三维度的特质及其互动。独立的公共领域是个人自由和政治民主的基础,自由的市民社会为公共领域提供私人性质的生活世界基础,国家政治系统则能够使公共舆论通过民主立法模式转变为具有约束力的政治权力影响力。其中,市民社会处于整个公民社会的基础层面,这一层面的主体主要是以不同利益和权利主体之间的平衡和协调为基础,以人权和私人自主为核心的"权利性公民";公共领域处于公民社会的中间层,其参与主体体现为通过语言进行交往活动,以参与公共活动实现公共自主与私人自主的"交往性公民";国家(政治系统)处于社会的最高层,其抽象性主体是通过民主立法模式使公共舆论获得政治权力的,以实现共同体的特定价值和公共善为基本目标,构成人民主权和享有政治权利的"政治性公民"。这三个领域中的三种公民身份,同样表征着市民社会、公共领域和国家之间的互动。

在这种综合视野下,公民政治不仅能够走出其自身的理论困境,能够消除两种公民身份的抽象对峙,而且能够从参与者的角度对各种公民理论传统的合理成分加以吸收利用,并构建出一种区别于传统的复合公民模式。这种综合并非一种简单的叠加和整理,而是带来了全新的理论视角,为公民理论的继续发展提供了一个新的方向。复合公民身份之独特处就在于通过巧妙的理论重构,将公民身份、公民权利、公民文化等要素定义为包容性、综合性的概念。尤其在多元化的现代社会里,这种独特的综合式的公民理论无论对政治理论、经济理论甚至对整个社会科学理论,都具有构成性和建设性意义。

1. 用交往理性代替了实践理性

如前所述，构成交往理性之虚拟基础的理想化预设仅仅是一种弱化的"必须"，它与社会实践之间不具有直接联系，也不构成行动规范之源泉，而对个体具有内在的超越意义。同时，交往理性也不像实践理性那样旨在形成动机和指导意志，只是使一种对有效性主张的取向成为可能，却并无确定内容之导向。因此，哈贝马斯理论在哲学基础之元理论上就与自由主义具有很大的区别，然而它并非反自由主义的，而毋宁是一种后自由主义。

交往理性不再被归入单个主体或国家、社会层次上的宏观主体，相反地，它应被归入一种主体间性。"主体间性"是对主体哲学的一种有力挑战，也构成了哈贝马斯公民理论的独特基础。一些由各种交往形式组成的网络构成了这一理论的支撑点，其中各种交往活动不再由一个共同体政体的"大我"（国家或社群）来完成，也不再由相互独立且分离的个体之"小我"（私人）来完成，而是由一些无人称地彼此连接的、交往理性指导下的各种讨论活动组合而成。"商谈理论中起作用的是交往过程的更高水准的主体间性，而这一过程是通过议会和公共领域的非正式网络而来的"，这样既避免了把社会当作一个能进行公民自决的宏大主体这种过于理想主义的共和主义式观点，又避免了将民主理解为把法律运用于许多孤立的、私人的主体这种过于现实主义的自由主义式观点。"主体间性"也表明了市场、行政权力和团结（或协同性）三种资源间的新的平衡，现代社会正是通过它们有效地整合起来。而公民身份的"主体间性"——公民的"互为主体性"——则表现为主权者和被治者、权利和义务的统一，因而"交往性公民"模式强调公民身份的这种内外相互性①，既区别于自由主义公民身份之独立性，也不同于共和主义公民身份之整全性。

2. 在整合"权利性公民"与"政治性公民"基础上，增加了"交往性公民"之维

"权利性公民"和"政治性公民"分别承袭了自由主义与共和主义的公民传统，而"交往性公民"注入的是一种立基于交往理性和主体间性的公民身份。事实上，"交往性公民"是建立在哈贝马斯对共和主义和自由主义两大传统的基本判断之上。从其整个理论体系来看，对公民道德、公民参与等方面的重视，都表明其对两种公民传统并非完全中立或毫无偏好。"认为公民与共同体完全融为一体的整体性共同体模式"，"揭示了政治自主是这样一种自我目标，这种目标的实现是没有人能够孤立地、作为私人在追求其自身利益中加以实现的，而只能由大家普遍地通过互相承认这种平等关系的网络而构成，它要求每一个人采取第一人称的参与者视角，而不仅仅是一个以各自成就为取向的观察者或行动者的那种视角。"② 而自由主义公民观在搁置关于共同好的内在价值争议的情况下，使"任何好观念内在价值一律平等"成为其规范理念，是一种保持脆弱公民维系的、只具形式不具内容的共同理念，是一种脆弱且空泛的支撑。③ 因此，"交往性公民"并非对自由主义公民观的简单借用，也不是对两种公民传统的直观重叠，而是对公民问题的一种新的思考角度和阐述方式。

---

① 无论公民个体自身还是公民个体之间都具有权利与义务、治者与被治者的统一，是为内外相互性。
② 〔德〕哈贝马斯：《在事实与规范之间》，第663页。
③ 然而，从另一种更为形式上的角度来看，自由主义在公民身份问题上的核心优点在于：它既使得有益于其公民的高效和强大的现代国家的构建成为可能，又能够约束国家的权力并避免滥用这种权力而对公民形成伤害。

3. 沿用了公共领域概念，为交往性公民提供社会空间

阿伦特有感于集权统治和现代性困境而提出了公共领域理论，哈贝马斯在对自由主义公民传统困境（私人性导致公共性丧失）的反思时借用了此概念，并将之发展为一种"交往性公民"实现交往活动并对政治系统产生压力的社会空间。公共领域既保护公民的私人空间，同时也促进公民的政治参与，此概念也能够使哈贝马斯"交往性公民"与两种公民传统区别开来。

四 世界公民

在一般性定义中，公民身份一般被限定在民族国家或主权国家以内，此种成员资格的闭合性往往造成公民身份问题与民族认同的粘连现象，而这一粘连又往往与民族主义及其变异（如富裕沙文主义的阴暗面）相关。所以，只有公民身份的规范内容与民族主义的分离才能保证一种普遍意义上的公民身份，才能在超越民族国家或主权国家的范围内实现正义。

对于哈贝马斯这样的康德主义者和世界公民主义者来说，从一开始他就不可能将自己的论域范围和论证有效性局限在民族国家或主权国家界限内。他在对民主宪法国家的界域内之公民问题作充分探讨的同时，也对其世界公民理想投入了很多精力。由于大规模的移民和难民问题，欧洲共同体的成长等历史性运动，使得民主立宪国家的普遍主义原则同保护已经形成的生活方式之完整性的特殊主义诉求之间的矛盾加剧，同时获得性的公民身份和授予性的民族认同之间的紧张也更为凸显。哈贝马斯通过论证民族认同与公民身份的相互独立性，针对难民和移民问题提出其世界公民理论，并力图为我们展现一幅于一个共同的政治文化、一个全世界范围的公共领域中逐步形成的公民身

份与世界公民连续体的美妙图景。

1. 公民身份与民族认同

"民族"的古典意义为一些血缘共同体,虽然此类共同体在地域上通过栖居和相邻而居得以整合,在文化上通过语言、习俗传统的共同性实现整合,但是在政治上却还未通过国家形式而达致整合。近代早期,"民族"被看作主权的载体,一些阶层在国王面前代表着"民族"。18世纪以来,民族的上述两种意义发生了交叉,如在法国大革命那里,民族成了国家主权的来源,每个民族都应得到政治自主权利,取代血缘结合体的是民族的意志共同体。

这样,"民族"就从一种前政治共同体转变成对一个民族共同体之公民的政治认同来说具有构成性意义的特征。同时,公民的民族认同并不在于种族-文化的共同性,而在于公民积极地运用其民主的参与权利和交往权利的实践。其中公民身份的共和主义成分与前政治性的通过血缘、共同传统和语言而整合的共同体的归属性完全分离开来。[①]"民族国家只是暂时地造成了'Ethnos'族裔和'Demos'民众之间的紧张关系"[②],却为一种受法治国限制的行政建立了基础性条件,为个体行动和集体行动的不受国家干预的空间提供了保障,同时也为文化和种族的同质性创造了基础,尽管其代价是对少数民族的压迫和排斥。

公民身份既可用于国家的层次,也可用于个人的层次。当将其确定为一民族国家的成员身份时,这意味着确立一定地理疆域之内的"人格",在这一疆域内的全体居民和臣民之中,公民被赋予一定的权

[①] 〔德〕哈贝马斯:《在事实与规范之间》,第658页。
[②] M. R. Lepsius: "Ethnos und Demos," in *Lepsius* (1990), pp. 247–255. 转引自〔德〕哈贝马斯《在事实与规范之间》,第659页。

利。这一身份最初只属于一个有限的精英群体（如雅典的富裕市民和 13 世纪英格兰的贵族），然后可能发展到把民族国家居民较大的一部分也包括进来。

公民身份的概念最早形成于卢梭传统的"自决"概念。虽然"人民主权"最初的含义是对君主主权的限制和抵抗，其基础是人民和政府之间的契约，卢梭和康德却与此相反地把人民主权理解为统治权力向自我立法的转变，也就是说，统治权力只有通过民主的自我立法才获得合法性。但是，哈贝马斯认为这个观点并不意味着源于血缘生活方式的同质性的人们在人民意志的实质方面也具有同质性。相反，一个自由和平等的联合体中人们最后达成的共识，其最终基础在于人们同意的程序之上。①

在多元社会里，公民身份是以法的形式构成的。宪法表达的是一种形式上的共识，公民们愿意用这些原则来指导他们的共同生活，因为它符合每个人的平等利益，可以获得所有人的经过论证的同意。这种公民联合体是由相互承认的关系所构成的，每个人都可以期望被所有人作为自由的和平等的人而受到尊重，并且都可受到三重承认：每个人作为不可替代的个人，作为一个族裔或文化群体的成员、作为公民（一个政治共同体的成员），都应该得到对其完整人格的同等保护和同等尊重。这种承认关系又通过法律的形式加以确认。②

但是，从法律上加以保障的承认关系并不是自我复制的，它要求的是一种无法用法律规范来强迫任何人的合作性公民实践，也就是公民的团结与协同。现代强制性法律并不包括其适用者的动机和意图，相反，积极履行民主权利这样一条法律义务，是具有全权主

---

① 〔德〕哈贝马斯：《在事实与规范之间》，第 659～660 页。
② 〔德〕哈贝马斯：《在事实与规范之间》，第 660 页。

义色彩的。因此，以法的形式构成的公民身份地位所依赖的，是以公共福利为取向的公民不受法律强制的动机和意图。公民身份的这种共和主义成分还揭示了一点，即受宪法保障的自由建制只有对习惯于政治自由、适应于自决实践的"我们视角"的人们才是有许多价值的。换句话说，以法的形式建制化的公民角色必须植根于自由的政治文化之中，正如瑞士和美国的多元文化社会的实例表明，宪法原则根本不必依靠所有公民都具有种族上、语言上和文化上的共同来源，民主的公民身份则要求所有公民在共同的政治文化之中经历的社会化过程。因此，从概念上说，公民身份一直是独立于民族认同的。[1]

2. 移民、难民与世界公民

为了进一步说明公民身份与民族认同的相互独立关系，哈贝马斯指出，根据对民主法治国是一个自由和平等的公民联合体的这种理解，公民身份与自由意志原则是相联系的。也就是说，居住地和出生地这样的传统的授予性特征，并不能作为不可收回地服从一个国家的主权权威的根据，其作用仅仅在于认定公民对国家的一种假设的和默会地认可的行政标准，与这种认可对应的是迁移的权利和放弃国家属民身份的权利。

移民、难民问题所涉及的正是一个公民身份扩展的问题。经验性地考察公民身份的扩展，其中大致包括四种类型：源于歧视的扩展，使居于从属地位的群体得到公民身份；源于牺牲的扩展，使退伍军人得到公民身份；源于外来移民归化的扩展；政府官员和专家为谋公益而推出的扩展。博托莫尔也曾将公民身份作内外区分，将成员身份称

---

[1] 〔德〕哈贝马斯：《在事实与规范之间》，第663~664页。

作"实质性公民身份"（非公民得到公民成员身份），将拥有权利称作"正式公民身份"（该民族国家的外来人获得进入该国并随后归化为公民而具有相应的权利和义务）。

移民、难民还涉及另一个问题，即是否愿意在政治上整合经济难民和外来移民，不仅与各国自身经济承受能力的极限有关，而且也取决于本国居民对移民进入本国之后的社会问题和经济问题的感受。由于一种普遍滋长的富裕沙文主义（相对弱势的阶层——不管是现在第一次受到社会境遇下降的威胁，还是已经下落到零散的边缘群体之中——尤其明确地把自己认同于自己集体的意识形态优势化，并且排斥一切异己的东西）使得移民与难民问题又一次揭示了公民与民族认同之间的潜在的紧张，其表现为与国籍相联系的特殊义务与超越国界的普遍义务这两者之间的紧张。①

哈贝马斯认为，公民权利之所以具有保障自由的性质，是因为其中具有普遍人权的内容。因此，从一种与民族认同相分离的公民身份的规范性内容出发，无法获得一种倾向于限制性的和阻滞性的移民政策和归化政策。哈贝马斯结合功利主义、道德分工论、罗尔斯的"原初地位"以及共同体主义的"忠诚"等分析模式，最终得出了一个规范性结论：欧洲国家应该就一种自由的移民政策达成一致。因为，民主自决权利固然包括保卫自己政治文化的权利，也正是这种政治文化为公民权提供了一个具体环境，但它不包括固守一个被赋予特权的文化生活形式的权利。在民主法治国范围内，多样的生活形式可以平等共处，但这种生活形式必须重叠于一个共同的政治文化，而这种政治文化又必须不拒绝来自新生活形式的碰撞。②

---

① 〔德〕哈贝马斯：《在事实与规范之间》，第 673~674 页。
② 〔德〕哈贝马斯：《在事实与规范之间》，第 680 页。

但是，目前一种超越民族国家、较大范围内甚至全球范围内的正义之所以成为一个问题，与其说是因为不可放弃的主权要求，不如说是迄今为止民主过程只在民族国家之内局部地发生作用，也就是说，政治公共领域迄今为止仍然是分裂的，是以民族国家为单位的，而且那些发挥作用的政治性公民权还没有超出民族国家的范围。

在哈贝马斯看来，只有一种民主的公民身份——它不是特殊主义地封闭的——才能为一种世界公民地位提供条件，并且这种世界公民地位已经在全世界范围的政治交往形式中逐步形成起来。通过电子大众传媒能够建立起一个无处不在的公共领域，世界性公共领域的现象今天已经在一个世界公民的交往关系中成为政治现实，甚至强国也必须考虑全世界范围的抗议的现实。随着不同国籍成员之间接触的增多，东欧和第三世界贫困地区的移民等形成的多元文化的多样性，固然会导致各种社会矛盾。但是如果加以创造性的处理，也可能提供一种政治动员，从而给本土的、已经在民族国家范围内出现的新型社会运动（如和平运动、生态运动和妇女运动）提供鼓舞。这将加强公共议题的生活世界相关性，同时，那些只有靠一个超国家界域内协调才能解决的问题的压力也增加了。在这些条件下，可以建立起全欧洲范围的公共领域中的交往联系，它们为密切联系着的各地区新的议会机构，而且对一个具有更大能力的欧洲议会创造有利的环境。在将来，世界公民状态，以及国家公民身份和世界公民身份构成的一个连续体，从各个不同的民族文化中分化出一个共同的政治文化，形成一个全世界范围的公共领域。这些都已经不再是一种纯粹的幻想，即使我们离它还相距很远。①

---

① 〔德〕哈贝马斯：《在事实与规范之间》，第 679~680 页。

第四节 审议民主与审议主体

哲学基础的概念性重建和社会层面的基础性划分为哈贝马斯的整个理论体系奠定了哲学社会学基础。公民理论与审议民主思想作为其政治理论的核心内容,交叉共存于其对现代宪法民主国家的政治观察与阐释之中。"三位一体"的复合公民身份为审议民主提供了主体维度的理论基础,而民主的真实性和回应性要求又在客观上形成了对审议的资格、内容、形式、程序等的包容性要求,哈贝马斯也正是在这样的理论规划中形成了一种包容性的公民理论。

一 审议民主:民主意志的生成与转化

对于所有民主制度而言,一个重要的必备条件是"非暴政的法治"(non-tyrannous rule of law),这也是民主的最低条件。此外,还需要满足两种在许多现代民主理论中都得到了普遍认可的社会条件,即公民社会的丰富社团生活和允许公共舆论表达和传播的技术、制度和交往的基础设施。"现代政体中的公民主要是借助国家审查和限制公共交往的努力而开始将自身看成是各种公共活动的成员和参与者。连同许多其他复杂因素,交往权利的出现与国家权威的民主化是一同出现的。随着直接影响交往结构的新的政治权威形式的出现,新的公开性形式和新公共领域也出现了,他们为协商实践提供了相应的基础。"① 因此,协商民主的任务不仅仅是实现民主的最低条件,而是要在政治权威已经在某种程度上是民主的基础上,使民主变得更民主,即实现民主化的

---

① 〔美〕詹姆斯·博曼、威廉·雷吉主编《协商民主:论理性与政治》,第3页。

任务。

《民主的三种规范模式》一文指出，两大公民观的分歧形成了自由主义民主模式和共和主义民主模式。前者认为民主过程的任务是按社会的利益来规划政府，这里的"政府"和"社会"分别指公共行政机构和不同的私人之间的具有市场结构的互动网络；后者则认为政治应当比社会和政府之间的中介作用包含更多的内容，应被理解为实质性的伦理生活反思形式，并构成了作为整体的社会过程。基于此，第三种民主模式——审议民主理论的提出，是为了使民主在对社会利益、共同善理想和平等对待每个公民的综合考量之上，提供政治意志形成并转化为政治权力的合法性来源。

根据交往行动理论和商谈伦理学，审议民主立基于主体间的交往理性和以语言为媒介、以达成共识并协调行动为目的的交往行动，其落脚点在于通过交往主体间的理性商谈形成真正的民主意志。而民主意志的最终形成必须经过内外两大程序：一是经由不同商谈类型而形成民主意志的内在程序，二是公共领域和议会共同形成的民主意志建制化的外部程序。内在于两大程序的商谈机制和民主机制构成了审议民主理论的核心内容。

1. 民主意志形成的内在程序

"根据商谈原则，每一种行动规范的有效性一般来说都取决于那些作为相关者而参加'合理商谈'的人们的同意。"[①] 合法的民主意志就是通过合理商谈形成的、为所有相关者所赞同、满足了所有相关者的利益的合法性规范。然而，由于针对不同性质的问题，存在各种不同的行动规范，且其调节范围也各不相同，首先应该根据所需调节的

---

① 〔德〕哈贝马斯：《在事实与规范之间》，第194页。

问题种类对"合理商谈"作出必要分类,以避免开放结构可能带来的主题不明、杂乱无章、无限继续和冗长无果的局面。

需要调节的问题被区分为三类:实用的问题、伦理-政治问题和道德问题。第一类,"实用的问题,是从一个为实现事先已经给予的目标和偏好而寻求合适手段的行动者的角度提出的。"[①] 其核心是对现实目标的合理手段的选择,因此针对这类问题的"合理商谈"需要解决的是选择哪种手段能够最有效地实现既定目标。第二类,伦理-政治问题,"是从这样一些成员的角度提出的,他们在面对一些重要的生活问题时,想要澄清他们所共享的生活形式是什么、他们共同的生活要根据什么样的理想来构划。"[②] 因此,对于这类问题,"合理商谈"要回答什么样的生活方式对其成员而言是最好的。第三类,道德问题,考虑的是我们可以如何根据所有人的平等的利益而调节我们共同的生活,也就是说需要回答什么是同等地有利于每一个人的利益的。

上述三类问题分别从"合目的性""好"和"正义"三个角度赋予了"合理商谈"不同的内涵,由此政治和法律的商谈也可以区分为实用性商谈、伦理-政治商谈和道德商谈。实用性商谈是针对实现具体的既定目标和价值的手段而进行的商谈,主要依靠的是工具理性,即依据手段与目标之间的关系,以及经验与偏好的关系,并通过效率原则选择手段、方式和作出决策。这类商谈对经验知识的要求较高,因而最好由专家来进行。伦理-政治商谈是一种"对我们的历史地传承下来的生活形式的自我理解的诠释学澄清"[③],根据具体的承袭的文化生活方式,对"什么样的生活方式对于我们来说是最好的"进行商

---

① 〔德〕哈贝马斯:《在事实与规范之间》,第195页。
② 〔德〕哈贝马斯:《在事实与规范之间》,第196页。
③ 〔德〕哈贝马斯:《在事实与规范之间》,第197页。

谈。这种商谈，既是对生活方式的描述，又是对生活方式的构建，描述的同时也就形成了一种规范，因此商谈的结论是一种描述与规范相结合的行动指令。道德商谈所提供的是一种对于所有人都可欲，且被每个人所遵守的正当规范。其中，"目的论的观点，即我们从中出发通过目标取向的合作而处理问题的那个观点，完全让位于规范性的观点"。这类商谈所要解决的是"如何根据所有人的平等的利益而调节我们共同的生活"的问题。从而"特定集体的种族中心视角"就会扩展为"一个无限交往共同体的无所不包的视角"。①

另外，谈判作为一种特殊的交往形式与上述三类商谈类型同时存在。有些涉及利益冲突和调节的问题，并不存在一种可以自我证成的普遍化利益或某种优先的价值偏好，因此不能通过商谈的方式得以解决，而只能借助谈判。谈判是以利益而非价值为导向的，谈判各方诉诸威胁与许诺而形成一种"谈判力"，从而以影响而非理性为解决问题的手段。在这种情况下，商谈原则就可以通过在公平角度下调节谈判的程序来间接地发生效力，如果谈判程序能够通过商谈原则的检验，那么就可以被视为合理的。

在考察了关于政治和法律的三种商谈和谈判之后，哈贝马斯陈述了一种理想情况下的政治意志形成程序，即"从实用问题出发，经过达成妥协和伦理商谈的分支到达对道德问题的澄清，最后结束于对规范的法律审核"②。也就是说，理想的商谈程序应该是始于实用性商谈，再根据可能涉及的利益平衡问题、"好生活方式"的判断问题和平等对待每个人的正义问题，分别进行谈判、伦理-政治商谈和道德商谈。不同类型的商谈和谈判共同构成了一个复杂多向的网络，在作为起点和终

---

① 〔德〕哈贝马斯：《在事实与规范之间》，第 195~199 页。
② 〔德〕哈贝马斯：《在事实与规范之间》，第 199 页。

点的实用性商谈与法律商谈之间，谈判、伦理-政治商谈和道德商谈将根据不同的具体问题轮流展开和交替进行。其中，道德商谈具有基础性地位，达成妥协的谈判与伦理-政治商谈的结果都必须同道德原则相容，因为"只有一切商谈地获得的商谈地谈成的方案与可在道德上得到庇护的东西之间的一致，才能保证商谈原则得到了充分的尊重"①。这样，商谈原则既强调法律与道德的联系，又不将法律看作伦理生活所派生的，因而它赋予民主过程的规范含义强于自由主义但弱于共和主义，伦理和实用的因素在商谈原则中同时得到了承认。

2. 民主意志建制化的外部机制

民主意志通过内部程序形成以后，还需要在法律上得以建制化，才能确保它们具有可操作性并产生具有可接受性的结果。"法律和政治权力的相互构成在两个环节之间建立了一种联系，使法律的工具化潜能为权力之策略性运用服务，并使后者具有恒定的形式。……这种相互关系依赖于一种与交往权力之形成难分难解的合法的立法过程。"② 因此，民主意志在形成之后必须通过一定的外部民主程序，才能进入政治系统，必须通过法律上的建制化转变为政治权力；商谈原则被置入法律程序之中，能够在不影响商谈的内在逻辑的同时，形成程序的建制化，为商谈施加特定的时间的、社会的和事实的限制。这些必要的外部民主机制主要包括公共领域的公开商谈与国家议会的立法商谈，即"双轨制"的审议民主机制。

在商谈原则的基础上，代议制民主得到了新的理解和诠释。在代议制民主中，实用性商谈涉及专业知识、技术和既定目标的策略性选择，因而可以在议会或议会授权的行政机构中开展。但伦理-政治商

---

① 〔德〕哈贝马斯：《在事实与规范之间》，第205页。
② 〔德〕哈贝马斯：《在事实与规范之间》，第206页。

谈涉及的是伦理共同体的自我理解和价值认同，这类商谈既不能交给议会也不能交给行政机构单独进行，而应当使所有伦理共同体成员都能够加入进去，并且不受任何压制。这就需要在公共领域中展开广泛讨论，形成一致意见之后再经议会吸取。道德商谈则更不同，由于它涉及的是每个人受到平等对待的内容，可能的受影响者的范围应该是超越了某一集体的普遍性个体。道德对于政策和法律的检验是一种超越了疆域和种族的普遍化检验，这就要求商谈过程必须经受未经组织的公共舆论的信息之流、问题压力和刺激潜力的影响。

代议制民主与平民论民主的差异在于对普遍利益之形成的分歧。以卢梭为代表的平民论民主认为人民具有同质性，能够基于一种同质的民意表达其普遍利益，是一种意志主义的民主观。相反，代议制民主则立足理性主义，认为经验的民意不能表达普遍的利益，只能通过议会的形式才能形成代表普遍利益的理性意志。哈贝马斯不同意这两种理解方式，提出应该在商谈的基础上将议会和公共领域结合起来，并同时强调两种不同的商谈机制：立法商谈和公开商谈——前者是以代议制民主为基础的议会立法商谈，后者则是公共领域中的非正式公开商谈。[①]

哈贝马斯强调，尽管二者是两种不同的商谈机制，但能够形成一种良性互动的关系，将议会和公共领域连接起来，构成一个开放的、动态的交往结构。"一方面是建制化的意见形成和意志形成过程，另一方面是通过文化而动员起来的公共领域中非正式意见形成的过程。"[②] 二者之间是一种循环往复的良性互动，公共商谈为议会商谈提供非正式一致意见的基础和雏形，议会商谈则将非正式意见建制化，使之能够进入

---

① 〔德〕哈贝马斯：《在事实与规范之间》，第 224 页。
② 〔德〕哈贝马斯：《在事实与规范之间》，第 225 页。

政治系统，并最终转化为政治权力。这样，商谈主体就突破了平民或议会的单一存在和实体存在，转变为一种持续不断的交往之流，商谈主体从而具有了一种动态开放的主体间性；人民主权也"因为交往而具有流动性"，既不落实到公共领域的公民身上，也不集中在议会，而是通过公共商谈而发挥作用；这种起源于自主的公共领域、形成于程序上的民主的、政治上负责的立法团体之中的商谈结构成为政治意志的来源和基础。因此，审议民主理论就是要为政治意志的形成提供由多种商谈原则综合而成的内在程序，以及两类商谈（公共商谈与立法商谈）之间良性互动的外部机制。

二 审议的包容性

"使民主变得更为民主"的民主化理想支撑着协商民主理论的产生与发展，使其能够作为一种"在本质上是不同的""新的民主"成为救治民主弊病的一大良方。"最近两个世纪，从争取普选权的英国宪章运动以来，所有公民一直都将民主化看成是实现更多正义的途径。全球化和相互依赖等新的社会条件会产生非正义并减少各种参与机会。因此，公民和公共领域必须能够促进其民主制度的变革，不仅仅是为了正义，而且为了仍然保持其制度的民主性。对于由新的、持续变化的社会环境引起的非正义而言，协商使民主变得更具回应性成为可能。"[1] 因此，在民主化理想的激励下，民主的真实性和回应性成为当代协商论者关注的一大重点问题。

1. 排斥与包容

政治平等是当代协商民主理论特别强调的一大核心价值。协商民

---

[1] 〔美〕詹姆斯·博曼、威廉·雷吉：《协商民主：论理性与政治》，第9页。

主必须通过区别于其他民主的包容性特征来建立其在民主真实性和回应性问题中的理论和实践基础。也就是说，在民主协商中，排斥机制的作用力越弱，协商民主的包容性就越大，民主的真实性和回应性也就越强。只有建立在包容性基础之上，政治决策才具有真正的合法性，因而包容性也是检验决策合法与否的一项重要标准。包容性既体现为审议内容、程序的包容性，也体现为审议资格和形式等方面的包容性。其中，审议主体是与公民身份联系最为密切的一个方面，公民的审议资格与能力成为人类民主化进程中的一个必要中介而发挥作用。

对于审议中的排斥机制，杨（Iris Marion Young）将其大体分为两类：一类是外在的排斥机制，是指那些应该被包括进来的人或团体被有意或无意地排斥在论坛和决策过程之外；另一类是内在的排斥机制，即当公民们能够参与到论坛或具体的决策过程中，但由于他们与议题相关的经验和其他人的经验相差太大，或由于他们的表达方式不符合惯常的风格，他们的主张并没有得到认真的对待和平等的尊重。第一类外在的排斥机制最典型地表现为经济、声望或权力等因素对政治议程的控制或操纵，贫弱的普通公民很少或根本没有途径能够参与到政治决策的实际过程中去。这类排斥机制早已引起了众多民主论者的注意，并已经对其进行了诸多消除性的尝试，如参与民主。然而，第二类内在的排斥机制由于其隐蔽性特征往往没有得到应有的重视，对当代民主政治的合法性基础构成了相当的威胁。

实际上，在哈贝马斯的审议民主理论中，两类排斥机制都得到了认识和重视。特别是对于第二类排斥机制，哈贝马斯也给予了相当的重视。审议民主理论正是希望以交往理性为基础，寻找参与者之间相互理解的最大可能性。其改造实践理性的独特之处，不仅在于将理性与实践的紧密联系分割开来，而且在于将理性与理解联系起来。理性的人就是能够通过语言交流而相互理解的人，交往理性关乎的不是自主的个体或公民如何行动，而是关乎公民之间如何交流，并最终达到相互理解。在现代国家与公民之间的联系日益松散，社会和国家的凝聚力日渐减弱，公民间的协作团结日益减少等情况下，这一思路无疑为形成公民–社会–国家之间的良好沟通与互动，提升民主包容性、推进民主化进程提供了一个新的动力和方向。

2. 流动的审议主体

哈贝马斯看到，在西方的古典民主理论中，存在对于"民意"的两种主要理解方式。一种是以卢梭为代表的平民论的民意观，立足意志主义的假定，认为人民具有同质性，从而存在一种假定的同质的民意，表达的是特定时期的普遍利益，在民主自决的条件下与经验的民意大致重合。另一种是理性主义假设基础上代议论的民意观，认为经验的民意不能表达普遍的利益，假定的共同善必须通过议会的理性加工（即商议的方式）才能成为表达普遍利益的理性意志。因而，二者的根本分歧实际上正是在于对基于普遍利益的民主意志之形成的理解差异。对此，卡尔·施米特曾经试图将二者结合起来，指出同质的、经验的、民意的平民力量是议会的商谈式意见和意志得以形成的根子，但同时也强调只有议会才能进行真正的讨论，而"人民本身是不能进行讨论的……他们只能欢呼，选举，以及对放在他们面前的问题回答是或否"。①

哈贝马斯既对两种民意观持否定态度，也不赞成施米特在其资产阶级议会主义的理想中对二者的虚假结合。他吸收了恩斯特·弗兰克

---

① 〔德〕哈贝马斯：《在事实与规范之间》，第 224 页。

尔主张政治意志的形成过程不仅仅局限于议会，还应包括政治公共领域、政治党团以及政府机构等观点的合理成分，提出应该通过交往模式或以商谈论为基础，将平民论与代议论的民意观真正结合起来。这种"真正的结合"是通过公共领域和议会之间形成一个交往结构，形成通过文化而动员起来的公共领域中非正式意见的形成过程与建制化的意见和意志形成过程之间的循环往复。

尽管公共领域中的非正式意见是一种经验的民意，缺乏一定的合理性，但其体现的是一种对公共意见的普遍认同，这种普遍认同为政治意见的形成提供了合法性基础。这类非正式意见不仅能够为建制化的议会商谈提供信息来源和合法性基础，还能够对其形成问题压力和刺激潜力。"自我理解性商谈和争议性商谈的逻辑产生出说服力很强的规范性理由，来要求虽然建制化但在公众监管之下仍具有多孔性的政治意见形成和意志形成过程向非正式的一般政治交往过程开放。"[1]同时，公共领域的公开交谈所形成的经验的民意也不是作为一种给定的东西而存在的，它也可能受到理性的民意的影响而发生"偏好的转变"。"必须把进入政治过程的各种偏好不看作是某种仅仅给予的东西，而是看作一些接受论据之交换、可以用商谈方式加以改变的输入。"[2]经过这样一种循环往复的良性互动，公共领域中非正式意见的形成过程与建制化的意见和意志形成过程才真正结合在了一起，共同构成了审议的民主机制。

在三种商谈机制的探讨中，审议主体是一个重要的核心性问题。在实用性商谈、伦理-政治商谈和道德商谈中，审议主体往往有不同的侧重。首先，在实用性商谈中，其目的是以经验知识为决定性论据，

---

[1] 〔德〕哈贝马斯：《在事实与规范之间》，第223页。
[2] 〔德〕哈贝马斯：《在事实与规范之间》，第220页。

为事先给定的目标和偏好的实现寻找合适的手段，并根据效率原则对各种可供选择之决策作出判断。因此这类审议主体或行动者一般是以专家为主，因为他们总是比普通人掌握更多的知识经验，更能从实用的角度回答"我们应该做什么"。其次，在伦理-政治商谈中，根据具体的"承袭的文化生活形式"对"什么样的生活方式对我们来说是最好的"这类问题进行回答，其目的是提供一种对"好的生活方式"的伦理式自我理解。其中，除了谈判和法律商谈等具体形式的审议主体是以利益相关者和专家为主以外，一般性的地伦理-政治商谈都是向特定伦理共同体中的所有成员开放的。最后，道德商谈则是围绕着"如何根据所有人的平等的利益而调节我们共同的生活"这一核心问题而展开的，其目的在于从正义的角度对政治意见和意志提供规范性论证。由于道德问题所涉及的是对每一个社会个体的平等对待，因而其商谈过程也应该是向所有人开放的，通过其所形成的适用于所有人的公共意志与规范理所当然也适用于每一个具体成员。

　　在公开商谈和立法商谈两类民主机制中，哈贝马斯对审议主体的探讨也具有类似的思路。由于面对的主题、开展的场域、解决的问题、实现的目标等方面的不同，二者在审议主体上也存在明显差异。公开商谈所要形成的是获得共同体所有成员同意的决议，所以这类商谈不能交给行政机构来进行，而应该是伦理共同体的所有成员，即所有非专业人员组成的公众都能够在没有任何强制、阻碍或压制的情况下加入进来。主体越广泛的公开商谈，越有助于形成全体一致的公共意见和意志，为建制化的意见和意志提供合法性基础。立法商谈则主要是通过吸收来自公共领域的意见和意志，再经过理性加工（如过滤和提升）形成一致的立法意见，因此这类商谈是以专业知识为根本依据，以专家组成的公民代表为主体的。

这样，在审议民主理论中，民主机制形成于公共领域中非正式意见的形成过程与建制化的意见意志形成过程之间，形成于公共商谈与立法商谈之间的循环往复的良性互动之中，审议主体则体现为专家、普通公民、专业人员组成的公民代表之间的流动性轮换和组合。这种流动的主体既区别于文化同质的群体，也不同于政治意志同一性的主体，而只能定义为一种基于市民社会和公共领域的单个主体的交往网络，是一种互为主体的"无主体主体性"（subjectless subjectivity）。

在哈贝马斯的审议民主理论中，审议的包容性，特别是审议主体的流动性特质是其区别于诸多其他民主理论的关键所在。正如古特曼和汤普森所指出的那样，"当审议令人欣慰地和民主结合在一起时——哈贝马斯对此功不可没——使其结合的纽带并不是纯粹的程序主义。审议民主之民主的一面主要体现在审议资格的放宽，即，对一系列问题——谁应该包含在审议过程之中、谁有权利（和实际的机会）参与审议或选择审议者，审议者的审议为谁而作——均给出了更具包容性的答案"[①]。

总的来看，哈贝马斯的复合公民与审议民主理论不仅适应了公民理论发展的需要，也适应了现代民主社会发展的需要。他致力于通过公民权利保障公民个人自由和公共自由，通过改善公民之间的沟通来促进民主和法治建设，通过重建公共领域摆正金钱、权力和交往产生的社会团结力量之间的关系，而且更加突出了公民在当今社会的政治、经济、文化等各个领域的主体地位和重要作用。现代社会以身份平等为前提，公民社会逐步消弭社会阶层，公民权范围逐步扩张，普遍抽象的法律取代了培养公民德行的伦理规范，其结果却是近代以来

---

① 〔美〕埃米·古特曼、丹尼斯·汤普森：《审议民主意味着什么》，谈火生编《审议民主》，第8页。

公民权利扩张的同时，公民参与性和理想性的降低。由于福利国家的社会立法不可避免地具有保护公民自由和取消公民自由的内在矛盾，摆脱民主控制的福利和社会政策又将产生新的依附形式，现代思想家如何面对这些社会发展趋势，并建立符合现代情境的民主理论与公民理论，乃成为政治理论的一个关键课题。

第四章
当代西方协商民主的类型与经验启示

  对协商民主的追求本身就是，也应该是一个不断协商的过程，并不存在一个协商民主的普遍模式。不同领域、不同场所中的实践都可以建构一种协商民主模式。在西方协商民主的实践中，哈贝马斯把协商民主分为国家制度内和公民社会内两个领域，约翰·S. 德雷泽克则深入分析了国家制度中的协商、公共领域中的协商和特设论坛中的协商三种不同领域的协商民主方法与实践。与哈贝马斯更加强调公民社会内的协商一致，德雷泽克对在国家制度中发展协商民主一直持失望和悲观的态度，他担心依附于国家的协商民主制度会被当权者蓄意削弱甚至颠覆，成为潜在的麻烦制造者在选举时的工具，或只是一个虚饰，而决策仍按传统的政治方式独自作出。[①] 德雷泽克认为，充满活力的公民社会和公共领域是协商政治的必要构成因素，因此，他寄希望在公民社会中发展出协商民主。德雷泽克对特设论坛中的协商和公

---

  ① J. Dryzek, "Ecology and Discursive Democracy: Beyond Liberal Capitalism and the Administrative State," *Capitalism, Nature, Socialism* 3 (1992): 34.

共领域中的协商投入了更多的关注和期望。他认为,目前在全球政治中已发展出一种新型的协商政治,跨国家的公民社会和全球协商政治有助于发展出一种世界公民决定人类前途的新型政治。①

不管是对协商民主的制度性建构,还是对协商民主的非制度性思考,当代西方的协商民主理论都在努力尝试构建一种基于自由代议制民主,又有别于代议制民主的民主形式(从最严格意义上来说)。他们提出的协商民主的具体方法和操作程序,客观上为协商民主从理想落到现实,培育了丰厚土壤。反过来,他们的尝试与实践又进一步丰富了协商民主的理论内涵,让协商民主理论的影响变得更为深远。

第一节 特设论坛中的协商

一 协商民意测验②

协商民意测验(deliberative polling)是一种基于信息对等和充分协商基础上的民意调查,旨在克服传统民意调查的诸多局限性,解决目前民意咨询不足的问题。美国斯坦福大学詹姆斯·菲什金教授是协商民意测验的创始人和积极倡导者,他在全世界不同国家和地区的多个领域成功运用和发展了这一民主方法,并取得了不错的效果。协商民意测验的优势在与传统民意测验对比后,显得格外具有吸引力。传统民意测验大多采用自我选择和非随机抽样,即使在选择随机抽样的民意测验中,收集的"民意"也是未经加工的声音,

---

① John S. Dryzek, *Deliberative Global Politics*, Polity Press, 2006.
② 关于协商民意测验的详细论述,请参见专业网站:http://cdd.stanford.edu。

极容易被安东尼·唐斯所说的"公共理性"消解。而协商民意测验的基础在于政治平等，政治平等发端于随机抽样，随机抽样可以从理论上保障每个公民都有被选择参加测验的平等机会。协商民意测验的另一个要素——协商，其目标在于使每一个参与者都能平等地学习、思考和讨论，最终得出理性的结论。与传统民意测验相比，协商民意测验将政治平等与协商相结合，复苏了雅典民主的随机抽样和协商传统，试图实现理想的民主，因而，被菲什金等人称为"民主理想的实验"[①]。

1. 协商民意测验的程序和特点

协商民意测验具有一套相对固定的程序，一般由以下几个部分组成：(1) 设计一整套科学的测验方案，包括前期的组织工作、整理相关材料、确定协商主题等。(2) 根据测验方案，首先抽取和访问随机样本。如前所述，抽取的样本必须是随机的，不能自我选择、便利抽样或是以配额方式产生，如此才能保证抽样的代表性和政治平等。(3) 随后，向同意参与协商民意测验的参与者寄送准备好的简报材料，材料中要着重列出精英阶层经审慎讨论后赞成和反对政策的主要观点及理由。出于对测验效果的考量，提供的材料必须是公开的、一致的，要由政策利益相关者组成的咨询委员会对议题进行诊断。(4) 参与者随后被送到一个专门的地点进行协商，一般协商要持续周六和周日两天。讨论期间，参与者交替在随机分配的小团体中进行讨论，并将讨论后形成的问题提交由专家和决策者组成的专门小组。每一个小团体要配备训练有素的主持人，确保所有支持和反对协商议题的重大建议和主张能够在会议简报中得到公布。(5) 召开全体会议，

---

① 〔美〕詹姆斯·S. 菲什金等《民主理想的实验：协商民意测验与舆论》，载陈家刚主编《协商民主与政治发展》，第 219~320 页。

对小组会议中提出的问题给予回应，对有争议的政策进行讨论，寻求并形成一个平衡性的替代政策。（6）参与者在参与测验之前要填写一份民意测验表，以征求参与者对一些问题的看法。在周末协商结束后，再次填写民意测验表，对比两次民意测验，得出协商对于参与者偏好的影响。①

协商民意测验具有如下几个特点：参与者由随机抽样产生；参与者具有科学代表性；参与者人数较多（通常为几百人），组织规模较大；在协商之前，向参与者送发说明材料让其充分了解协商议题的相关背景和信息；小组讨论和大会讨论相结合；参与者在协商前后两次填写民意测验表，两份民意测验表的制作和分析需要专家的参与以保证可靠、中立和科学；比较两次测验的差别，可反映协商对参与者偏好的影响。②

2. 协商民意测验的实践与意义

菲什金等人已经在包括中国、英国、日本、意大利和美国在内的许多国家运用协商民意测验的方法进行了协商实践。在中国协商民意测验的实践中，较为成功的当属浙江温岭市泽国镇协商民主恳谈会。在2005年4月，协商民意测验引入温岭市泽国镇时，首先被用来确定下一年基础设施的公共预算。原因在于，一方面，地方政府需要协商民主恳谈会以减少利益冲突，增加政府工作透明度，另一方面，也为民众和利益集团提供了一种利益表达途径。协商民意测验在温岭的实践具体程序是，首先，用随机抽样的方式从全镇12万人口中抽选275名代表。会前已向民意代表送发了说明材料，代

---

① 〔美〕詹姆斯·S.菲什金等：《民主理想的实验：协商民意测验与舆论》，第219~320页。
② 〔澳〕何包钢：《协商民主：理论、方法和实践》，中国社会科学出版社，2008，第85~86页。

表们就项目的重要程度填写了一份调查问卷。会议当天，有259名民意代表参加了恳谈会。其次，在恳谈会结束时，民意代表又填写了与第一次调查问卷相同的问卷。会后，将两次调查问卷的数据输入计算机进行处理，得到了每个项目的得分情况，并对所有项目进行排序。比较两次问卷的结果，可以看出协商民主恳谈在很大程度上影响了民意代表的思想和选择。①

协商的传统在英国可谓源远流长。作为英国政治文明的创始者，盎格鲁-撒克逊人来自欧洲大陆，属于日耳曼人的分支，他们在处理公共事务时，一般都通过民众大会的协商予以解决。英国议会的制度建构也是协商民主传统的延续。协商民意测验在英国的实践主要在于讨论如何解决犯罪率日益提高的问题，以及面临欧洲整合的时刻，英国的未来该往何处去等问题。② 1999年11月6日，澳大利亚曾就是否从立宪君主国转变为共和国进行全民公投。菲什金在公投前一周参与主持了一项协商民意测验，中心议题是：这种共和制对澳大利亚意味着什么、它将怎样影响实践中的宪政结构。尽管公投被过半数的参与者投票否决，但是，在菲什金等人的协商民意测验中，由于被选择的样本有更多的渠道了解并获取信息，有更多的机会分析不同立场和主张，有更多的时间充分辩论和反思相关议题，经过协商以后，投赞成票的人变得更多。③ 2001年2月，澳大利亚进行了第二次协商民意测验，旨在商讨原住民与非原住民之间的社会鸿沟问题，探讨建立一种

---

① 蒋招华、〔澳〕何包钢：《协商民主恳谈：参与式重大公共事项的决策机制——温岭市泽国镇公众参与2005年城镇建设资金使用安排决策过程的个案报告》，《学习时报》第308期，2005。
② Robert C. Luskin, James S. Fishkin and Roger Jowell, "Considered Opinions: Deliberative Polling in Britain," *British Journal of Political Science*, Vol. 32, No. 3, 2002, pp. 455–487.
③ Robert C. Luskin, James S. Fishkin, Ian McAllister, John Higley and Pamela Ryan, "Deliberation and Referendum Voting," http://cdd.stanford.edu/polls/australia.

基于政策和社会习俗的共识与和解制度，同样取得了不错的效果。[①] 尽管澳大利亚的协商民意测验实践尚存在一些问题，但其提供了一个让社会各阶层都能够参与到方案选择的平台，并引发参与者对方案结果的反思，最终，从与相左观点者的辩论中作出审慎的决定。这一过程本身值得肯定，也必将对整个社会的公民训练和公民参与起到积极推动作用。

从协商民意测验实践出发，菲什金与阿克曼共同提出了"协商日"的制度设计，并对协商日的运行细节和实施原理进行了详细论证。将协商民意测验扩展到更广阔的范围，"协商日，成了一个新的国庆日。它将在中期选举的前一周举行。登过记的投票人将被召集到邻近的会场，15人一小组或500人一大组，讨论竞选中提出的中心议题。只要协商者在下周的投票中出现，每人都会得到150美元，作为这一天行使公民权的报酬。除了最基本的，所有的其他工作都将被法律所禁止"。[②] 必须承认，菲什金和阿克曼提出的"协商日"方案，意味着构建一种民主制度的实际方案，尤其在改革代议制民主弊端、鼓励更多民众政治参与、破除媒体、专家及利益集团操纵选举过程等方面，值得期待。但也应当承认，它是一种准乌托邦方案。姑且不论协商日的花费将是一笔巨大的数目，在多元社会中，让每一个人都能真正参与到协商民意测验，这一想法本身似乎也是遥不可及。

在菲什金看来，现存代议制民主试图在公民选举阶段实现公平，但与决策相关的信息并非平等分配，同时有许多人对政治表现冷漠，

---

① Gladys Jiménez, James Fishkin and Alice Siu, "Australia Deliberates 2001 Deliberative Poll: Mutual Understanding in an Ethnically Divided Space," http://cdd.stanford.edu/polls/australia.

② 〔美〕布鲁斯·阿克曼、詹姆斯·菲什金：《协商日》，选自〔美〕詹姆斯·菲什金、〔英〕彼得·拉斯莱特主编《协商民主论争》，张晓敏译，中央编译出版社，2009，第7页。

放弃投票，使得公平原则受到损伤。而在意欲实现协商精神的议会阶段，议员往往只顾个人私利或某些权势集团的利益，有意无意地忽视公共利益，损害了协商品质。协商民意测验是实现政治平等和协商两项基本价值的最佳方式，它完全可以克服代议制关于公平原则和协商精神无法有机统一的矛盾。菲什金认为，采取科学的随进抽样方式选取公民代表，赋予他们所需的丰富的信息，让公民代表能够有一个面对面讨论、辩论，成为一个理想公民的机会，对于公民个人偏好的协商及协商后的改变，意义重大。依此而论，协商民意测验无疑是一种高度综合民意的方法。它一方面可以克服传统民意测验的缺陷。采用科学抽样产生代表，增强了其合法性，同时给予参与者大量客观、公正、中立的说明材料，参与者协商讨论的时间也较为充裕，且一般会经过反复讨论，使得协商的结果较难以被操纵。另一方面也可避免部门利益带来的片面性。协商民意测验引入大众参与和精英指导的机制，使工具理性和沟通理性结合起来，填表和大会讨论充分表达每个个体的意见和利益诉求，专家指导下的小组讨论则使得沟通理性得到发扬，每个人在协商的过程中相互吸收对方的观点，从而不断修正自己原有的看法。

3. 对协商民意测验的异议与反驳

学术界对于协商民意测验的异议一直存在。有三种比较突出的反对意见——失败论、质疑论、危险论。失败论认为，协商是不可能的，公众太过困惑、矛盾和无知，以致无力就政策问题进行商议。[1] 任何征询"公众声音"的努力都将是欺骗的、虚妄的，因此最好不要去尝

---

[1] J. A. Schumpeter, *Capitalism, Socialism and Democracy* (New York: Harper and Row, 1942); R. Posner, *Law, Pragmatism and Democracy* (Cambridge, MA: Harvard University Press, 2004); R. Posner, "Smooth Sailing," *Legal Affairs*, Jan./Feb., 2004, pp. 40-42.

试。质疑论认为,协商是不必要的,公众能够运用试探法和简单的暗示接近其更为复杂多变的偏好①,因此,协商是在浪费时间。与失败论和质疑论不同,危险论认为协商可以进行,也可以改变公众偏好,但改变的结果会更坏,因此,协商是有害的。因为,在协商过程中,某些团体以及他们的偏好会比其他人更占优势,容易形成多数人压倒少数人的局面,形成的意见也因此而更为极端。② 针对上述异议,菲什金等人以经验主义的方式进行了逐一反驳。③

失败论的主要立论依据在于,一般而言,限于社会地位、受教育程度、收入水平等社会因素的影响,民众的协商能力会呈现出参差不齐的现象,而民众中的绝大多数是不具有协商能力的,人们不了解或者不愿过多思考政治,政治见解也是贫乏的、缺乏深度的。针对公众是否有能力协商的异议,菲什金指出,民意和投票的变化与社会地位没有直接的关系,在很大程度上也不受包括受教育程度在内的社会人口统计因素的影响。只要满足协商民意测验的基本条件,所有社会阶层都可以适用于这一方法。在具体的协商民意测验实践中,尽管并非每一个参与者都愿意学习从而适当地转变他们的看法,但大多数人做到了学习或适当改变。因此,协商民意测验的包容性毋庸置疑。

针对协商是否必要,菲什金认为,质疑论的立场意味着,使人们去学习和思考问题并不会过多改变他们的看法,他们仍然会坚持自己的观点和偏好。但是,菲什金等人通过对协商民意测验相关模式的分析得出结论,每一个参与者拥有的关于讨论主题的实际信息是不同

---

① S. Popkin, *The Reasoning Voter* (Chicago: University of Chicago Press, 1992); A. Lupia, and M. McCubbins, *The Democracy Dilemma* (Cambridge: Cambridge University Press, 1998).
② L. Sanders, "Against Deliberation," *Political Theory* 25 (1997): 347-376.
③ 〔美〕詹姆斯·S. 菲什金等:《民主理想的实验:协商民意测验与舆论》,第322~328页。

的，协商民意测验会有针对性地测定参与者的信息拥有量，并不定期地增加一些问题，以传播更多的一般性的政治知识。随着参与者信息量的增加，民意和投票会发生显著的变化。实践表明，偏好变化是由信息驱动的，而那些知道更多信息的参与者显示出的变化更为明显。因此，协商后的态度和投票意向是不同的，随着信息量的持续增加，参与者了解的信息更多，在进一步思考和理解问题后，会认识到他们最初坚持的立场并非他们真正想要坚持的立场。

桑斯坦"团体极化法则"认为，一个平均立场处于一个态度数值范围一侧的讨论团体，经过讨论，将倾向于进一步地在同一侧采取行动。根据桑斯坦的观点，团体对话将导致偏好的两极分化，并且，团体中相对弱势的观点将淹没于占据优势的大多数。针对对话团体使偏好两极分化及忽略对话中少数人偏好的质疑，菲什金指出，偏好并不必然通过对话团体而出现"两极化"，偏好也并不必然使团体内部出现均质化。因为在协商民意测验中有许多因素，如调解者的作用、平衡的通报会、平衡的公开讨论小组、将公众进行随机抽样并安排到各个小组，这些因素可以在讨论者的各种观点之间形成一种平衡。但他也承认，桑斯坦的担忧不无道理，在协商民意测验实践中，大约半数的小团体出现了两极化。偏好的两极化和均质化需要测验的调解者加强平衡，这对调解者是一个很大的考验。

二 公民陪审团[①]

公民陪审团（citizens' juries）源于美国历史上的陪审制，现已发展成为一种现代公民参政形式。公民陪审团这一术语最早由美国杰弗

---

① 关于公民陪审团的详细论述，请参见专业网站：http://www.jefferson-center.org。

逊中心的内德·克罗斯比首创,并在德国、英国等地产生深远影响。按照克罗斯比的设计,公民陪审团是把随机挑选的 12~24 人集中起来,进行为期 3~5 天的听证活动,他们之间相互讨论协商,评定不同政策选择、处理对策与科技计划的优缺点,并向决策者和公众报告他们讨论的结果。公民陪审团经常用来与法定陪审团进行类比,尽管二者存在明显的差别,但在某些方面仍有相似之处,"与法定陪审团一样,公民陪审团认为一小群普通民众,即使没有经过特殊训练,也是愿意并能够从公众利益出发作出重要决定的"[1]。

1. 公民陪审团的程序与特点

公民陪审团由一个特定的官方委员会创设而成,该委员会享有解释公民陪审团建议并按建议行动的权力。陪审团成员由委员会通过配额或随机抽样的方式产生。公民陪审团的基本理念是,每个人都有相同的选择机会,通过提供这种可能性,我们能够获得符合公共利益的结果。公民陪审团的目标在于将专家的指示和观点置于更宽广的社会之中,力图促进专家、公民以及政治精英的对话与合作。[2]

公民陪审团的程序主要有以下几个部分:首先,通过配额或随机抽样的方式选出参与者;其次,由专家提供书面的与议题相关的信息,供参与者参考,参与者可以就相关信息请教专家,以便能够充分消化信息;再次,参与者对议题提出几种可能的做法,并根据协商的结果,得出公认的最为合意的处理方式;最后,形成正式的报告予以公布。

公民陪审团的主要特点在于:参与者由随机抽样产生;参与者具有一定的代表性;参与人数较少,一般为 12~25 人;协商时间一般在

---

[1] A. Coote and D. Mattinson, *Twelve Good Neighbours* (London: Fabian Society, 1997), p. 4.
[2] See Anna Coote and Jo Lenaghan, *Citizens' Juries: Theory into Practice* (London: Institute for Public Policy Research, 1997).

2~4天；协商过程中需要经过培训的主持人或协调者参与其中；参与者在被召集之前能够得到书面的与议题相关的信息；参与者可以请教专家或者证人（通常由组织者指定），专家和证人可以在商议程序中提供特别的知识或经验；商议所得的结果最终以正式报告形式公开；并且要公开说明为何要采取这样的建议或者以充分的理由解释说明持异议的原因。

2. 公民陪审团的实践

公民陪审团最早在美国产生，并引起媒体的广泛注意，但目前还没有对政治决策过程产生直接影响。在英国，包括公共政策研究机构、国王基金政策机构及地方政府管理董事会在内的很多公共机构和政府部门都已公开倡导和支持公民陪审团的实践，并各自独立支持一系列试点计划。在1998年7月，在北爱尔兰由"东部医疗和社会服务委员会"举行了关于保健服务的计划和供给的公民陪审团会议。此次公民陪审团的主要目标是政府1997年所发表的对国家卫生事务局的现代化进程白皮书的回应，这个白皮书的标题是《新的国家卫生事务局：现代和自立》。本次陪审团的一个关键特征在于，不是讨论整个文件，组织者仅仅选取其中基础医疗组织的一部分。当政府发表的白皮书有很大争议时，决定的执行和议程的设置是通过委托团体，而不是由政府组织或者主要回应当地民众的要求。[①] 2007年，英国首相戈登·布朗参加了布里斯托市举行的一次公民陪审团会议，公开表明要在民主改革上有新思维。

在澳大利亚，"维省圣劳伦斯兄弟会"于2002年开始协商决策注重程序和社会治理。这些调查直接导致2004年10月初的公民陪审团

---

① John Parkinson, *Deliberating in the Real World* (Oxford University Press, 2006), pp. 10–12.

的产生。公民陪审团由 20 个住在墨尔本远郊的公房租客组成来讨论租客参与的问题,它为公房租客提供了一个表达他们心声的宝贵机会,提供了一个包括边缘团体政治参与的革新方法。最后,经公民陪审团讨论出的报告提交维省内务部的房管经理审阅。在 2007 年,冲浪区委员会也组织了一次公民陪审团来讨论当地道路修建及其费用承担问题。在这之前,他们组织了调查问卷,但回收率低,缺乏统计意义上的可靠性。他们又组织了听证会,但只是反对修路的人来参加,也不具代表性。此外,他们又组织了专家和利益相关的委员会。最后,他们引进了公民陪审团,因为这更具有合法性。[①]

在德国,公民陪审团以"计划小组"(planing cells)的形式而为人瞩目,政府机构和部门委托研究机构运作这些"计划小组",提供财政支持,并同意在将来的决策程序中考虑计划小组形成的建议和判断。德国伍珀塔尔大学的教授彼得·迪耐组建了公民参与研究所。与克罗斯比通常采用 12~24 人组成陪审团不同,迪耐经常同时或依次操作许多计划小组,每组成员为 25 人,最大的项目包括 500 人。除英国、澳大利亚、德国以外,加拿大温哥华也曾使用公民议会讨论修改地方选举法。这些实践使得公民陪审团成为协商民主实践中最成功的经验之一。

3. 公民陪审团的意义

在当前语境中,公民社会和政治制度内在的不平等性已经严重削弱并挑战社会选择机制表现出的中立性。这些社会选择机制如投票、民意调查及市场机制,认为民主的作用就是把众多早已确立的个人偏好聚合成一个集体的选择。在协商民主看来,这种偏好聚合的过程不

[①] 〔澳〕何包钢:《协商民主:理论、方法和实践》,第 92 页。

仅认为个人偏好固定不变，忽视了公民权，而且很容易受到权谋操控，要么表现出偏激，要么对政治极其冷漠，背离民主的本意。协商民主理论在超越自由民主理论和实践的明显缺陷，并对当代自由代议制批判的基础上，提出公民的积极介入和批判性对话奠定了政治权威的合法性基础。正如本哈比所言，"根据民主的协商模式，对一个政体中的集体决策程序来说，合法性和理性都是必要条件。这一政体中的制度安排要能保证在公共利益中考虑的事情都源于自由平等的个人之间理性和公正的集体协商过程"[1]。协商民主理论家认为，首先，公民在政治参与过程中，个人偏好和价值会发生改变，前提是双方开展理性且相互理解的政治对话，他们把这种对话称为"协商理性"。公共决策经由具有协商理性的公民参与作出，因而更具政治合法性。其次，因为协商民主对比自由民主更关注形成政治决策的过程，因此，协商民主原则上要求所有公民有权参与政治对话进程，并有权提出自己的主张，质疑其他主张，挑战某种价值观和利益集团，因而，更具包容性和民主对话的性质。再次，民主理论一直强调公民参与和协商的教育功能，协商民主早已认识到公民在与他人的互动中可能转变自身的价值和偏好。如华伦所说，"当人们固守其偏好，且彼此孤立地作出判断，民主会运行得很糟，今天的自由民主制往往这样。当人们缺乏机会、动力和必需品去验证、阐述辩护并最终按照自己的判断行事时，他们也将缺乏对他人的同情，缺少信息，并且不太可能具有阐述、辩护并修正他们观点所需的重要技巧"[2]。而协商民主理论比自由民主理论更为关注公民权，更加强调公民基于协商理性的互动。因此，我们

---

[1] S. Benhabib, "Toward a Deliberative Model of Democratic Legitimacy," in S. Benhabib, ed., *Democracy and Difference* (Princeton NJ: Princeton University Press, 1996), p. 69.
[2] M. Warren, "What can We Expect from More Democracy?" *Political Theory* 24 (1996): 242.

可以得出这样的判断,协商民主理论比自由民主理论更具合法性的政治权威形式、更为明智的决策和对公民权更为积极的维护。

正是基于这样的理论判断,协商民主理论家们创设出公民陪审团这一方法,力图实践协商民主安排赋予每个公民享有参与决策的权利的民主理想。可以说,公民陪审团最重要的意义恰恰在于提供了这样一种美好图景,既可以充分发挥公民的积极性,使公共决策更为明智,又能够克服有"特权"的决策者与"被管理者"即大众之间日益扩大的裂痕,从而最大限度地使协商民主的理想在现实中得以落实和发展。

公民陪审团体现了协商民主的包容性特征。协商民主的理想状态在于,每一个公民都享有参与决策的权利,并能够积极有效地行使这一权利。但在现实中,很难有一种制度设计可以直接实现协商民主理想。公民陪审团通过随机抽样方式,组建了一个具有广泛经验和不同背景成员参与的公民群体,尽管不能完全实现,但能够在现实中接近这一理想。公民陪审团的包容性特征赋予了政治决策更大的合法性基础。包容性包括成员选择和观点表达两个方面。原则上,所有公民都有权参与政治对话进程,并有同等的权利表达自身的观点,任何声音都不能被排斥,因为所有人都有表达和被倾听的同等权利。但现实与理想之间往往存在一些差距。公民陪审团尽管已经最大可能地考虑并克服了代表制的弊端,仍有不少专家对此表示忧虑,他们认为从有代表性的样本中选择的个人被认为是特殊利益的代表,这种对代表的强调可能会削弱包容性陪审团的民主理想。因此,分层抽样选出参与者的方法曾在英、美等国引起争议。除分层抽样以外,德国的迪耐教授在其"计划小组"中使用了简单随机抽样法,即任何一个公民都具有同等机会成为陪审团成员。这种方法使得更多公民参与进来,因此,可以保证不同的观点和声音得到表达。但由于公民陪审团人数的限制，陪审团成员可以利用的背景和经历的多样性可能会下降。

公民陪审团对平等理性的协商倍加推崇。在组成公民陪审团之前，相关的讨论议题其实就已经被确定了。议题的确定容易导致发起人在选择陪审团成员时缺乏公正性，权威可以更好地控制协商进程，进而影响陪审决策。这一担忧不无道理。因此，公民陪审团对整个程序的公正性格外关注，甚至呈现出很多程序性特征。比如以随机抽样方式选择参与者、专家要提供详细的信息并给予参与者解答等。公民陪审团在讨论协商时要遵循一些既定的行为准则，互相尊重并聆听他人的意见。讨论的公开性也受到一定限制，因为陪审团成员不是被视作特定利益或团体的代表，而是要根据新的证据和理性观点改变立场。公民陪审团的小规模特征也使得公民间面对面的平等理性协商成为可能。如埃尔斯特所说，"在大型集会中，不可能寻求前后一致和系统的观点。辩论被一小部分能言善辩和有魅力的演讲者主导……他们依靠的是口才而不是观点"。小规模协商"减少了政客蛊惑人心的机会，并允许所有的演讲者都能发言"[1]。在公民陪审团中，参与者面对面的交流更能容纳不同的意见，推动成员间达成共识，实现协商民主的理想。

公民陪审团给予了公民权更多的关注。"与在当代民主中占主导地位的对公民权的消极看法不同，公民陪审团重申了更积极的公民权形式的重要性。"[2] 在英国、澳大利亚、德国的实践表明，公民陪审团经过深入讨论后，前后的态度变化非常明显，这充分印证了协商民主具有转化公民政治偏好的理论主张。同时，也有证据表明，公民陪审

---

[1] Elster, "Deliveration and Constitution Making," in J. Elster, ed., *Deliberative Democracy* (Cambridge: Cambridge University Press, 1988), p. 109.

[2] 〔南非〕登特里维斯主编《作为公共协商的民主：新的视角》，第116页。

团参与者在活动结束后,能够更为积极地行使公民权,且他们在一定程度上对能够参与并影响决策的能力更有自信心。因此,公民陪审团对公民权的声张意义重大。

此外,公民陪审团适用范围较为广泛,从公共健康、资讯科技、城镇规划到生物科技等,都可以作为议题讨论。公民陪审团允许多层次的知识、技术和经验进入协商程序,无疑提高了协商讨论的质量。与协商民意测验相比,公民陪审团要求的参与人数较少,参与者讨论的深度和广度更高,可以就某个议题进行全面深入的讨论。而且,参与者在完成协商以后,所得的结果最终能以正式报告的形式呈现出来,对于协商的效果预期可控,协商的程度比较高。但与协商民意测验一样,公民陪审团的参与者也需要付给一定的经济补偿,这是一笔不小的费用。不过,限于其规模小,所需费用尚可接受,也由于其参与者可以有充分的时间讨论,可操作性强,协商辩论的层次较高,因而,不失为一种值得借鉴和推广的民主形式。

三 公民共识会议[①]

公民共识会议(consensus conference)滥觞于20世纪80年代的丹麦,是一种新兴的民主决策模式。公民共识会议尝试建构一个公共讨论的场所,它邀请不具有专业知识的公众,平等自主地讨论具有社会关切、需要政府政策回应且具有争议性的公共议题。在开展讨论之前,向参与讨论的公民发放相关材料,并且邀请专家学者对材料进行背景补充,帮助参与者加强对议题的认识。与公民陪审团相类似,在掌握一定的知识背景的基础上,参与者通过对争议性公共议题的讨论达成

---

① 关于公民共识会议的详细论述,请参见专业网站:http://www.tekno.dk。

一定的共识，并将观点整理成正式报告向社会公布，从而为政府决策提供参考。

公民共识会议是以公民与专家对话的形式进行的，会期一般在三天左右，会议向所有公众开放。其基本程序包括五个方面：一是选择议题。首先要挑选具有重大社会关切，需要政府政策回应，且具有争议性、计划提上议程的议题，作为公民共识会议的主题。其次议题由主办机构挑选。二是组成执行委员会。委员会主要负责监督公民会议的进行、挑选会议参与者、提供会议资料、控制会议议程等。委员会的组成人员应该包括来自学术界的专家、相关产业代表、代表公共利益的社会团体，以及主办机构的人员。三是挑选参与者。参与者的招募一般通过网络媒体或报纸杂志进行，招募过程必须公开透明。参与者挑选的标准应当反映人口差异，包括性别、年龄、教育、职业居住地等条件，力争参与者更为多元化，强调客观平衡，排除具有特定利益背景的对象，确保讨论过程的独立性。四是召开预备会议。预备会议会期两天。每位参与者必须全程参与并了解会议及与议题相关的基本知识，阅读相关议题的资料，学习一些相关的课程，如如何开会讨论、如何表达反对意见、如何撰写报告等。公民小组在阅读资料和接受课程后，自己制定公民会议的讨论提纲，并展开讨论。五是召开正式会议。正式会议会期三天。会议第一天，由专家对公众提出的问题进行有针对性的说明。第二天，公民小组会要求个别专家阐述和澄清他们的介绍，并进行有针对性的提问。随后，草拟最终结论性报告。第三天，公民小组向专家、听众和媒体公布他们经过讨论后的报告，在正式公布报告之前，专家有机会对报告内容澄清误解和修正事实错误的部分，但不能影响报告最终表达的观点。

公民共识会议的实践开始于1987年。当时，隶属于国会，主要负责评估科技决策对公民影响、鼓励公民对科技议题参与讨论的丹麦科技委员会召开了第一次以工业和农业中的基因技术为主题的共识会议。1990年以后，丹麦科技委员会在推动公共启蒙和公共讨论的组织下，已就各类议题举行了数十次共识会议。到目前为止，公民共识会议已经在欧洲各国、美国、日本、韩国、加拿大、澳大利亚和中国台湾等国家和地区实践了几十次，各国都力图采用这种让公民就有争议的立法和政策参与协商讨论的形式，实践证明，公民共识会议在推进所在国家和地区的民主进程中，尤其在沟通专家、公民与政府意见方面，扮演了重要的角色，发挥了积极的作用。

公民共识会议最重要的价值在于给予普通公民参与公共决策的机会，使得民众的意见成为公共决策形成过程中一个重要的考量因素。同时，这一协商方法允许多层次的知识、技术和经验进入协商程序，公民可以从不同的角度，利用专家提供的资料和背景知识展开深入辩论，对协商质量的提高具有很大帮助。公民共识会议的参与者经过协商后提交的正式建议报告，可以在一定程度上反映协商的效果是否达到了预期目的，并对最终决策进行客观公正的评估。公民共识会议希望通过协商的方式，参与者能够综合考虑各种意见后吸纳对方的观点，寻求一种彼此均能接受的共识。即使在寻求共识的过程中，由于各方坚持己见，很难达成一个统一的共识，但不同意见经过充分讨论所呈现出的异彩纷呈的局面，仍能使社会公众和决策者更清楚地了解其中存在的问题和分歧，让决策变得更为理性，更为谨慎。

四 专题小组[①]

专题小组（focus group），有时又称"焦点组"。作为一种有效的

---

① 关于专题小组的详细论述，请参见专业网站：http://www.publicagenda.org。

协商方式，专题小组主要由与所设定议题有关联的或了解该议题的人员组成，这一群体可能包含相关利益集团、支持者团体或者监督者。专题小组成员在议题上各自有不同的利益取向，各自坚持己方的观点，并为自己的观点争取更多支持者。同时，作为一种制订计划的协商方法，专题小组也可以同其他协商方法相结合，发挥更大的作用。比如，专题小组讨论能够作为计划制定的前置程序，以便于确定议程，然后可采用公民陪审团或者协商民意测验的方式对确定的议题展开协商。

专题小组的方法具有如下几个特点：一是这种协商方法的影响力或结果并不覆盖全社区，它只涉及社区中的某一特殊利益的分配，并且参与者通常不是通过随机抽样而产生的，而是由当地的公共机构或非政府的中立机构确定。二是专题小组参与人数相对较少，最多不超过25人。三是根据议题的需要，专题讨论可以进行一次、多次，甚至有规律性定期举行。四是利益群体可以通过各自在专题小组中的代表向专题小组提供各自特殊的信息，而这对于大规模的协商方法来说不容易做到。五是从各利益群体反馈得来的各种形式的信息或者书面材料可以再次反馈给委员会。

专题小组的应用范围比较广泛。澳大利亚新南威尔士州政府曾用此方法讨论城市发生紧急情况时应急措施的问题。在美国，专题小组作出了大量而公正的研究，范围涉及教育、外交政策、移民宗教甚至美国人生活的利益，这些都是美国领导人和公众真正思考的问题。专题小组一方面帮助美国领导人理解公众的看法，另一方面也帮助公众更深入、详细地思考公共议题。如2007年专题小组讨论的主题是高等教育问题。一项对美国大学教育的质量、负担和录取的调研显示，大多数美国人认为高等教育对于工作是必需的，然而高额的花费使很多人上不起大学。过半数的人认为教育费用相比其他费用增长更快,三分之二的人认为入校生没时间受到好的教育。少数父母更关注孩子能否进入大学。20世纪90年代以来,专题小组与公共政策和高等教育国家中心一直追踪公众对高等教育的态度,他们的调查报告发现,美国人对高等教育一般持积极态度,但也有证据表明,这种满意度正开始下降。①

与协商民意测验、公民陪审团和公民共识会议相比,专题小组的优势显而易见。由于代表各自利益群体的参与者在专题讨论前即已充分掌握了议题的相关信息,这就使其能够在短时间内进入深入讨论的状态。除此以外,由于各利益群体所掌握的独特的知识或信息,往往能够得出一些令人耳目一新的观点和更好的解决方案。但是,由于利益群体内部总有一些积极参与的成员,他们并不能必然地代表整个利益群体。而且,利益群体内部基于不同的利益倾向、固有的信息和知识等因素,使得他们仅就自身的观点言说,大多坚持己见,不容易退让或妥协,很难展开充分的协商,这就给协商在时间上造成了不必要的浪费,而长时间的协商不利于参与者对观点的选择,也不利于参与者形成共识。因此,专题小组一般只适用于局部的、专业的、带有团体利益要求的议题。当采用大规模的民意咨询方式不能得到满意的答案时,也可以采用专题小组的方式,以便获取各种利益群体的态度或观点。②

第二节 公共领域中的协商

与国家制度内的协商饱受争议不同的是,公共领域的协商境遇明

---

① 具体参见:http://www.publicagenda.org。
② 〔澳〕何包钢:《协商民主:理论、方法和实践》,第95页。

显要好得多。协商民主理论的诸多流派都宣称公共协商应该在民主社会中发挥主要作用。哈贝马斯甚至在《在事实与规范之间》中提出"双轨"协商民主的概念,既强调公共领域中的协商又强调立法机关中的协商,以期同时发挥二者的不同优势。他甚至为我们绘制了一幅协商的美好蓝图——公共意见产生于公共领域的非正式过程,通过竞选活动传递到立法者手中,然后立法者在立法机关中对此进行协商并作出对全体都有约束力的决定。尽管这一提法具有理想化的特点,但公共协商的价值与意义在民主政治的实践中却得到进一步彰显。

一 公共领域的构成及其实践

一般而言,公共领域因范围和影响力不同而有"微观"与"宏观"之分。前几节介绍的协商论坛,如协商民意测验、公民陪审团、公民共识会议、专题小组等协商模式,都以小规模公民团体的形式,创造出一个由相关各方和利益相关者组成的"微观公共领域"。宏观公共领域主要由政治协会以及以公共事务为导向的对话组成,这些对话的参与者包括政治积极分子、媒体、政治评论家、知识分子、社会运动、鼓吹团体以及普通民众。它把协商建立在更为开阔的对话基础之上,试图突破狭小空间的限制,讨论公众关心的话题,影响政治决策的过程。微观公共领域与宏观公共领域之间的界限并不是那么明显,相反,二者有时又具有内在的关联性。微观公共领域可以经由制度上的建构变成更具规模的公共领域,进而推动整个社会的转变。

尽管公共领域中的对话并不总是甚至也不主要表现为协商的性质,有时甚至会因为某些原因(如政治精英和新闻媒体合谋对大众舆论进行误导,或者某些公关专家出于谋取私利的目的故意蒙蔽公众)

呈现背离协商的表象，但是正如德雷泽克所言，公共领域的最大好处在于它以公共问题直白的批判性讨论为特点，比国家制度内的协商更为开放、更为自由。在讨论国家核心问题时，如国家安全问题等，国家制度内部通常受到诸多限制，不可能引入协商机制。而且，政府官僚和政府组织往往对政治议程中出现的新生事物（如协商机制）缺乏敏感度。但是在当今社会，越来越多的实践表明，社会发展的轨迹转变往往源自公共领域中的讨论和协商，而非国家制度内的变革。比如美国的公民权运动、环境保护主义、女权主义、反全球化运动等。其中，环境保护主义作为一场社会运动，最终形成了针对工业社会基础的批判。迫使美国政府于1970年左右作出政策反应，快速通过了由尼克松总统提出的一项立法，即剔除环境保护主义"反主流文化"的标签，使之融入政治主流。

在经济全球化已经成为一种不可逆转的趋势的情形下，反全球化的声音渐次响起，并成为一种有力的社会运动。经济全球化要求各国政府必须完全遵守一套特定的关于自由贸易、减少管制、调低税率以及资本自由流动等政策。各国立法机关已经基本上不再对该类政策持有争论，但在过去几年里，这些政策正日益受到反全球化运动越来越有力的挑战。最初，反全球化运动是为反对垄断组织而发起的一系列抗议行动，后来发展成对全球化的批判。因为世界银行前首席经济学家约瑟夫·斯蒂格里茨等人的参与，使得这一运动进入了一个更大的公共领域。最终，各国政府和世贸组织不得不关注这一问题，甚至因此而改变政策。[①]

[①] 〔美〕德雷泽克：《不同领域的协商民主》，选自陈剩勇、〔澳〕何包钢编《协商民主的发展》，中国社会科学出版社，2006，第23页。

二 公共领域协商的价值与意义

按照托马斯·克里斯蒂亚诺的观点①，公共领域中的协商对于民主政治具有双重价值。一方面，公共协商本身对于提高民主政治中的决策质量具有独特的工具价值；另一方面，公共协商过程中的平等具有基于正义要求的内在价值。

1. 公共协商的工具价值

公共协商的工具价值主要是针对协商的结果而言的。公共协商可以产生三种结果。一是通过增强公民对于其所在的社会以及支配其社会的道德原则的理解，可以改善立法质量，公民可以就自身的信仰和偏好展开善意讨论和理性对话。公共协商使社会更加公正，法律和社会制度层面的正义原则得到进一步增强。二是当公民必须参与到协商过程中时，公民自身的一些优良品质将得到发扬。协商民主理论家普遍认为，那些作为自由、平等公民而经常参与协商的人更有可能形成自主、理性和道德特征。三是公共协商可以增加国家行为和政府决策的合法性，但这种合法性并不是通过增加简单共识而得出的，而是在平等基础上充分尊重多样性观点，通过讨论、对话、争论，去伪存真，最终实现大多数同意。

进一步而论，公共协商有助于更好地理解公民的利益，以及社会的共同特征如何与这些利益相关联。密尔曾经有一段话，谈到协商对改变个人观念的作用。他指出："人类判断的全部力量与价值取决于这样一种特性，即当它错误的时候，它能够得到纠正。而只有当纠正它的方式随手可得时，这种判断才是可信赖的。在一个人的判断确实

---

① 〔美〕托马斯·克里斯蒂亚诺：《公共协商的意义》，选自博曼、雷吉主编《协商民主：论理性与政治》，第184页。

值得相信的情况下，它是如何形成的呢？因为他接受对其意见与行为的批评。因为倾听那些可能反对他的人的意见；尽可能公正地获取利益；向自己，必要时也向他人解释谬误为什么是谬误已经成为他的习惯。因为他已经感到，人类能够知道事情全部情况的唯一方式就是通过倾听和学习：倾听持有不同意见的人对此可能发表的看法，学习每个有头脑的人看待问题的所有方式。"① 基于这样一种观念，我们有理由认为，与一个公民没有机会表达和讨论其利益的社会相比，提倡公共协商的社会更关注公民的权益，因而能够作出更好的决策。正因为有大量的公民或团体可以有机会对事实进行讨论和协商，争论、批判和交换彼此的看法，而且是在充分获得那些对于实现社会目标而言的重要事实的信息基础上作出的，所以，经过审慎的公共协商作出的决策，才是真正符合公民利益和社会正义的。

公共协商对于改善公民美德的影响目前的研究还仅限于小范围，在整个社会中，尚缺乏足够的证据来支持公民协商对于公民美德的积极意义。但从一般常识来判断，在公共协商成为规范的社会里，如果公民具有公共协商所提倡的美德，至少对于公民所在的小团体是有益的。因为在一个公共协商被忽视或压制的社会中，个人不可能有理由与他人讨论自己的观点，他们也没有什么理由去理性地考虑别人的观点，从而也就无法培育出能够正常参与政治活动所必需的重要品质和美德。公共协商需要道德上的一些重要品质，如理性、自主、尊重，这些重要品质同样需要在一个能够鼓励公共协商的社会中得到发展。

公民的共识是国家行为和政治决策合法性的基础。但是，在一个多元社会中，达成共识并非易事。公共协商鼓励各种意见的充分表达，

---

① Mill, *On Liberty*, p. 108. 参见 Pilip Kitcher, "The Division of Cognitive Labor," *Journal of Philosophy* (January 1990): 5-22。

虽然经过讨论后，可能消除一些分歧，但也有可能产生更多分歧。而且，如果在一个相对平等的环境中进行协商，先前被忽视的代表边缘群体利益的一些观点也会突然增多，这样一来，我们将不得不面对更多的观点。更何况，当协商参与者来自不同社会、经济背景，具有不同生活经验，且他们的观点缺乏足够证据证伪时，他们所持的观点也不可能被忽视。在微观领域的公共协商，如"公民陪审团""公民共识会议"和"专题小组"等，组织者往往通过预先设置议题，且设立一个主持人，防止观点偏离讨论主题的方式，来摆脱这一窘境。但在大规模的公共领域中，尚没有更好的解决之道。但公共协商具有微观领域协商所不具备的优势，这就是讨论的持续性。特设论坛的协商，往往有时间的限制。公共协商却可以持续很长一段时间，因此，有足够的时间对各种不同的观点进行讨论。如果某个观点是错误的，在经过不同观点的批判和检验后，会被消除掉。这种不断试错，大浪淘沙的过程，能够最终达成事实上的共识，从而增加政策合法性基础。

2. 公共协商的内在价值

公共协商的内在价值体现在两个方面。从社会的角度来说，参与具有重大意义的事务的讨论是达成良善生活的基本的，甚至是必不可少的构成要素。从个人的角度来说，公共协商是作为社会成员的公民表达相互尊重的一种方式。而公民之间的相互尊重也是达成良善生活的构成要素之一，因此，公民协商内在价值的两个方面在本质上是相通的。

相互尊重是公共协商最基本的条件之一。托马斯·克里斯蒂亚诺生动地举例道："当我向你提出我的想法和观点，希望得到你的评价和回应，以及当我倾听你的想法和观点以学到某些东西时，我表达了对你的尊重。我把你当做能够提供某些东西的理性而智慧的人。如果我正在与你或其他人讨论某一个话题，你发表了与讨论密切相关的意见,而我不予理睬,那么,我就表达了对你的某种轻视。就你应该受到尊重而言,我行为的方式是不适合我与你的关系的。我对你是不公正的。"① 尽管原理类似,但大规模的公共协商要远比人与人之间的交往复杂得多。尤其在讨论政治议题时,有很多不可控的因素,使得这种相互尊重无法实现,或者说,这种对某人的轻视或不公正是有充分理由的、隐秘的。比如,当某一个政治议题仅涉及某一集团的利益,但没有涉及公共利益时,我可以以各种各样的,且听起来十分充足的理由不听取你的意见,但这种事实上的不尊重,你又无法指出,这是不公正的。在民主政治决策中,只有在切实影响到人们生活时,如果我没有就我们如何共同面对与你充分讨论,并且试图在没有与你协商的情况下实施我的想法,那么才是对你的轻视和不尊重。

当然,除此以外,还有很多因素使得相互尊重这一公共协商的价值大打折扣,在此不再赘述。了解到这一点,可以让我们更为清楚地认识到,即使是相互尊重这一个要素在公共协商中也并非那么容易实现。但民主政治中的公共协商的内在价值恰恰体现在此。因为在非民主政治中,即使是有协商存在,最终的结果依然是对公民的不尊重。

第三节 西方协商民主的经验启示

一 中西协商民主的差异性分析

协商民主(deliberative democracy)② 是当代西方民主政治理论的

---

① 〔美〕托马斯·克里斯蒂亚诺:《公共协商的意义》,选自博曼、雷吉主编《协商民主:论理性与政治》,第191页。
② 1980年约瑟夫·贝塞特第一次使用了deliberative democracy一词,此后中文学术界将其译为协商民主、审议民主、商谈民主、慎议民主等,而"协商民主"是其中使用最广泛的一种译法。

重要成果之一。社会主义协商民主并非对西方协商民主的复制、模仿或简单借用，而是中国人民在共产党领导下的政治实践中逐步探索与创造出的具有中国特色的原创性民主制度与当代西方协商民主理论相结合的产物。然而，二者在以下诸多方面都存在重大差异。

1. 中西协商民主的文化背景差异

西方协商民主理论兴起于对自由主义理论在当代发展过程中的弊病与困境的反思，用于应对政治冷漠和社会团结下降等问题。这一民主范式强调利害相关者平等自由的、具有公共性的说理，旨在更忠实地践行被忽略甚至被遗忘的民主承诺（如广泛平等的公民参与、自由的政治辩论、开放的立法协商、对共同福祉的追求），以此克服自由主义民主的"过度私人化"和共和主义民主的伦理超载难题。因此，西方协商民主的发展是以自由主义的普遍盛行及其弊端的日益凸显为历史文化背景的，是一种后自由主义的民主。

中国的社会主义协商民主是在新中国成立以来的民主政治实践中逐步形成和发展起来的。中国共产党在马克思主义的统一战线理论基础上确立的多党合作和政治协商制度，实现了"国家政治生活领域内主体政治力量与次主体政治力量之间的合作、协商与联合"[①]。党的十三大提出建设社会协商对话制度的构想，将协商范围扩展到整个社会生活领域，推动了协商民主向日常性和社会性民主政治生活的深入与发展。党的十八大正式确定了"社会主义协商民主"概念，指出"社会主义协商民主是我国人民民主的重要形式"。十八届三中全会再次肯定了协商民主作为中国社会主义民主政治的特有形式和独特优势，是党的群众路线在政治领域的重要体现。在这一发展历程中，社会主

---

① 林尚立：《协商政治：对中国民主政治发展的一种思考》，《学术月刊》2003年第4期。

义协商民主不存在西方国家自由主义-共和主义的理论历史背景，而是在传统政治思想中的"和"文化背景下，展开了当代中国的政治建设和制度设计。①

在中国的现代化进程中，社会主义协商民主的历史选择是同中国特色社会主义道路紧密相连的。中国共产党在革命、建设、改革各个历史时期，坚持从国情出发，探索并形成了符合中国实际的新民主主义革命道路、社会主义改造和社会主义建设道路、中国特色社会主义道路。社会主义协商民主制度是对毛泽东同志创建根据地民主政权、协商建立全国政权、和平实现社会主义改造伟大思想与实践的继承和发展，更是改革开放以来中国共产党坚持中国特色社会主义政治发展道路、推进政治体制改革的大胆探索和丰硕成果。因此，社会主义协商民主之路，是与中国特色社会主义道路的探索相伴而生、共同发展的，是中国特色社会主义道路的重要组成部分。

2. 中西协商民主的进程差异

民主化的中西落差决定了中西方协商民主的进程差异。从雅典时期、罗马共和国的直接民主政体到近代欧美诸国"主权在民"的代议民主制，再到20世纪末"第三波"民主浪潮，西方民主化进程经历了从直接民主到间接（代议选举制）民主，从宪政民主到协商民主的蜕变与交替。西方国家选举民主发展到成熟阶段之后，针对选举的滥用和乏力及其造成的自由主义民主集体选择难题，民主理论家们提倡从"以投票为中心"的选举民主走向"以对话为中心"的协商民主，为民主理论注入了新的内容。

中国的民主化起步较晚，属后发型民主国家。改革开放以来，共产

---

① 这些制度设计主要包括多党合作和政治协商制度、"一国两制"基本国策。

党领导下的民主政治实践逐步形成了两大基本民主形式：人民通过选举、投票行使权利的选举民主和人民内部各方在重大决策之前进行充分协商、尽可能就共同性问题取得一致意见的协商民主。社会主义协商民主既不是为了应对代议制民主的缺陷，也不是选举民主的替代品。相反，二者同时存在和统一于社会主义民主政治实践之中。人民代表大会制度是中国的根本政治制度，以之为主要载体的选举民主因而也是社会主义民主最根本的实现形式；包括了立法协商、行政协商、参政协商、民主协商、社会协商等具体形式在内的协商民主是中国人民民主的重要形式，也是中国社会主义民主政治的特有形式和独特优势。

3. 中西协商民主的本质差异

西方协商民主从本质上讲仍然是资本主义民主，是与资本主义经济制度密切相连的政治制度。从提出至今，这一民主理论一直受到对其贵族性质和精英主义倾向的怀疑，包括来自其内部的各种批判之声。[①] 因此，尽管协商民主的目的在于修正和弥补选举民主的不足，但是根据马克思主义基本原理，这一制度在本质上还是由以私有制为基础的资本主义经济体系所决定的，是服务于少数统治阶级的。

体现人民当家作主的人民代表大会制度、中国共产党领导的多党合作和政治协商制度、民族区域自治制度和各种灵活丰富的基层民主制度，构成了中国社会主义民主政治的基本框架。这一框架决定了中国民主政治的社会基础（人民主体地位）和中国政治的特殊规定性（社会主义的规定性与人民民主的规定性），又进一步决定了社会主义协商民主作为人民民主重要形式的性质与地位，因而社会主义属性和人民民主属性也是社会主义协商民主的本质属性，其体现的是最广大

---

① 关于各种西方协商民主内部的争论，参见〔美〕詹姆斯·菲什金、〔英〕彼得·拉斯莱特主编《协商民主论争》。

人民群众的根本利益和人民当家作主的本质要求，这也是中西协商民主的本质差异所在。

同时，不可否认的是，西方协商民主由于其形成时间早，学理分析成熟、透彻，已经形成了较为完备和精致的理论基础、分析范式以及实用可行的操作方法，对此我们也不能盲目拒绝。特别是对于转型中国的政治发展与民主建设来讲，这些理论资源具有重要的参考和借鉴意义。

二　西方协商民主的经验启示

从西方协商民主的理论和实践可以看出，协商民主完善了人们对民主的理解，在一定程度上弥补了选举民主的不足，推动了西方民主理论和民主实践的发展，也为中国发展社会主义民主政治提供了重要的经验和启示。总结起来，西方协商民主的主要经验与启示有如下几点。

1. 进一步提升了民主质量

在代议制民主制下，选举被认为是公民政治参与的主要形式，政权的合法性基础来源于公民的选举投票。代议制民主强调选举投票制度使得公民的政治偏好被聚集起来，并且认为这是聚合公民偏好的最好方式，也是衡量一个国家是否民主的重要标志之一。协商民主并不否认投票机制，协商民主论者甚至认为，投票等公民参与在民主政治中具有不可替代的地位。但是，对注重政治偏好聚合的具体过程而非结果的协商民主而言，"政治决策的合法性依赖于受决策影响的那部分人参与协商决策内容的权利与能力。这些被影响的人不仅仅只是投票表决，或登记他们的偏好"[①]。协商民主更强调公民参与的重要作

[①] 陈剩勇、[澳] 何包钢：《协商民主的发展》，第17页。

用。协商民主的实践表明，公民能够以公共利益为取向，通过各种途径和方式参与政治决策过程，影响公共决策的制定和执行。

协商民主作为民主的一种实现形式，是为发展民主、不断提升民主质量服务的。正是在这个意义上，协商民主看到了选举民主的不足和缺陷，但是协商民主并没有完全否定选举民主，而是对选举民主的一种补充、完善和超越。选举与多数决定始终是协商民主的内在组成部分，罗伯特·古丁在论述协商民主与选举民主的关系时说道："有时，在真正达成一致意见时，协商可以直接形成决策。但是即使是最理想的协商大会，更典型的是通过宣告协商结果并进行投票来促成决策。最终表决对于赋予决策以民主的合法性来说是关键性的。无论之前所进行的讨论曾经多么自由平等，如果仅仅由会议主席对'会议的精神'进行概括，却没有得到其他人的认可，那么最终决议的民主可信度也会大受怀疑。然而，在为决议提供民主合法性时，无论那个显然没有协商的最终表决多么关键，是之前进行的讨论决定了决议是民主协商的。"[1] 可见，如果没有在公民之间进行有效的充分协商，选举民主的结果就会受到人们的质疑，就缺乏合法性的基础；而如果没有选举民主，不能将大多数人达成的决策共识付诸实践，协商民主也就成为一句空谈。

2. 培育了公民德性和公民精神

现代国家需要公民具有能够理性参与政治的能力与德性。民主政治所独有的德性包括公共精神、正义感、公民性、容忍、团结和忠诚。[2] 民主鼓励言论自由、理性说服，协商则让公民们对立法和政策

---

[1] 〔美〕詹姆斯·菲什金、〔英〕彼得·拉斯莱特主编《协商民主论争》，第83页。
[2] Will Kymlicka, *Politics in the Vernacular* (Oxford: Oxford University Press, 2001), pp. 295–296.

选择有开明的了解；公共讨论使参与者了解、论辩、反省各种不同的观点与信息，能够提高公民的认知能力；基于公共利益和共识取向的讨论，使得公民们超越私人的自利立场，而导向于关注共同福祉，成为一个负责任的公民；除了形成公益取向和积极行动的公民德行，公共协商也使公民们在相互尊重的基础上发展自主判断的能力与信心。这些在公共协商过程中养成的公民能力与德行，是实现民主不可或缺的重要因素。换句话说，如果人民缺乏协商的品格和素养，民主多数永远会有暴力的因子，造成少数对多数的猜疑和不信任，破坏社会的和谐稳定。所以，协商民主赋予了公民思考竞争性和反对性意见的机会，以及经过理性和深思熟虑后的判断的能力。

公民精神是孕育于公民社会之中的、以公共性作为价值皈依的、位于人类心灵深处的基本道德和政治秩序观念、态度和行为取向，它表现为社会成员对公共生活的热情融入和体验，对公共事务的积极关怀和参与。协商民主的发展与公民精神的培育是一个相互促进的过程。只有具有一定的公民精神，公民才能参与到对话协商中来，因此公民精神是协商民主的前提；同样，通过不断发展协商民主，公民越来越多地参与到公共事务中来，公民精神就会不断提高。正如有的学者所指出的，"政治理论中关于协商民主的某些研究已经强调如下相关的理由：（1）积极参与协商将使人变成更好的公民，以及也许是更好的人；（2）更广泛的公共协商将增强人们对共同体和共同命运的意识"[1]。也就是说，协商民主能够使参与者认识到，每个人都是政治共同体的一分子，为了更好地实现自己的利益就不能违背公共利益，为此每个社会成员都需要承担一定的公共责任。

---

[1] 〔美〕约·埃尔斯特主编《协商民主：挑战与反思》，第62页。

3. 推进了公民有序政治参与

在现代社会，公民的政治参与不仅是政治体制有效运转的重要条件，也是公民的一项基本权利。公民法定的、直接的政治参与，可以经常地、规则化地为不同利益阶层提供利益表达的场所和渠道，促进社会公平的实现。从西方发达国家的实践来看，在实行代议制民主的同时，使公民有机会直接参与到政治决策的过程中是化解社会冲突的有效途径，公民规范有序的政治参与已经成为宪政体制的一部分。西方国家的公民有序政治参与是与它们对程序的强调分不开的。虽然协商民主强调公民之间广泛的对话协商和直接参与，但同样尊重程序并将程序公正看作决策获得合法性的规范性要求。西方的协商民主理论和实践非常注重程序设计，往往从选题调研到协商讨论再到落实反馈，都具有一整套细致的、具体的、科学的可操作程序。正是这种对程序的尊重保障了公民政治参与的有序进行，不管这种参与是直接的还是间接的。

4. 为公民个人偏好的表达、竞争与聚合提供了有效途径

从公共决策的角度来看，协商民主是一种决策机制，它强调公共议题应该有受决策影响的人，通过理性的讨论、对话、审议等方式作出决策。正如戴维·米勒所说，当决策是通过公开讨论过程而达成，其中所有参与者都能自由发表意见并愿意平等考虑不同意见时，这个民主体制就是协商性质的。在协商民主的制度规范下，公民可以就自己关心的公共议题发表看法，表达观点，批评反对意见，接受合理建议。从公共治理的角度而言。我们通常把协商民主界定为这样一种治理形式：自由而平等的公民（及其代表）通过陈述理由的过程来证明决策的正当性，这些理由必须是相互之间可以理解并接受的，审议的目标是作出决策，这些决策在当前对所有公民都

具有约束力，但它又是开放的，可随时准备迎接未来的挑战。① 在此意义上来说，协商民主的治理形式确实可以为公民表达个人偏好、聚合偏好提供有效途径。

5. 缓解了公民与国家间的紧张关系

协商民主的核心思想是重视公民乃至整个公民社会在政策过程中的作用，促进国家和公民社会的相互依赖和良好合作。民主国家的合法性依赖于与公民政治平等相联系的公众控制，而以多数表决的方式来展现的公众控制往往与个人权利相冲突，尤其是尊重那些不占主流的少数人的权利。协商机制强调宪法规定的某些公民权利必须得到尊重，即那些为有效实现民主而需要的公民资格，以及有效实现协商民主本身而存在的权利。这些权利包括言论和结社自由的权利，以及获得基础教育的权利，甚至是一定水平的物质福利的权利。事实上，民主跟权利并非相互对立，相反，它对权利保护充满热情。如"公民陪审团"就被认为是更为积极的保护公民权利的重要形式。"公民陪审团对以积极公民权利为基础的民主政治实践的发展作用重大。它通常为排除在外的经验和判断进入公共领域、提升协商质量提供了机会。"② 在英国"公民陪审团"的协商实践中，陪审团组织者特别注意到陪审团成员应当尊重彼此权利的行为的价值，认为陪审团成员在协商之前留出一段时间专门制定协商"行为准则"对于尊重宪法规定的公民权利十分必要。

---

① 应奇、刘训练主编《审议民主》，江苏人民出版社，2006，第 7 页。
② J. Stewart, E. Kendall and A. Coote, *Citizens' Juries* (London: Institute for Public Policy Research, 1994), p.5.

第五章
中国公民观念的兴起与协商民主的历史演进

清末民初启蒙知识分子在心仪西方民主宪政的同时，拥抱并宣扬西方公民观念，推动近代中国从臣民到公民的转变，力主公民教育，试图在中国培育具有自由民主意识的现代公民，并构建现代公民社会，从而最终实现民主政治的成功转型。这为中国协商民主思想与实践的形成发展奠定了重要的思想与社会基础。中国的协商民主不仅传承了中国本土协商民主的思想资源，而且由清末民初至今走出了有中国特色的协商民主实践发展之路。

第一节　中国公民观念的萌芽与兴起

公民观念与民主政治密切相关，近代中国的启蒙思想家在宣扬西方民主宪政的同时，接受并传播了西方公民观念。中国的公民观念是在清末民初时期由西方引进并逐渐兴起，在此之前的中国只有臣民，从臣民到公民的艰难转变是培育现代理想公民的关键所在。

一 中国公民观念的萌芽

甲午战败,应对深重的民族危机的自上而下的维新改良运动同样失败,启蒙知识分子的反思从器物层面到制度层面,进而到文化层面,以至在关注国家、政治领域的同时,将改良的方向直指"人"的领域。正是在戊戌变法时期,近代中国的公民观念萌芽了。

最早提出近代"公民"概念的当属康有为和梁启超师徒二人。康有为可谓近代中国最早主张"立公民"之人。康有为1902年发表《公民自治篇》,作为《官制议》系列文章,分五、六、七号三期登载于《新民丛报》上。梁启超为《公民自治篇》所作的按语中,从独立性及权利义务等方面对"公民"作出了解释:"公民者,自立者也,非立于人者也。""至公民之负担国税,则权利义务之关系,固当如是,非捐得此名以为荣也。"康有为亦分析了近代公民的概念:"人人有议政之权,人人有忧国之责,故命之曰公民。""公民者,担荷一国之责任,共其利害,谋其公益,任其国税之事,以共维持其国者也。""各国皆有公民,而吾国无公民,则吾国孤子寡独而弱败。若吾国有公民,则以吾四万万人选公民至多,以多公民与少公民者较,吾国必较列强而尤强。故今之变法,第一当立公民矣。"在康有为看来,正是这样的"公民"使得西方国家能国富兵强。[1] 在之后的《大同书》中,他设想了一个有自己"公民"的能够解决各国争端的"公政府",只要居住在"公地"上的居民不管男女都是"公民",而来自各国的"公议员"则可留在"公地"成为"公政府"。[2] 梁启超还从独立与自由的角度提出其近代公民观念。他说:"人而不能独立,时曰奴隶。于

---

[1] 康有为:《公民自治篇》,《新民丛报》第五、六、七号,1902。
[2] 康有为:《大同书》,中州古籍出版社,1998,第113~114页。

民法上不认为公民。国而不能独立，时曰附庸。于公法上不认为国。"①之后在《论自由》中他又指出："凡生息于一国中者，苟及岁而即有公民之资格，可以参与政事，是国民全体对于政府所争自由也。"② 此处康梁对公民观念的理解与认知有着卢梭的公民观念的影子。卢梭曾指出公共人格由全体个人根据契约而结合在一起形成，"至于结合者，他们集体地就称之为人民；个别地，作为主权权威的参与者，就叫做公民"③。

其实，早在1899年梁启超对"国民"这一概念进行定义和描述时，就酝酿着近代中国的公民观念，他指出："国民者，以国为人民公产之称也。国者积民而成，舍民之外，则无有国。以一国之民，治一国之事，定一国之法，谋一国之利，捍一国之患。其民不可得而侮，其国不可得而亡，谓之国民。"④ 之后他又提出："有国家思想能自布政治者，谓之国民。"⑤

梁启超的《新民说》可谓一本典型的公民教科书。在流亡日本后，梁启超深刻认识到日本明治维新是"人民之一新"而非"政体之一新"。反观中国民众，他指出奴隶性太重，缺乏进取精神，缺乏毅力，缺乏责任心、义务心、公德心和国家思想等群体意识，变革此种缺陷，必须塑造出有独立自由人格的"新民"。所以他说："新民为今日中国第一急务"，"苟有新民，何患无新制度？无新政府？无新国家？"⑥ 而"新之义有二：一曰淬厉其所本有而新之；二曰采补其所本

---

① 《梁启超全集》第一册，北京出版社，1999，第268页。
② 《梁启超全集》第二册，北京出版社，1999，第676页。
③ 〔法〕卢梭：《社会契约论》，何兆武译，商务印书馆，2005，第26页。
④ 《梁启超全集》第一册，第309页。
⑤ 《梁启超全集》第二册，第663页。
⑥ 《梁启超全集》第二册，第655页。

无而新之"①。"必非如心醉西风者流,蔑弃吾数千年之道德、学术、风俗,以求伍于他人;亦非如墨守故纸者流,谓仅抱此数千年之道德、学术、风俗,遂足以立于大地也。"②这就意味着结合优良传统文化与西方先进学说,进行取长补短。具体而言,其一是要"惟其日新,正所以全其旧也。濯之拭之,发其光晶;锻之炼之,成其体段;培之浚之,厚其本原;继长增高,日征日迈,国民之精神,于是乎保存,于是乎发达"。其二是要"今日不欲强吾国则已,欲强吾国,则不可不博考各国民族所以自立之道,汇择其长者而取之,以补我之所未及"③。不仅如此,梁启超又从公德、权利、自由、进步、立法、教育等方面论述"新民"所应具的特质。"新民"不仅有道德要求,而且有政治要求:就道德上而言,"新民"是具有新的道德观念、精神风貌和理想人格的一代新人;就政治上而言,"新民"是要由奴隶、臣民转变为新身份的公民。可见《新民说》体现出梁启超对公民观念有了较为系统的认识。

清末时期萌芽中的公民观念已包含了独立自由、权利义务、公德等思想内容。争自由是近代中国公民具有独立自主人格特征的重要表现。在梁启超看来,"自由者,天下之公理,人生之要具,无往而不适用者也","自由者,奴隶之对待也"④。"欲求真自由者乎,其必自除心中之奴隶始。……一曰勿为古人之奴隶也。……二曰勿为世俗之奴隶也。……三曰勿为境遇之奴隶也。……四曰勿为情欲之奴隶也。"⑤当时启蒙知识分子充分汲取、借鉴了西方"不自由,毋宁死"

---

① 《梁启超全集》第二册,第657页。
② 《梁启超全集》第二册,第658页。
③ 《梁启超全集》第二册,第657、658页。
④ 《梁启超全集》第二册,第675页。
⑤ 《梁启超全集》第二册,679~680页。

的精髓，所主张的自由有政治自由、宗教自由、民族自由、经济自由、个人自由等丰富内容，极力主张保持公民的独立自由的人格。

争权利明义务是近代中国公民具有权利义务相统一特征的重要表现。在清末启蒙知识分子眼中，权利和义务是统一的，公民的基本特征之一就是享有权利，履行义务。"义务与权利相对待者也，人人生而有应得之权利，即人人生而有应尽之义务，二者其量适相均。"[①] 而臣民则以"百忍成金"与"唾面自干"为信条，成了"无骨无血无气之怪物。……勇者日即于销磨，而怯者反有藉口，遇势力之强于己者，始而让之，继而畏之，终而媚之。弱者愈弱，强者愈强，奴隶之性，日深一日"。而且，在权利义务相统一中，更重要的是争取公民的权利："国家譬犹树也，权利思想譬犹根也……为政治家者，以勿摧压权利思想为第一义，为教育家者，以养成权利思想为第一义，为一私人者，无论士焉农焉工焉商焉男焉女焉，各以自坚持权利思想为第一义。"[②] 陈天华发表《国民必读——奉劝一般国民要争取权利义务》一文，概括并列举的公民权利有：政治参与权、租税参与权、预算决算权、外交参与权、生命与财产权、地方自治权、言论自由权、结会自由权等。此文可谓一专门介绍公民权利的通俗读物。

公德思想是近代中国公民应具有的基本素质之一。梁启超专门论述了"公德"，将之区别于中国固有的"私德"。"人人独善其身者谓之私德，人人相善其群者谓之公德，二者皆人生所不可缺之具也。无私德则不能立。……无公德则不能团。"[③] 私德与公德并行不

---

① 《梁启超全集》第二册，第706页。
② 《梁启超全集》第二册，第675页。
③ 《梁启超全集》第二册，第660页。

悖，皆为立国之本，但公德更甚。在臣民观念下，中国历来重私德，强调个人修身养性，将个人道德修身视为政治生活规范化与秩序化之起点，并利用抑制个人主体意识萌生的道德义务观，驱使人忠君敬长或无私奉献。而且中国民族特色之一便是心系各自家庭，而不知有社会。故而国人普遍缺乏公共精神，缺乏参与国家政权和管理社会公共生活的精神动力。因此要树立公德，梁启超提出："群之于人也，国家之于国民也，其恩与父母同。盖无群无国，则吾性命财产无所托，智慧能力无所附，而此身将不可以一日立于天地。故报群报国之义务，有血气者所同具也。"[①] 树立公德思想就是培养公共精神，是公民观念中的重要内容。

清末启蒙知识分子对公民观念的内容所作的阐述还包括公民的自治能力、法律观念、进取精神等等。公民观念与中国传统政治文化下的臣民观念在价值标准、政治取向上具有明显差异，公民观念的萌芽也是近代中国在对自由民主政治的诉求中所产生的自然反应。此时的公民观念也有其局限性，在强调西方公民观念所特有的个体层面的同时，不可避免地带有道德主义和群体主义倾向。

二 从臣民到公民

近代中国公民的产生的前提必然是与自我的臣民性格的决裂。从臣民到公民之间的这种内在冲突发展到五四新文化运动时期到达了顶峰。从革命思潮的激荡与民主宪政的危机中一路走来的五四启蒙思想家们，深刻认识到培养公民观念的紧迫性。他们的公民诉求伴随着对专制大一统传统中"臣民"特征的不断批判，并进而伴随着对半开化

[①] 《梁启超全集》第二册，第661页。

民族的"国民性"的揭露。他们一方面批判旧有的国民性,另一方面宣扬自由、平等、独立、解放、民主、法治、爱国等新观念,强烈表达对公民身份和公民权利的诉求。在五四启蒙语境中,改造"国民性"就是通过批判和改变传统的臣民性格,进而培育现代理想公民,实现从传统臣民到现代公民的深刻转变。

1. 从臣民到公民:中国公民观念的深化发展

五四启蒙思想家深刻批判了旧有的国民性,揭露了臣民性格所具有的愚昧、奴性的本质特征,以及虚伪、麻木、空谈、无公德、缺是非感、无国家思想与冒险精神等特点。伴随着种种对臣民性格的深刻批判,五四启蒙思想家极力宣传公民观念,提出培育理想公民的主张,努力提升国人"对自身作为公民的自觉和对现代政治潮流的认识"[①]。此公民观念"源于西方多种思想资源,其中凝聚了洛克的自由权利、卢梭的民主参与者和康德的自主人格等观念,并融合了欧洲启蒙时代的自然法理论、社会契约论、主体性理论诸学说"[②]。

五四启蒙思想家主张公民应具有独立的人格,他们普遍强调个人本位,倡导个人主义精神。《新青年》杂志的重要宗旨之一就是宣扬个人主义思想,倡导自由独立的公民人格。陈独秀号召广大青年"脱离夫奴隶之羁绊,以完其自主自由之人格"[③],"尊重个人独立自主之人格,勿为他人之附属品"[④]。他还认识到,西方个人独立主义兼具伦理学上之个人人格独立和经济学上之个人财产独立之义,且现代文明由此而大进。[⑤] 胡适在《易卜生主义》一文中强调:"自治的社会,共

[①] 汪晖:《现代中国思想的兴起》下卷第2部,三联书店,2008,第1220页。
[②] 高力克:《五四知识分子的公民观》,许纪霖主编《公共性与公共知识分子》(知识分子论丛),江苏人民出版社,2003,第231页。
[③] 陈独秀:《敬告青年》,《青年杂志》创刊号。
[④] 陈独秀:《一九一六年》,《青年杂志》1卷5号。
[⑤] 陈独秀:《孔子之道与现代生活》,《新青年》2卷4号。

和的国家，只是要个人有自由选择之权，还要个人对于自己所行所为都负责任。若不如此，决不能造出自己独立的人格。社会国家没有自由独立的人格，如同酒里少了酒曲，面包里少了酵，人身上少了脑筋，那种社会国家决没有改良进步的希望。"① 可见胡适概括了由"公民独立自由人格"进而"自治社会"进而"共和国家"的自由政治逻辑。在五四启蒙思想家的公民观念中，公民是具体的个体，深刻认识到培育现代公民需要实现从家族本位到个体本位的艰难转变，意即自由独立的人格是培育现代公民的前提和基础。

五四启蒙知识分子主张公民应具有相应的权利，且注重公民自由权利的天赋性，注重在现代国家中公民拥有权利的意义。公民的基本权利是公民主体性和独立人格的生成的表征，新文化运动中启蒙知识分子从不同角度在不同领域对公民的自由权利加以宣扬。陈独秀在《敬告青年》中指出，人各有其意志和独立自主之人格，一旦丧失此自由独立的权利和人格，就会沦为被征服的奴隶和家畜。② 李大钊提出："自由为人类生存必需之要求，无自由则无生存之价值。"③ 高一涵则认为自由乃出于天性，自由包括"思想自由""舆论自由"等内容，并认为"共和国家之本则在舆论"，"而欲造成真正舆论，惟有本独立者之自由意见，发挥讨论，以感召同情者之声应气求"。④ 光升认为自由从积极而言即为权利，个人一方面立于国权之下，另一方面仍自有独立之人格。国家对于人民有统治权，人民有服从国家的义务；人民对于国家有国家权，即自由权，国家有不得侵犯自由的义务。自

---

① 胡适：《易卜生主义》，《新青年》4卷6号。
② 高一涵：《近世国家观念与古相异之概略》，《青年杂志》1卷2号。
③ 《李大钊全集》第一卷，人民出版社，2006，第228页。
④ 高一涵：《共和国家与青年之自觉》（一），《新青年》1卷1号。

由离不开法治，各个人皆立于法律保障之下，才有真实确固的自由。①高一涵强调国家的目的在于保障公民的权利："国家者，非人生之归宿，乃求得归宿之途径也。人民、国家，有互相对立之资格。国家对于人民有权利，人民对于国家亦有权利；人民对于国家有义务，国家对于人民亦有义务。国家得要求于人民者，可牺牲人民之生命，不可牺牲人民之人格；人民之尽忠于国家者，得牺牲其一身之生命，亦不得牺牲一身之人格。人格为权利之主，无人格则权利所寄，无权利则为禽兽、为皂隶，而不得为公民。"② 李大钊把公民自由权利归结为公民生存的基础，指出"宪法上之自由，为立宪国民生存必需之要求；无宪法上之自由，则无立宪国民生存之价值"③。此"宪法上之自由"即指由宪法保障的各种公民权利，诸如人身自由、财产自由、出版自由、结社自由和信仰自由等。李大钊还强调民主社会中政府与公民处于平等地位，国家对公民绝不能强制压服，"政府如是，始得谓之立宪，否则专制已矣。民必如是，始得谓之公民，否则奴隶而已矣"④。因此，在五四启蒙思想家的公民观念中，公民象征着自由权利，个体相对于国家具有优先性，国家有保障个人权利的目的。

五四启蒙知识分子还主张公民应积极参与国家政治和公共生活，强调"主权在民""民自治其事"等。陈独秀主张公民应"自居于主人的主动的地位，则应自进而建设政府，自立法度而自服之，自定权利而自尊之"⑤。高一涵通过翻译德国政治学家伯伦知理（Bluntschli）的《近世国家观念与古相异之概略》一文向国人介绍了

---

① 光升：《中国国民性及其弱点》，《新青年》2卷6号。
② 高一涵：《国家非人生之归宿》，《青年杂志》创刊号。
③ 《李大钊全集》第一卷，第228页。
④ 《李大钊全集》第二卷，人民出版社，2006，第174页。
⑤ 陈独秀：《吾人最后之觉悟》，《青年杂志》1卷6号。

西方公民参政的发展:"向之国权,主权者直接运用之,在古代共和国家,凡为公民,齐集国民议会,以直决主要之公务。今则代议制兴,代表机关,由公民进举者组织之,以代表齐民之意向,核定国典,运用政权,则今之代表机关之能力,实视古代为尤优焉。"所以"近世国家,必赖人民代表,四民平等,绝无差异,国家大权,掌于多数人民之手,而其根基,毕奠于齐民之上,各级平权,同为公民,法度典章,全国人民一体待遇"。他进而强调:"今世国原理,在以国家为全体人民之国家,非为主政者一人之私产。无间君主共,皆取惟民主义。国属于民之特征,即在与人民以参政权一事。"① 可见,作为国家和社会主人的现代公民,必须参与管理国家社会等公共事务。

五四启蒙思想家的公民观念,更崇尚个人主义、公民权利和民主参与,带有更为鲜明的自由主义色彩。"清末以梁启超为代表的知识分子们所倡导的'民',不管他们用的是'新民'还是'公民',其实质内涵多是指以国家为本位的国民。新文化运动时期,尽管'国民'、'人民'在很多新文化派知识分子的文章中频繁出现,但他们所要倡导的是以个人为本位的公民思想。"② 新文化运动高举"民主""科学"的旗帜,对封建专制文化所进行的猛烈抨击是前所未有的,随着五四爱国运动的逐步发展,开始了个体意识、公民意识、现代国家意识的逐步觉醒,从臣民到公民的艰难转变迈出了历史性的第一步。

2. 从臣民到公民:宪法文本上的概念转换

晚清宪法文件中出现了从"臣民"到"公民"的转变迹象。晚清政府于1908年颁布《钦定宪法大纲》进行预备立宪,但在这部宪法

---

① 高一涵:《近世国家观念与古相异之概略》。
② 郑大华、朱蕾:《国民观:从臣民观到公民观的桥梁——论中国近代的国民观》,《晋阳学刊》2011年第5期。

文件中的"民"均被称为"臣民",其实"钦定"而非"法定""公定"就是传统臣民观念的体现。两年后晚清政府仓促出台的《宪法重大信条十九条》不再出现"臣民",而采用"国民"的提法,但也只在第七条规定了"上院议员,由国民于法定特别资格者中公选之"。除此之外,通篇不提人民或国民、公民的权利和义务。尽管如此,晚清法律文件中从"臣民"到"国民"的转变已然出现,此"国民"与"公民"有共通之处。

民国时期公民观念被带入法律化、制度化的进程。《中华民国临时约法》体现了"中华民国之建设,专为拥护亿兆国民之自由权利"[①]的思想主张,公民观念的培养在法律上被纳入国家施政的目标中。自1912年起南京临时政府相继颁布一系列法律法规,承认人的独立性并确立人的权利和义务。《中华民国临时约法》庄严宣布:"中华民国之主权,属于国民全体",且第二章明确规定了"人民"的权利和义务。总体而言,此约法规定了中华民国主权在民,全体国民一律平等,并依法享有选举、参政、居住、言论、出版、集会、信教等权利,保障了人权,充分体现出自由民主的原则。这使得公民观念在近代中国第一次以法律形式予以体现,公民观念走向法制化、制度化。其后的《选举法》代之以"人民"称谓,明确规定人民选举权的条件。1913年的《天坛宪法草案》则更为明确地规定:凡依法律所定属中华民国籍,为中华民国国民,首次提到国民资格认定问题。1914年的《中华民国约法》和1923的《中华民国宪法》(史称"贿选宪法")都沿用"人民"称谓。《中华民国约法》第一章第二条规定:中华民国之主权,本于国民之全体,第二章规定了"人民"的各项权利和义务。

---

① 《孙中山全集》第一卷,中华书局,1986,第 26 页。

《中华民国宪法》第二章第二条规定：中华民国主权，属于国民全体，第四章第四条规定：凡依法律所定，具有中华民国国籍者，为中华民国人民。1931年《中华民国训政时期约法》第二章规定了"人民"的权利义务。1936年《中华民国宪法草案》第一章第三条规定"具有中华民国之国籍者为中华民国国民"，第二章规定了"人民"的权利义务。以上不论"国民"还是"人民"，其基本内涵皆指具有独立人格和权利义务的统一体，并都在法律上对此进行认可。遗憾的是，民国时期的国民义务多而权利少，社会舆论指出了"有民国而无国民"的名不副实的残酷现实。

民国成立近30年后，"公民"一词正式见诸法令之中。此前民国法令中公民概念始终与人民、国民的概念纠缠在一起，直至1939年民国政府公布的《县各级组织纲要》中始规定："中华民国人民，无论男女，在县区域内居住六个月以上或有住所达一年以上，满二十岁者，为县公民，有依法行使选举、罢免、创制、复决之权。""有下列情形之一者，不得有公民资格：（一）褫夺公权者，（二）亏欠公款者，（三）曾因藏私处罚有案者，（四）禁治产者，（五）吸食鸦片或其代用品者。"[①] 1946年颁布的《中华民国宪法》第一章第三条规定：具有中华民国国籍者，为中华民国国民。第二章规定了国民的权利义务。可见，国民资格只需国籍为条件，公民资格则有年龄等其他条件的限制。至此，从清末预备立宪开始到南京国民政府崩溃历经半个多世纪，经由"国民""人民"概念的过渡，基本完成了从"臣民"到"公民"在政府法令文本意义上的概念转换。

然而"公民"概念正式得以出现的宪法文本是中华人民共和国

---

① 龚启昌：《公民教育学》，正中书局，1948，第2页。

1954 年宪法。新中国成立前的历部宪法文本中，表述个人与国家之间政治联系的概念并没有出现"公民"一词。1954 年宪法单独设立一章"公民的基本权利和义务"，建立起以"公民"身份为基础的人权制度。1975 年宪法虽在"文化大革命"中产生，但保留了 1954 年宪法所规定的"公民的基本权利"的权利体系和结构，就"公民"在宪法文本上的权利表述而言，并没有出现明显的倒退迹象。1982 年宪法确定了"公民资格"，并丰富和完善了公民的基本权利制度。总之，中国的宪法文本上从"臣民"到"公民"的概念转换经历了由清末预备立宪开始的长达半个多世纪的漫长历程。不仅为我国公民教育提供了法律上的支撑，而且有助于通过公民教育最终实现公民社会的构建。

第二节　中国公民教育的发展与演变

公民教育即将人培养成公民的过程，其实质内容就是培养具有独立人格、权利意识、独立参政能力的现代公民，最终目的在于构建公民社会，进而建立真正的民主政治。

一　中国公民教育的发轫

近代中国公民教育发轫于清末民初。中国近代教育体制奠定于 20 世纪初，晚清时期的课程设置首重"读经"和"修身"，而"启德育之径，敦蒙养之基"[①] 的任务，主要是由"修身"科来承担，因为"修身"教本比之经书简单易懂。晚清以来启蒙知识分子对西方民权、人权观念大肆宣扬，使修身教育中儿童人权意识得以

---

① 李嘉榖编著《蒙学修身教科书》，文明书局，1903。

萌发。出现不少谈论自由、权利等新观念、新知识的课文。比如李嘉穀编著的《蒙学修身教科书》，就是典型的带有公民教育色彩的修身教本。

民国初建，民权知识和近代人权观念的广泛传播促使民众权利意识的觉醒，进而促使道德教育突破晚清以"孝道"为核心的困囿，形成塑造现代公民的新教育理念。中华民国成立伊始便颁布了《中华民国临时约法》，为公民教育提供了政治保障和法律依据。约法规定：中华民国之主权，属于国民全体。中华民国国民一律平等、无种族、阶级、宗族之区别。约法还规定了国民享有的人身、居住、迁徙、言论、出版、集会、结社、通信、信教等自由和选举、被选举、考试请愿、陈述、诉讼等权利。民国成立仅19天，教育部便召开了临时教育会议，讨论并通过了新的教育宗旨，规定"各种教科书务合乎共和民国宗旨"，应"以留意儿童身心之发育，培养国民道德之基础，并授以生活所必需之知识技能为宗旨"，"造成健全国民为宗旨"，并强调"对国家之责务，对社会之责务"。[①] 1916年，中华民国教育部公布《国民学校令实施细则》及修正细则，规定修身科从第三学年起，在原授"道德之要旨"外，加授"公民须知"，"示以民国之组织及立法、行政、司法之大要"。[②] 时人认为"公民科的范围比修身科广得多。修身专注重个人修养，公民则重在研究社会环境的状况，把个人修养纳做是人生适应社会的条件"[③]。

五四以后的平民教育浪潮推进了对公民教育的需求，学制改革以

---

① 璩鑫圭、唐良炎：《中国近代教育史资料汇编（学制演变）》，上海教育出版社，2007，第606~729页。
② 璩鑫圭、唐良炎：《中国近代教育史资料汇编（学制演变）》，第811、824页。
③ 司琦：《小学教科书发展史》（中），华泰文化事业股份有限公司，2005，第1289页。

公民科代替修身促进了公民教科书的编纂。① 1919 年,《教育宗旨研究案》提出"养成健全人格,发展共和精神为教育宗旨",要求"发挥平民主义,俾人人知民治为立国之根本","养成公民自治习惯,俾人人能负国家社会之责任"。② 1922 年,影响至今的"六三三学制"——"壬戌学制"确立。次年《新学制小学课程纲要》公布,从此"公民"科成为独立科目,不仅涵盖以前"修身"教育内容,而且以传输现代政治常识和社会知识、培养现代公民为目的,正式取代"修身"科进入课程体系。作为独立学科的"公民科"的课程标准随之制定,其相关教材编纂完成,学校生活中相应的公民训练广泛开展。从教育宗旨、教育内容到教育方法发生了深刻的转变,使得学校教育中的修身教育真正演变为公民教育。"这标志着我国的学校公民教育正式发展起来并进入一个相对系统化、制度化的时期。""早期公民教育的主要内容包括社会生活及其组织、宪政原则、中华民国之组织、经济生活、社会问题、国际关系及道德问题等等,以后的公民教育的内容大致以此为框架。"③ 至此,近代中国教育体制中的道德教育有了从"修身"到"公民"的划时代转变。

二 中国公民教育的发展

民国时期尽管"公民"科存在时间并不算长,且在 1928 年曾一度被取消,并于 1932 年有限度地恢复了"公民训练"课。④ 但在其断续存在期间,公民教育成果丰硕,且影响至今。据统计,公民教科书

---

① 冯顺伯等编《初中公民学教本》,江苏省立第一中学校,1924 年发,程千帆序。
② 璩鑫圭、唐良炎:《中国近代教育史资料汇编(学制演变)》,第 860 页。
③ 都冬云:《20 世纪初中国公民教育探索及启示》,《常熟理工学院学报》(哲学社会科学)2011 年第 11 期。
④ 陈侠:《近代中国小学课程演变史》,福建教育出版社,2007,第 57 页。

出版了 125 种，加上教学参考书和教学辅导书等，总数有 185 种，足见当时公民教育的繁荣局面。①

当时公民教育的主要内容和特点，以朱文叔编、陆费逵等校，中华书局 1923 年版高小用《新小学教科书公民课本》为例可见一斑。编者朱文叔是中华书局的中小学教科书专职编辑；校者陆费逵、金兆梓、戴克敦、张相等皆为学养深厚且颇有教科书编著经验的教育家、文法专家和出版家。此教科书初版后，不断再版，现存最高版次达 38 版，广受欢迎。该书共四册，介绍了如何做人，国家的制度结构、基本职能和运行方式等政治常识，以及如何成为一个公民。其中第四册第一课就是《何谓公民》："能够享受法律上规定的权利，担任法律上规定的义务的人民，叫做公民。"课文介绍公民的权利有三种：参政权、请求权和自由权；公民的义务也有三种：纳税、当兵和守法。公民教育的重要性在于："共和国政治的修明与否，完全视其公民能否运用他们的参政权而定。"此课文对公民知识的介绍是准确深刻的。

相较于小学公民教科书，中学公民教科书的种类更加丰富，知识更加深入。著名的国际法学家、教育家及中国政治学会的发起人周鲠生编写了著名的《新学制公民教科书》，把公民教育分为公民理论知识和中国历史现实状况两部分，把民国政制置于世界政制变迁架构中，使学生了解自己国家的政治结构和现代政治的特点，树立历史意识和政制变革的自觉。教育学家舒新城编写的《新中学教科书初级公民课本》的再版次数很高，此书以中学生张维城的学习过程为线索，把严肃的公民知识转化为清新浅显、易为学生理解的常识。著名的职业教育家顾树森等则编纂了《新著公民须知》，强调公

---

① 参见王有朋主编《中国近代中小学教科书总目》，上海辞书出版社，2010。

民应具有现代人格,"国民树立的根本主义,在发展个性","个人自立的第一义,也是国家生存的第一义"。①

此外,基督教青年会也是近代公民教育的一支重要力量,出版了几十种"公民教育丛刊",制订出庞大的公民教育计划,坚定地批判专制制度。中华平民教育促进会则专设公民教育科,并编纂公民读本,以开展对一般平民的公民教育。同时,还有各地中小学校自己组织教员编写出版的各种公民读本,也数不胜数。公民教科书的发展充分显示了近代中国公民教育的发展。

公民教本编写质量的优良充分显示了公民教育的繁荣。可以说,20世纪二三十年代初步形成了近代中国的公民教育传统。即使在30年代国民政府教育部"党义"教育和"公民"课程并行的时期,公民教育仍然顽强存在。比如1933年世界书局出版的《初小国语教学法》,其第七册教材一共有40课,课文的性质包括公民、党义、历史、地理、自然、文艺、卫生等,其中具有公民性质的课文有17个,超过40%。②

值得一提的是,有学者提出"公民教育是百年中国逐渐形成的'近代传统',主要表现在尊重儿童作为'人'的自觉意识、权利教育以及参与建设国家社会的责任感"③。但是好景不长,南京国民政府成立之后,为巩固统治,在教育上大力推行党化教育,甚至一度将公民课改为党义课,致使刚起步的公民教育未能在国民性的改造过程中发挥应有的作用。"20世纪30年代所提倡的国民教育与40年代所提倡的国民教育有本质区别。前者接近于公民教育,而后者接近于臣民教育。"④

---

① 顾树森、潘文安编纂《新著公民须知(道德篇)》,商务印书馆,1923,第8页。
② 魏冰心编辑《初小国语教学法》第七册,世界书局,1934年再版,《本册教材一览表》。
③ 毕苑:《民国的公民教育》,《炎黄春秋》2012年第4期。
④ 徐临江:《民国时期公民教育何以失败——以20世纪30年代浙江省公民教育为中心的考察》,《天津社会科学》2006年第5期。

1931年国民党第四次全国代表大会通过了《依据训政时期约法关于国民教育之规定确定其实施方针案》，宣布："普及国民教育，提高民众知识，以造成健全之国民者，为建设国家之基础。"该文件还在教育方针部分规定："必须使人民认识国际情况，了解民族意识，并具备近代都市及农村生活之常识，家庭经济改善之技能，公民自治必备之资格，保护公共事业以及森林园地之习惯，养老恤贫防灾互助之美德。"[①] 但是，刚刚形成气候的公民教育没有获得良好的发展环境，在国民党"党义"教育干扰下，国家政权崇拜、领袖崇拜的课文逐渐增多，知识内容上日益局限于孙中山的"三民主义"和总理遗教，有的教本完全以之为课文不敢越雷池一步，知识日益禁锢了思想。[②]

除了教科书上反映出公民教育的发展之外，公民教育观念的发展也是一个重要表现。五四前后，民主主义教育思想和实用主义教育理论传入中国，使公民教育思想发生改变，提倡将个人、社会、国家三者的相互关系和民主精神的培养作为公民教育目标模式构建的基础，使公民教育的范围扩展到社会公共生活领域。[③] 民初的公民教育体现出对现代公民教育思想的深刻体认，如朱元善提出："既为共和立宪之国，则教育之方针自当以新国家之本质为主眼，而置重于共和立宪国民之养成。"为此，"非实施公民教育不可"[④]。遗憾的是，抗日战争爆发后公民教育为抗日救亡及内战的硝烟所淹没。

新中国成立后，宪法对公民基本权利义务的明确规定为公民教育开启了新篇章。不过，由于"阶级矛盾"仍被视为中国社会的主要矛

---

① 《中国国民党历次会议宣言决议案汇编》，载《国民党研究资料丛书》第二册，第14～19页。
② 毕苑：《民国的公民教育》，《炎黄春秋》2012年第4期。
③ 郑航：《中国近代德育课程史》，人民教育出版社，2004，第166～170页。
④ 朱元善：《今后之教育方针》，《教育杂志》1916年第8期。

盾,"公民"被"人民"这一与"敌人"相对应的政治概念所取代,强调"教育为无产阶级政治服务",教育宗旨在于培养革命接班人的政治意涵,公民教育蒙上政治禁忌色彩。1954年宪法明确了公民的法律地位,赋予公民普遍的法律权利和义务,在法律上为公民教育做了最重要的准备。虽然1954年宪法、1957年宪法和1982年宪法都过多强调公民服从的义务,对公民权利并没有给予足够重视,但都为公民教育的发展奠定了宪法基础。

第三节 中国协商民主的本土思想资源

中国协商民主有着本土思想资源,其中"中和""民本"和"天下为公"等是传统文化中重要的协商资源;群众路线、统一战线理论、多党合作和政治协商制度、"三三制"政权等是中国共产党政治传统中具有独创性的协商民主的思想资源。

一 中国传统文化中的协商资源

中国传统文化中的"中和"思想是中国协商民主实践的重要本土文化资源。"中和"思想意味着与传统朴素辩证法一致的多元和谐的统一,在承认并尊重多元差异的前提下,寻求和平、和谐、合作。冯友兰指出"中"就是合在一起的各种"异"要有适当的比例,只有当这几种"异"合在一起形成统一时才能有"和","中"的作用是达到"和"。[1] 蔡元培先生曾将"中和性"视为中华民族的特性,指出"中和"在于"不走极端",使差异者"互相调和"。[2] 故"和"区别

---

[1] 冯友兰:《中国哲学简史》,北京大学出版社,1996,第150页。
[2] 沈善洪主编《蔡元培选集》(下),浙江教育出版社,1993,第1281页。

于"同",所谓"和而不同"。孔子曰:"君子和而不同,小人同而不和。"《国语》提出:"夫和实生物,同则不继。"《中庸》认为:"万物并育而不害,道并行而不相悖。""和"的思想作为中国传统文化的核心思想贯穿于宇宙间万事万物,尤奉行于处理人与人关系之中。诚如林尚立教授指出的,中国传统文化中"和"的思想"对多样性和多文化的肯定以及对多元共存和发展的强调,与现代民主政治的基本精神具有一定的契合性。这种文化基础为协商政治的确立提供了良好的精神资源和文化背景"[①]。但此处需要更为精细地指出,"中和"思想在中国的传统中并未真正进入政治实践领域而成为主要的政治文化,它主要是一种文化价值及人伦思想。正如邹谠指出的,占据几千年来中国的政治文化核心的是东风压倒西风的传统,政治实践是全赢全输的博弈模式。[②] 尽管如此,在中国协商民主中恰好避免了这一点。在中国协商民主的重要载体多党合作与政治协商的实践中,协商的对象是公共事务,作为协商主体的各党派、团体、成员之间所进行的政治协商,与其说是就政治权力争夺而展开的全赢博弈,毋宁说是就党派与党派之间如何更好相处以寻求共同发展而展开的相互合作模式。可以说,"中和"思想作为核心传统文化资源,除了是一种起间接作用的精神资源和文化背景之外,还作为人与人相处的模式直接影响了中国的协商民主实践,推动了多党合作与政治协商这一中国协商民主实践的发展。

传统政治文化中的"民本"思想与现代协商民主提倡的公民主体理念有一定程度的契合性。西周以来的诸如"亲民""惠民""安民"

---

① 林尚立:《协商政治:对中国民主政治发展的一种思考》,载陈剩勇、〔澳〕何包钢编《协商民主的发展:协商民主理论与中国地方民主国际学术研讨会论文集》,中国社会科学出版社,2006,第71页。
② 参见邹谠《中国革命再解释》,牛津大学出版社,2002。

"利民"等"民本"思想可谓源远流长。《尚书·五子之歌》中就有言:"民可近,不可下,民惟邦本,本固邦宁。"儒家最为充分地阐释了爱民、富民、民贵君轻的民本思想。尤其孟子提出了"民为贵,社稷次之,君为轻",是传统民本思想的集大成者。荀子亦认为"天之生民,非为君也,天之立君,以为民也"。陈亮、叶适、刘基、方孝孺、黄宗羲等都继承和阐扬了儒家的民本思想。黄宗羲是清初民本思想的重要代表,其《明夷待访录》超越了以往的君为体、民为用的民本思想,阐明了立君所以为民与君臣乃人民公仆的思想,书中指出"古者以天下为主,君为客","夫人君以利民为职分",还提出当时求治之方"在尽废专制天下之君主本位制度,以恢复封建天下之民本位制度"。① 传统的"民本"思想强调人民群众的支持拥护与否,即人心向背是政权存亡之根本,虽然这建立在为巩固专制"君主"统治的前提之下,且"民本"的实现往往还寄望于"明君"施以仁政,但是实实在在彰显了政治统治者对"民"的重视。正因为如此重视人民,统治者才有可能倾听民意,才有可能接纳人民的批评和建议,故早在春秋之时,儒家便鼓励国人议论朝政。到了近现代,受到西方民主思想的输入和冲击,不少仁人志士试图将民主移植到中国,虽然未完成这一重任,但他们的努力使得近代政治文化中有了与"民本"具有本质差异但也不乏相通之处的自由、民主、民权等现代政治思想的萌芽和传播。尽管这些新思想并未真正植根到我们的政治文化之中,但对我们的政治文化多少产生了正面的影响,尤其是其中的"民权"思想与传统的"民本"思想最为接近,较易对已有政治文化产生影响。传统中的"民本"思想和近代的"民权"思想都不同程度地强调人民主

---

① 转引自萧公权《中国政治思想史》(二),辽宁出版社,1998,第551、552、555页。

体，可作为中国协商民主实践的政治文化资源，其一方面有助于增强人民群众参与政治协商的积极性和主动性，另一方面有助于为政者倾听与接纳民意、顺应民主潮流进而主动推进中国协商民主实践。

传统政治文化中"天下为公"思想也是当代中国进行协商民主实践的重要资源，这种强调"公"的观念与协商民主所强调的协商议题的公共性及以公共利益为导向具有一致性。中国的传统文化与西方强调"私"、个体观念迥异而强调"公"、群体的理念，"公"代表着整体的利益、公道、公理，它既是个人修养的最高境界，也是社会公德的最高准则，可谓中华民族的传统美德。《礼记·礼运》提出："大道之行也，天下为公。"先秦时期百家争鸣，但各派对"公"的主张几乎一致。儒家主张"忠恕"，道家提出"圣人无心，以百姓心为心"，法家主张"无私""背私"，墨家强调"举公义，辟私怨"。《吕氏春秋·贵公》指出："圣王之治天下也，必先公。公则天下平矣。""有得天下者众矣，其得之以公。""天下为公"的观念在中国传统政治文化中得以传承。黄宗羲在其《明夷待访录》中指出为君者"必尽其公天下之心，以致万众之福利"[①]。直至当代社会主义社会依然赞扬"大公无私"，倡导社会公德。尽管由于传统的"公"的观念过于强调公共利益而企图彻底排斥"私"，忽视了正当的个人利益，或者出现如黄宗羲所斥责的专制君主"私天下以利己"，但不可否认其对公共利益的肯定和公共理性的追求正是协商民主所不可或缺的。正如学者刘泽华指出的，"'公'的价值意义中最主要的和最核心的是把国家、君主、社会与个人贯通为一体，并形成一种普遍的国家和社会公共理性"[②]。现代的

---

① 转引自萧公权《中国政治思想史》（二），第551页。
② 刘泽华：《春秋战国的"立公灭私"观念与社会整合》，载刘泽华、张荣明等《公私观念与中国社会》，中国人民大学出版社，2003，第5页。

协商民主理论要求公民参与协商必须考虑到公共性和公益性，站在公共利益的角度进行协商、达成共识，否则无法达成共识，协商便无效。我国传统文化中的"天下为公"思想能为当代中国协商民主实践提供易于协商主体在协商民主过程中基于公共利益达成共识的观念因素。

此外，我国传统中还有一些具有协商性质的制度安排，如谏议制度、庶民议政等。传统中这些制度方面的协商要素也是中国协商民主实践可资借鉴的本土资源。

二 中国政治传统中的协商民主资源

群众路线是中国共产党的基本工作路线和组织路线，具有协商民主的理论要素。早在土地革命和抗日战争中，共产党就充分发扬了群众路线。毛泽东同志指出："在我党的一切实际工作中，凡属正确的领导，必须是从群众中来，到群众中去。这就是说，将群众的意见（分散的无系统的意见）集中起来（经过研究，化为集中的系统的意见），又到群众中去作宣传解释，化为群众的意见，使群众坚持下去，见之于行动，并在群众行动中考验这些意见是否正确。"[①] 1949年后中国共产党坚持并发展了群众路线。1981年中共中央作出的《关于建国以来党的若干历史问题的决议》将群众路线归纳为"一切为了群众，一切依靠群众，从群众中来，到群众中去"[②]。群众路线的内涵主要有两个方面：一是一切为了群众，一切依靠群众的群众观点和工作作风；二是从群众中来，到群众中去的领导方法和工作方法。在群众路线的指导下，各级党委政府必须深入群众，进行调查研究，一方面了解真

---

① 《毛泽东选集》第3卷，人民出版社，1991，第899页。
② 中共中央文献研究室编《三中全会以来重要文献选编》（下），人民出版社，1982，第834页。

实民意，另一方面让人民群众参与国家社会事务以实现真正的人民当家作主。这必然要求各级党委、政府在关系群众利益的问题上无论大事小情都必须与群众商量、讨论，充分征询群众意见，让群众积极参与公共事务，进而保证决策的合法性、满意度和有效性。党的十三大提出了建立社会协商对话制度，深化了对群众路线的认识。社会协商对话制度不仅是将群众路线的工作方法具体化、制度化，而且拓展了群众路线的实质内容，它除了强调党和政府与群众密切联系，也注重群众之间及领导机关的对话联系，及时通畅地做到下情上传、上情下达、沟通理解。党的十八大仍然坚持并发展了群众路线，鲜明地提出坚持人民主体地位，要求全党相信群众，依靠群众，始终把人民放在心中最高位置。党的十八大指出，健全社会主义协商民主制度要求就经济社会发展重大问题和涉及群众切身利益的实际问题广泛协商，广纳群言、广集民智，增进共识、增强合力，以及号召在基层群众中扩大有序参与等都充满了群众路线的理论因子。全国各级党委政府正是真正坚持了群众路线，才有效推动了中国协商民主实践的发展。

中国共产党的统一战线理论同样具有协商民主的理论要素。中国共产党自成立伊始便继承了马克思恩格斯"全世界无产者联合起来"的统一战线理论，在中共一大上就提出"与其他政党合作，反对共同的敌人"的主张。毛泽东同志曾提出："国事是国家的公事，不是一党一派的私事。因此，共产党员只有对党外人士实行民主合作的义务，而无排斥别人、垄断一切的权利。""共产党员必须倾听党外人士的意见，给别人以说话的机会。""我们一定要学会打开大门和党外人士实行民主合作的方法，我们一定要学会善于同别人商量问题。"[①] 中国共

---

① 《毛泽东选集》第3卷，人民出版社，1991，第809、810页。

产党在革命和建设中不断与其他党派进行合作，尤其是改革开放以来，扩大了统一战线的社会基础并将之发展成为工人阶级领导的，以工农联盟为基础的全体社会主义劳动者、拥护社会主义的爱国者和拥护祖国统一的爱国者的最广泛的联盟。党的十八大亦重申巩固和发展最广泛的爱国统一战线。这一发展了的爱国统一战线更具包容性。改革开放以来由于经济结构与社会结构的发展而出现了新的社会阶层和人员，爱国统一战线能维护他们的利益，将他们团结起来，鼓励他们参与公共事务，调动他们的积极性，以共同服务于中国特色社会主义建设事业及祖国统一大业。虽然最终的主导权掌握在共产党手中，但在民主协商过程中共产党与各民主党派具有平等地位，可以就国家大政方针、经济社会发展重大问题等在决策前进行广泛商讨，充分交换意见。中国共产党的统一战线理论无疑如群众路线那样，为中国特色社会主义协商民主提供了理论与实践资源。

中国共产党领导的多党合作与政治协商制度是中国特色社会主义政治发展的独创性成果，是中国的一项基本政治制度，它与西方的协商民主虽不相同但有相似之处，这种民主协商方式，是我国民主政治建设的一大创造，也是我国社会主义民主政治的一大特色、一大优势。[①] 中国的政治协商制度是可供中国协商民主借鉴以汲取灵感的重要制度资源。这一制度来源可以追溯到1946年召开的政治协商会议，会上各政党代表和社会贤达在平等基础上就和平建国进行协商讨论。1949年中国人民政治协商会议召开，大会讨论通过了临时宪法性质的《中国人民政治协商会议共同纲领》，正式确立了共产党领导的多党合作和政治协商制度。毛泽东同志在中共七届二中全会上强调："我党

[①] 《十四大以来重要文献选编》（上），人民出版社，1996，第200页。

同党外民主人士长期合作的政策，必须在全党思想上和工作上确定下来。我们必须把党外大多数民主人士看成和自己的干部一样，同他们诚恳地坦白地商量和解决那些必须商量和解决的问题，给他们工作做，使他们在工作岗位上有职有权，使他们在工作上做出成绩来。"[1]

政治协商制度在新中国成立后经过了反右斗争与"文革"期间的功能弱化，于改革开放后得以恢复重建并逐步制度化。1978年的第五届全国政治协商会议通过了《中国人民政治协商会议章程》；党的十二大上提出对待民主党派的基本方针："长期共存、互相监督、肝胆相照、荣辱与共"；1993年的八届人大一次会议上把"中国共产党领导的多党合作和政治协商制度将长期存在和发展"写进宪法。政治协商制度由共产党与各个民主党派、无党派人士的政治联盟，发展成为与社会各界进行民主协商的重要制度。中国的政治协商制度虽然与西方的协商民主在产生背景、理念、内容上都不同，但不可否认中国的政治协商制度含有诸多协商民主的因素。政治协商主要有两种方式：在中国人民政治协商会议上的协商与通过各种座谈会进行的协商。在会议协商与座谈协商中，共产党与各民主党派、无党派人士之间是平等合作的关系，在议案选择、议案协商、议案实施及议案答复等过程中，都充分体现了民主协商。党的十八大报告亦强调加强同民主党派的政治协商，要求充分发挥人民政协作为协商民主的重要渠道作用。

此外，中国共产党在抗日根据地创设的"三三制"政权也体现了协商民主的色彩。"三三制"要求政府人员构成和民意代表的分配符合如下原则：共产党占三分之一，左派进步分子占三分之一，中间分

---

[1] 《毛泽东选集》第4卷，第1437页。

子及其他分子占三分之一。它具有广泛的代表性和包容性，吸纳社会精英，积极动员广大人民参与。正如邓小平所言，其实质是民主问题。[①]

总之，中国共产党在探索中国特色社会主义的道路过程中，将马克思主义原理与中国实践相结合，在长期的革命与建设事业中积累了具有中国特色的协商民主思想与经验，这是推动中国协商民主实践不可缺少的极其可贵的理论基础与实践经验。

第四节　中国协商民主实践的历史演进

中国协商民主实践萌芽于第一次国共合作期间。从抗战到新中国成立初期，从国民党的"国防参议会"到"国民参政会"再到"政治协商会议"及中共"三三制"政权的实行，中国协商民主实践获得了初步发展。改革开放以后，在完善和发展政治协商制度的基础上，提出和发展了社会协商，形成了主要由政治协商制度与社会协商对话制度构成的社会主义协商民主制度，中国协商民主实践得到深化发展。

一　第一次国共合作时期中国协商民主实践的萌芽

中国协商民主实践酝酿于中国共产党成立伊始，在第一次国共合作中生根发芽。有学者指出：20世纪20年代应可视为中国特色协商民主思想与实践的萌芽时期。[②]

为了尽快通过革命实现民主共和的目标，在1921年中共一大上，

[①] 《邓小平文选》第1卷，人民出版社，1994，第8页。
[②] 黄国华等：《中国社会主义协商民主思想史稿》，西南交通大学出版社，2013，第6页。

代表们在"对其他政党的态度上,产生了短时间的争论",有的代表提出,应该在"行动上与其他政党合作反对共同的敌人",与其他政党合作"并不违背我们的原则",而且"可以加强自己","我们的力量会因为这个进展而强大起来"。① 显然,在中共一大的代表中已经萌生了有关统一战线和多党合作的意识。在1922年6月中共中央发表的《对于时局的主张》中,提出为实现真正的民主共和,应建立民主联合战线,以"联席会议"协商的方式,实现多党合作等主张。为了"军阀覆灭能够建立民主政治",中国共产党的方法,是要邀请国民党等革命民主派与革命的社会主义团体开一个联席会议,在上列原则的基础上,共同建立一个民主主义的联合战线,向封建式的军阀继续战争。② 此"主张"中的政治协商思想显而易见。一个月后的中共二大召开,提出"我们共产党应该出来联合全国革新党派,组织民主的联合战线,以扫清封建军阀推翻帝国主义的压迫,建设真正民主政治的独立国家"③。为实现这一目标,中共二大进一步阐述了民主联合战线的实施计划及相关的政治协商思想。一方面,主张召开广泛的各党派团体的政治代表会议,对联合战线及国是问题进行政治协商,"先行邀请国民党及社会主义青年团在适宜地点开一代表会议,互商如何邀请其他各革新团体,及如何进行"。此处的各党派"代表会议""互商"概念,显然是各民主党派之间政治协商的最初表述。另一方面,改变中共一大排斥联合各党派的态度,明确主张利用国会构建上层统一战线类型的"民主主义左派联盟",即各民主党派的政治联盟。同时,"在全国各城市及工会农民团体商人团体职教员联合会学生会妇

---

① 《中共中央文件选集》第一册,中共中央党校出版社,1989,第558页。
② 《中共中央文件选集》第一册,第35~36页。
③ 《中共中央文件选集》第一册,第63页。

女参政同盟团体律师公会新闻记者团体等组织"中,组织以普通民众为主体的下层统一战线类型的"民主主义大同盟"。① 可见,中国共产党的协商思想,从最初的主要在各民主党派间合作协商,扩大到联合各人民团体与广大民众的社会协商范围。以上这些都为中国协商民主实践的萌芽做了充分的思想理论铺垫。

第一次国共合作是中国政治协商实践的开始。中共三大之后在共产国际的引导下,开展了第一次国共合作实践,其间中共形成了关于民主协商的思想与实践。"其基本思路就是:先召开各党派团体的代表会议,进行政治协商,再召开全民代表普选的、全权的国民会议,进而建立国民政府,实现真正的民主共和国。就社会协商而言,是主张各社会团体通过联席会议协商,寻求社会共识,以维护民主联合战线。"② 一方面,第一次国共合作期间的政治协商,主要是党派之间,即共产党与国民党之间的政治协商。中国共产党的党员可以个人名义加入国民党,但是两党各自都还是独立存在的政党,于是两党之间必然存在就政治问题进行协商的空间。国民党于1926年6月致信中国共产党,提出以"整理党务案"规定为根据,成立两党联席会议。《整理党务第一决议案》指出,组织国民党与共产党的联席会议,由国民党代表五名,共产党代表三名组织而成;本会议的议题范围,除了审查两党党员妨碍合作的行动、言论及两党党员的纠纷问题之外,还要协定两党之间有连带关系的各种重要事件;联席会议的代表有代表其党的全权;联席会议聘第三国际代表为顾问;联席会议的代表任期为一年。1926年11月中共《中央政治通讯》也有详细记录表明,国民党左派纲领也认同

---

① 《中共中央文件选集》第一册,第62页。
② 黄国华:《中国共产党协商民主思想萌芽初探》,《四川省社会主义学院学报》2011年第2期。

如与中共意见不合时,"可与共派开联席会议解决之",即"以联席会议方式交换意见"解决之。① 中共中央也曾于 1926 年 12 月有明确总结:遇到国共两党相互关系以及共同行动问题需要解决的时候,国共两党"各派代表协商";中共"可与国民党开联席会议"进行"协商"。② 可见,当时除了党派代表之间可以进行经常性的政治协商之外,如遇重大问题,还需要召开两党组成的"联席会议"进行共同协商。另一方面,国共合作时期各群团协会之间也可以通过联席会议进行协商,主要是平民代表而非党派代表之间以协调各种社会和经济诉求为主题进行的协商。"工会、农民协会等可以时时提出市政省政的要求,关于地方公益的计划于联席会议。"③ 比如,1926 年中共中央提出广东"农工商学联合会的组织,本是工人农民教育界学生商人的联合战线"组织,由于"联合战线中的各阶级各有自己阶级的利益",所以如有重要事宜,联合会可以召集由各社团共同协商举荐所产生的代表参加的"联席会议"进行共同协商。④ 这显然既是一种利益协调机制,也是一种民主协商的程序。除了有党派之间与群众社团之间的民主政治协商之外,第一次国共合作期间的协商内容也较为广泛,覆盖了政治、经济、社会等方方面面。而且需要指出的是,中共中央曾提出先召集各界代表"共同组织"的"临时中央国民政府,立即召集国民会议预备会"对国是问题进行协商。⑤ 可以说,中共倡导协商民主与主张选举民主并举,前者是后者之前的一个民主程序。

---

① 《中共中央文件选集》第二册,中共中央党校出版社,1989,第 663~664 页。
② 《中共中央文件选集》第二册,第 659~660 页。
③ 《中共中央文件选集》第二册,第 387~388 页。
④ 《中共中央文件选集》第二册,第 391 页。
⑤ 《中共中央文件选集》第二册,第 2 页。

二　抗战至新中国成立初期中国协商民主实践的初步发展

在国共第一次合作破裂以后，两党尖锐对立，党派之间的政治协商基本处于停滞状态，直至抗战时期，中国协商民主实践的发展才获得了历史契机。从抗战时期到新中国成立初期，经由中国"国防参议会"到"国民参政会"再到"政治协商会议"以及中共"三三制"政权的实行，协商民主实践获得了初步发展。

抗战时期从"国防参议会"到"国民参政会"充分体现了中国协商民主实践的进展。"如果说国防参议会开启了抗战时期中国各党派参政议政之最初的组织形式之门，那么国民参政会的成立，则为各党各派各方参政议政、协商国是提供了一个相对更为广阔的平台。"[①] 中国共产党在"七七事变"发生前提出在国民党停止内战、实行民主、一致抗日的前提下，接受中央政府的领导，形成以国共合作为核心的全国抗日统一战线。国民党"召集各党各派各界各军的代表会议"，以"集中全国人材，共同救国"，而中共苏维埃"工农政府改名为中华民国特区政府，红军改名为国民革命军，直接接受南京中央政府与军事革命委员会之指导"。[②] 国民党在"七七事变"发生一个月后召开中央政治委员会第五十一次会议，成立"最高国防会议"，并下设"国防参议会"以凝聚各党派与党外人士共商国是，抗战到底。但是"国防参议会"是规模较小的民主形式，并不能满足战时民主的需求，中国共产党便于1938年3月的《对国民党临时全国代表大会的提议》中提出："为增强政府与人民之间的互助，为增强抗战救国的效能，全国民意机关的建立已经成为刻不容缓的当务之急。民意机

[①] 黄国华等：《中国社会主义协商民主思想史稿》，第120页。
[②] 《中共党史教学参考资料》（二），人民出版社，1979，第86页。

关的形式或为更为扩大的国防参议会，或为其他的形式均无不可，最重要的在于此机关要能包括各抗日党派、各军队、各有威望的群众团体的代表，即包括能代表四万万同胞公意的人才。"同时，这一全国民意机关"要真有不仅建议和对政府咨询的作用，而且应该有商量国事和计划内政外交的权力"。1938年在以中共为首的各方要求下，国民政府制定了《国民参政会自治条例》，规定了参政会具有五项主要职权：决议权、建议权、询问权、调查权和审查权。这五项权利分别体现了一定的民主程序性、一定程度的参政议政和民主监督的意义。毛泽东也曾指出，"国民参政会之召开，显然表示我国政治生活向着民主制度的一个进步"，是"全国政治生活走向民主化的初步开端"。[①] "国民参政会"成为战时中国协商民主实践的重要载体，此时的抗日与民主互为条件，在社会各界进行一致抗日爱国共识下，协商的过程中较为强调民主"参与"，延续并发展第一次国共合作期间的政治协商。

共产党的"三三制"政权是中国协商民主实践的一个重要典型。可以说，"三三制"政权是中国协商民主的雏形，对中共之后的多党合作和政治协商制度产生了重要影响。为了建立最广泛的抗日民族统一战线，1940年毛泽东提出了作为实现抗日民族统一战线政权的具体措施的"三三制"原则，即"根据抗日民族统一战线政权的原则，在人员的分配上，应规定为共产党员占三分之一，非党的左派进步分子占三分之一，不左不右的中间派占三分之一"。共产党占三分之一，代表无产阶级和贫农；左派进步分子占三分之一，代表小资产阶级；中间分子及其他分子占三分之一，代表中等资产阶级和

[①] 《中共中央文件选集》第十二册，中共中央党校出版社，1989，第159页。

开明绅士。①1941年陕甘宁边区政府根据党中央精神，按"三三制"原则进行改选，共产党候选人只占三分之一，剩下三分之二属于其他阶级与党派中的民主人士。在"三三制"政权下，开明能干的非党派人士有机会进入政权机关发挥作用。根据地政府还经常召开有非党派民主人士参加的座谈会，听取他们对政府工作的意见，形成了人们敢于说话，共产党与群众密切联系的氛围。其实不仅是陕甘宁边区，而且在其他解放区，各级"三三制"政权中的共产党员也按照中央要求充分发扬民主，与根据地群众真诚合作、协商共事，给群众广泛的参政议政创造了制度平台。正如邓小平所言，"三三制"政权不仅是抗战时期的最好政权形式，而且是将来新民主主义共和国所应采取的政权形式。②"三三制"政权具有相当的包容性和参与性，具有协商民主的精神实质。

政治协商会议的召开使中国协商民主实践获得了重大发展。抗战胜利在即，在共产党的倡导和广大人民的响应下，"国民参政会"演变成政治协商会议。在1945年4月的中共七大上，中共主张应该"立即宣布废止国民党一党专政，成立一个由国民党、共产党、民主同盟和无党派分子的代表人物联合组成的临时中央政府，发布一个民主的施政纲领"。1945年10月10日于重庆国共协商签订《政府与中共代表会谈纪要》，明确提出"召开政治协商会议，邀集各党派代表及社会贤达协商国是讨论和平建国方案及召开国民大会"，"政治协商"概念明确形成。1946年1月10日重庆"政治协商会议"召开并签订了五项协议。但是会后国民党撕毁协议并发动内战，使中国协商民主遭受挫折，直至内战结束才重获发展。1948年4月30日中共在著名的

---

① 《毛泽东选集》第2卷，人民出版社，1991，第742页。
② 《邓小平文选》第1卷，第8页。

"五一"口号中再次提出"各民主党派、各人民团体、各社会贤达迅速召开政治协商会议,讨论并召集人民代表大会,成立民主联合政府"的民主建国方针。① 随后各民主党派联名发出《各民主党派赞同召开新政协致毛主席电》,响应中共的号召,形成了各民主党派拥护中国共产党领导的政治协商民主建国的格局。1949 年 9 月中国人民政治协商会议在北平召开,通过了《中国人民政治协商会议共同纲领》、《中国人民政治协商会议组织法》和《中华人民共和国中央人民政府组织法》,选举产生了中央人民政府,宣告了中华人民共和国的成立。这标志着中国政治协商制度的正式形成,也标志着中国协商民主实践进入了新的发展阶段。

新中国成立后,以人民政协为载体,中共与各民主党派合作共事、政治协商,从《共同纲领》到 1954 年《中华人民共和国宪法》,再从毛泽东《论十大关系》到中共八大决议,在中国民主协商实践过程中,逐步形成了以中国共产党领导、多党合作、长期共存、互相监督、政治协商为主要内容的中国特色协商民主制度的雏形。② 为充实人民政协全国委员会的日常工作,实行由政协全国委员会秘书长每周召集一次工作会议的制度。为加强党派间的联系,遇有各民族党派共同事务性质的问题,由秘书长召集各民主党派秘书长联席会议进行协商;各民主党派座谈会每两周举行一次;实行双周座谈会以沟通思想,对政策时事、统一战线工作交换意见。这对实行政治协商、民主监督和调整统一战线内部关系起到良好作用。③ 1954 年宪法颁布,为中国共产党领导的多党合作政治协商的确立奠定了法律基础。最高国务会议

---

① 《中共中央文件选集》第 14 册,中共中央党校出版社,1987,第 111 页。
② 黄国华等:《中国社会主义协商民主思想史稿》,第 163 页。
③ 黄国华等:《中国社会主义协商民主思想史稿》,第 165~166 页。

成为多党合作、政治协商的重要场所。最高国务会议每次开会都有许多民主党派负责人和无党派人士的积极参加，从1954年10月召开第一次会议到1962年12月停止活动，总共举行会议20次。① 人民政协结束国家政权机关的职能而作为统一战线组织形式继续发挥作用。1954年12月第二届人民政协会议将《中国人民政治协商会议组织法》改为《中国人民政治协商会议章程》，定性为团结全国各民族、各民族党派、各人民团体、国外华侨和其他爱国民主人士的人民民主统一战线组织。人民政协通过政治协商和民主监督，发挥其参政议政的重要作用。在1956年5月的最高国务会议上毛泽东作了《论十大关系》的讲话，在处理党与非党的关系上提出了"长期共存、互相监督"的八字方针。之后1957年中共八大通过决议：必须按照长期共存、互相监督的方针，继续加强同各民主党派和无党派人士的合作，并且充分发挥人民政治协商会议和各级协商机构的作用。在一切政府、机关、学校、企业和武装部队中，共产党员都必须负责建立起同党外工作人员合作共事的良好关系。② 由此在法律上明确了共产党与各民主党派之间"长期共存、互相监督"的方针，巩固了人民政协这一广泛的人民民主统一战线，促使人民政协更好地坚持民主与协商的工作原则，充分发挥党派监督和政治协商的重要作用，进而有效推动了中国协商民主实践的发展。

总之，新中国成立初期的国家大政方针、重要法案都经中国人民政治协商会议的协商，再由中央人民政府委员会或政务院通过并颁布实施。如《中华人民共和国土地改革法》《中华人民共和国婚姻法》《各界人民代表会议组织通则》《合作社法》《公私合营工业企业暂行

---

① 《中国人民政协全书》上卷，中国文史出版社，1999，第1025页。
② 《建国以来重要文献选编》第9册，中央文献出版社，1994，第350页。

条例》《汉语拼音方案》等，还有宁夏、广西两个民族自治区的建立等都经过了中国人民政治协商会议的充分协商。特别是1954年颁布的党在过渡时期的总路线，从党的最高领导人的酝酿，到党内的充分讨论，到与党外人士的充分协商，最后载入宪法，无疑是协商民主的一个生动实践。然而，50年代后期反右及"文革"期间，政治协商实践几乎长期处于停滞状态，经历了重大曲折。

三 改革开放新时期中国协商民主实践的深化发展

改革开放以后，中国协商民主实践进一步深化发展。中共中央相继出台了一系列重要文件和政策，对协商民主的概念、地位、制度乃至具体运作问题等进行明确而系统的阐述，既使政治协商制度逐步恢复发展并渐趋成熟，又使社会协商得以正式提出并在实践探索中不断发展。

1. 政治协商获得制度化、规范化的快速恢复和发展

首先，政治协商得以恢复并向制度化发展。十一届三中全会后统一战线、民主党派、人民政协加快恢复了正常活动；1981年12月中共第十五次全国统战工作会议首次提出与党外人士建立"肝胆相照、荣辱与共"的关系，次年的中共十二大把"长期共存、相互监督"和"肝胆相照、荣辱与共"定为社会主义现代化建设新时期党领导的多党合作和政治协商的基本方针。1982年宪法用一个自然段对统一战线和政治协商问题作出了权威的阐释。1987年中共十三大在概括长期以来政治协商思想与实践的基础上，首次提出"共产党领导下的多党合作和政治协商制度"，"逐步使国家大政方针和群众生活重大问题的政治协商和民主监督经常化"；1989年中共中央进一步提出"中国共产党领导的多党合作和政治协商制度是我国一项基本政治制度"，即

"符合中国国情的社会主义政党制度",并首次阐明了中共与各民主党派进行政治协商的五种主要形式:"民主协商会""高层次、小范围的谈心活动""座谈会""书面的政策性建议""约请中共中央负责人交谈"。① 这些举措都将政治协商推向制度化。

其次,政治协商作为与选举民主并列的重要民主实践形式获得确认和理论化阐释。1991 年江泽民指出:"人民通过选举、投票行使民主权利与人民内部各方面在选举、投票之前进行充分协商,尽可能就共同性问题取得一致意见,是我国社会主义民主的两种重要形式。"② 1997 年党的十五大报告把坚持和完善中国共产党领导的多党合作和政治协商制度载入党在社会主义初级阶段的基本纲领,进一步肯定了人民政协这一民主形式在跨世纪发展中的重要地位。2000 年中共中央形成了《关于加强统一战线工作的决定》,在尊重和引导社会发展一致性与差异性的基础上,阐发了助推政治协商制度发展的统一战线系统工作,提出将政治协商纳入决策程序的思考,有效推动了政治协商制度的发展。党的十六大以来,以胡锦涛同志为总书记的党中央对人民政协工作作出新部署和新阐述,明确提出:"坚持和完善人民政协这种民主形式,既符合社会主义民主政治的本质要求,又体现了中华民族兼容并蓄的优秀文化传统,具有鲜明的中国特色,是我国社会主义民主政治的一大优势。"③ 2005 年中共中央明确提出"把政治协商纳入决策程序,就重大问题在决策前和决策执行中进行协商,是政治协商的重要原则",并进一步阐明了中国共产党及民主党派在人民政协

---

① 《中共中央关于坚持和完善中国共产党领导的多党合作和政治协商制度的意见》,中国共产党党内规章选编,人民网,1989 年 12 月 30 日(http://dangshi.people.com.cn/n/2013/0319/c359291-20841001.html, 最后访问日期:2014 年 7 月 5 日)。
② 中央文献研究室编《人民政协重要文献选编》(中),中央文献出版社,2009,第 206 页。
③ 中央文献研究室编《十六大以来重要文献选编》(中),中央文献出版社,2009,第339~340 页。

内政治协商的五种主要形式——"政协全体会议、常务委员会会议、主席会议、常务委员专题座谈会、各专门委员会会议等形式"以及政治协商的"主要内容"和"主要程序"。① 2006 年《中共中央关于加强人民政协工作的意见》正式提出并科学论述了我国社会主义民主有两种重要形式,即选举和协商。中国共产党第一次以中共中央文件的形式为人民政协这种中国协商民主形式作出历史性总结概括,从而确立了我国协商民主的政治地位。2007 年《中国的政党制度》白皮书则进一步明确指出"选举民主与协商民主相结合,拓展了社会主义民主的深度和广度","是中国社会主义民主的一大特点"。② 2012 年党的十八大作出了"社会主义协商民主"的新概括,指出"社会主义协商民主是我国人民民主的重要形式",要求"健全社会主义协商民主制度","坚持和完善中国共产党领导的多党合作和政治协商制度","坚持协商于决策之前和决策之中,增强民主协商的时效性"并"深入进行专题协商、对口协商、界别协商、提案办理协商"等。中共制定的上述一系列文件和政策,不仅使政治协商进一步制度化,而且使之作为国家层面的协商民主实践形式而渐趋理论化、规范化。

最后,政治协商制度作为国家政治层面的协商民主形式不断在实践中创新发展,为公民的参政议政提供了制度化的组织、程序及途径。如会议、提案、视察、调研、反映社情民意等人民政协的协商方式,有益于人民意志的表达与实现。政协会议与人大会议实行"两会"同时召开,政协委员以讨论、提案等多种形式对重大问题和决策提出意

---

① 《中共中央关于进一步加强中国共产党领导的多党合作和政治协商制度建设的意见》,2005 年 2 月 18 日(http://dangshi.people.com.cn/n/2013/0319/c359293 - 20841303.html,最后访问日期:2014 年 7 月 5 日)。
② 中央文献研究室编《十六大以来重要文献选编》(下),中央文献出版社,2008,第 260 页。

见建议，并提交人大表决，使协商在前而选举与票决在后，有助于实现更科学合理的决策。还有如人大旁听制度、听证制度、人大常委会主任接待日、人大信息网、人大代表联络区、人大信箱、代表述职、评议制度等进一步完善和制度化，为公民的参政议政提供便利的制度化、程序化的渠道。这使得中国协商民主实践不仅在形式上而且在内容上实现人民当家作主的权利，体现出社会主义民主的真实内容。

2. 社会协商在实践探索中创新发展

在完善和发展国家层面的政治协商的基础上，中国共产党在改革开放后又明确提出了社会生活方面的协商。可以说，"在民主革命和社会主义革命与建设时期，中国特色协商民主思想主要表现为政治协商思想。改革开放后，中国共产党才在完善政治协商的基础上，明确提出了社会协商思想，开始了大量的社会协商制度与实践的探索，使社会协商思想逐步清晰起来"①。改革开放新时期的中国协商民主实践，从"政治领域"扩展到整个"社会生活"领域，从"国家层面"的协商扩展到"地方性的、基层单位内部"的协商，协商作为民主程序运作的重要方式被加以应用，由此社会协商制度在实践探索中不断创新发展。

第一，中共中央提出并明确了社会协商制度。中共十三大提出了"社会协商对话制度"的构想，及"必须使社会协商对话形成制度，及时地、畅通地、准确地做到下情上达，上情下达，彼此沟通，相互理解"，"对全国性的、地方性的、基层单位内部的重大问题的协商对话，应分别在国家、地方、基层三个不同层次上展开"。②倡导以社会

---

① 黄国华等：《中国社会主义协商民主思想史稿》，第163页。
② 中央文献研究室编《改革开放三十年重要文献选编》（上），中央文献出版社，2008，第494页。

协商的方式，即以广泛直接的对话寻求共识的方式正确处理和协调各种不同的社会利益和矛盾，推动了社会基层的协商民主实践。

第二，党的十三大之后在党的政策指导下，社会协商不断在实践探索中发展。1992年中共十四大提出"加速建立一套民主的科学的决策制度"，"是社会主义民主政治建设的重要任务。领导机关和领导干部要认真听取群众意见"。1997年中共十五大提出，"扩大基层民主，保证人民群众直接行使民主权利"，"让群众参与讨论和决定基层公共事务和公益事业"。2002年中共十六大提出，"健全民主制度，丰富民主形式，扩大公民有序的政治参与"，普遍"建立社情民意反映制度，建立与群众利益密切相关的重大事项社会公示制度和社会听证制度，完善专家咨询制度，实行决策的论证制和责任制"。2007年中共十七大提出，"坚持国家一切权力属于人民，从各个层次、各个领域扩大公民有序政治参与"，切实"保障人民的知情权、参与权、表达权、监督权"，"增强决策透明度和公众参与度"。2012年中共十八大报告针对社会协商对话制度提出"通过国家政权机关、政协组织、党派团体"共同"推进协商民主广泛、多层、制度化发展"，并"积极开展基层民主协商"。正是在上述政策的指导下，中国的社会协商实践有了突破性的发展。比如在市政决策与管理方面建立民主协商机制，采取协商对话、决策咨询、公开听证、媒体讨论等多种形式的社会协商，使国家权力与社会自治发生真实的交互作用，更好地化解了社会矛盾并协调了社会利益。在社会生活层面不断发展完善基层民主，包括发展完善村民自治、社区自治，发挥居委会、业主委员会作用。创造性地探索出民主恳谈、民情沟通等基层协商民主形式，使基层民主实践的内容和形式不断丰富发展。

总之，改革开放以后中国协商民主实践不断深化发展，在政治协商制度完善和发展的同时，社会协商对话制度的不断开拓创新，由此民主协商能够分别在国家、地方和基层三个不同的层次上展开，进而使这种"社会主义协商民主"成为我国人民民主的重要形式，体现出人民民主的真实内容。

第六章
社会主义协商民主的实践与经验

中国式社会主义协商民主与西方协商民主，在基本制度、文化背景、民主进程等方面都有着重大差异。社会主义协商民主的实践先行特征，也是有别于西方协商民主理论先行的发展路径的一个重要体现。新中国成立以来，中国共产党领导下的多党合作和政治协商制度作为一项基本政治制度被确立下来，这一制度既是新中国成立前夕统一战线的延续，也是我党在民主政治建设中的一项原创性制度设计。西方协商民主理论兴起于 20 世纪 80 年代，21 世纪逐渐传入中国。随着国内学界对西方民主理论的引介与传播，中国的民主实践，特别是基层民主和村民自治的发展，在浙江等地率先兴起了基层协商民主的探索与实验。与此同时，协商民主的理论、原则和原理进一步延伸至党内，逐步形成和发展出具有中国特色的党内协商民主。在这些领域，社会主义协商民主不仅具有更长的实践阶段，而且形成了以实践中的经验与问题推进理论的发展路径。2012年，党的十八大召开，首次采用"协商民主"概念，并确定了社会主义协商民主的政治发展方针，社会主义协商民主开始从实践阶段走向制度化、成熟化的发展阶段。

改革开放以来，随着社会主义经济建设的开展和推进，中国各地的民主政治建设也开始走上健康发展之路。近年来，各地先后涌现了大量基层协商民主的创新性实践，一些经济发达的省份，如浙江、广东等，村级、社区、企业等基层单位都已经广泛建立起了民主协商制度。特别是浙江省，作为中国基层协商民主制度的诞生地，已经形成了丰富的协商民主形式，如民主恳谈会、论坛式协商、咨询会、听证会、议事会、工资集体协商制度、网络议事等。近年来，浙江省始终将基层协商民主作为地方民主政治建设的重要内容和地方政府治理的有效形式，充分发挥其在地方民主实践中的独特优势，通过政协组织、统一战线、民间团体、普通公民、政权机关等参与主体之间的广泛协商，共同推进该省经济社会发展的重大问题和涉及群众切身利益的实际问题的协调、解决与发展，逐步走出了一条具有浙江特色的社会主义基层民主建设道路。

鉴于此，笔者选取中国基层民主协商制度的诞生地——浙江省为例，全面考察该省在新时期以来推进社会主义协商民主的理论创新、制度创新和实践创新，以期通过对若干典型案例的基本做法、方式方法、成功经验以及面临的困境与存在的不足等方面的描述与分析，既能代表性地展现中国协商民主实践的基本情况、主要特征，又能在实证分析的基础上进一步梳理与提炼其成功经验，提出推进中国协商民主的广泛多层制度化发展的对策建议。探索一条既适应时代要求又符合地方实际的社会主义民主政治建设路径，是一个既具有重大理论价值，又具有重大实践意义的地方政治课题。

第一节　人民政协的政治协商实践与优势

党的十六大以来，中共中央把人民政协工作纳入中国特色社会主义事业总体布局。党的十八大进一步提出了"健全社会主义协商民主制度"的总体规划，"坚持和完善中国共产党领导的多党合作和政治协商制度，充分发挥人民政协作为协商民主重要渠道作用，围绕团结和民主两大主题，推进政治协商、民主监督、参政议政制度建设，更好协调关系、汇聚力量、建言献策、服务大局。加强同民主党派的政治协商。把政治协商纳入决策程序，坚持协商于决策之前和决策之中，增强民主协商实效性。深入进行专题协商、对口协商、界别协商、提案办理协商。积极开展基层民主协商"[1]。

政治协商是社会主义民主的重要形式，也是党和政府广纳民言、广集民智、实行科学民主决策的重要环节。人民政协是中国政治协商制度的重要机构，是中国人民爱国统一战线的组织，由各民主党派、无党派人士、人民团体、各少数民族和各界爱国人士的精英代表组成，其主要职能为政治协商、民主监督和参政议政。政协委员包括全国政协委员和地方各级政协委员，由各民主党派、各人民团体和无党派人士反复酝酿协商推举产生，经全国或地方人民政协常务委员会同意成为政协委员，其政治协商的职能主要体现为对国家和地方的大政方针以及政治、经济、文化和社会生活中的重要问题在决策之前进行协商和就决策执行过程中的重要问题进行协商，以会议为主要形式和各级领导机关为具体对象。参政议政则是政治协商以外在更宽泛的范围

---

[1] 胡锦涛：《坚定不移沿着中国特色社会主义道路前进　为全面建成小康社会而奋斗——在中国共产党第十八次全国代表大会上的报告》，人民出版社，2012，第26～27页。

内，具有更丰富的内容、更多样的形式、更灵活的方法的职能体现，从而拓宽了政协工作的渠道和领域，为广大政协委员及其所联系的各界人士参与国事、发挥专长提供了更多的机会，同时也为各级政协切实有效地组织政治协商、民主监督，在议题的选择、信息的收集、材料的积累、人员的组织等方面创造良好条件。

一　杭州市政协工作的创新实践

近年来，杭州市政协在强化界别协商、工作重心下移等方面开展了一系列探索工作，充分发挥政协的各种优势，推动政治协商工作的稳步前进。

1. 充分发挥政协界别小组职能，强化界别协商机制

界别协商是政协组织进行政治协商的一种重要形式，是把某个或多个界别的委员作为主体，以各类协商建言、协调关系为履职形式的民主协商形式，是一种正处于不断实践和探索中的民主协商形式。

杭州市政协在强化界别协商工作中，专门就如何更好地发挥以界别分组的政协委员职能提出了一系列创新性方案：其一，成立"委员学习和工作联络委员会"，抓好委员学习培训，加强对界别小组和委员的联络服务和履职管理，为组织、整合和促进政协界别小组和委员个体发挥主体作用搭建起多种平台。其二，形成了一系列强化界别活动的相关制度。政协主席、副主席分别联系26个界别小组，并参加界别组织的活动；建立界别"召集人"制度，负责牵头召集本界别的小组活动；每个月召开一次界别委员约谈会，每半年召开一次界别小组召集人座谈会，等等。其三，出台了《杭州市政协委员联系界别群众实施办法（试行）》，就进一步促进委员密切联系界别群众，听取、反映界别群众的意愿和诉求，关注民生问题，促进经济和社会健康发展

等方面提出了具体要求。例如,要求每位委员除加强同本界别群众的经常性联系以外,还应至少固定联系5名本界别群众,每年通过谈心谈话、意见征询、情况通报、信息反馈等方式,做好联系界别群众的各项工作。

随着这些工作的开展和推动,杭州市政协的界别活动日益活跃:各界别小组每年向政协全会提交书面或口头发言材料;每年界别提案占到提案总数的10%左右;以界别小组为单位的专题调研和视察开展频繁;通过界别信息例会、界别座谈会、界别约谈会、聘请界别特邀信息员等形式,及时上报社情民意信息,等等。界别的活跃直接关系到与界别密切相连的群众参与的踊跃,因此,充分发挥政协界别小组职能,是活跃界别协商、增强政协委员履职感的重要方式,也是强化界别协商机制的重要抓手,对促进基层协商民主具有重要意义。

2. 下移工作重心,实现政协工作向基层延伸

基层协商民主的发展离不开政协工作向基层的延伸,相反,政协工作一旦脱离基层,将直接影响委员履职建言的成效和社会影响力的发挥,影响老百姓的参与热情。因此,政协工作向基层延伸也充分反映了社会主义协商民主是党的群众路线在政治领域的重要体现。

杭州市政协近年来通过创新组织、机制,将工作重心下移,实现政协工作向基层的深入和推进,已先后在80余个乡镇、街道建立了政协工作委员会,通过一系列的制度化安排,以互动、联动、走动等形式使政协工作更贴近实际、贴近群众。例如,召开各种形式的"协商民主会",畅通民意渠道,协调利益和矛盾。在杭州诸多乡镇、区级单位,政协工委通过接待日、工作室等方式,将社区居民和村民最急切的愿望和诉求收集起来,再借助"协商民主会"组织

和协助居民或村民代表、相关部门负责人、政协委员就共同关心的民生问题进行广泛讨论与深入协商。近年来，杭州市各级政协工委已经通过"协商民主会"的形式解决了大量民生问题，其中涉及道路规划、外来务工人员子女入学、被征地农转非人员就业、养老保险、垃圾处理等。再如，2013年萧山区政协立足现有基础，发挥自身优势，尝试通过"两代表一委员"工作室、委员网上工作室、建立联络员制度等多种形式，让委员走基层、接地气，积极开展基层民主协商工作，等等。

二 政协工作创新的优势

通过充分发挥政协界别小组职能，强化界别协商机制等工作创新，能够进一步凸显和发挥社会主义协商民主的制度优势、群众优势与智力优势。

1. 制度优势

首先，界别协商作为协商民主的一种重要形式，是社会主义协商民主制度的一个重要组成部分，因此，强化界别协商有利于充分发挥社会主义协商民主的制度优势，特别是党的十八大以来，"社会主义协商民主是我国人民民主的重要形式"，界别协商的制度化建设直接关系到社会主义协商民主的制度化发展。其次，界别协商是政协界别委员参政议政的一种基本途径和手段，也为各党派团体、各族各界代表有序政治参与提供一种具体的平台和形式。杭州市重视为界别小组和委员搭建多种平台的做法，进一步凸显了社会主义协商民主的制度优势，也进一步增强了其制度化保障。

2. 群众优势

由于政协的界别组织是由社会各阶层各界别的代表组成，他们一般都是直接从群众中来，或与群众保持着最密切的联系。同时由于代表不受地域和人口比例的限制，因而能够最大限度地体现代表的广泛性和组织的包容性。界别协商也正是通过这种群众优势，能够实现将群众分散的、个别的意见和呼声汇成系统的意见，提出共同的意志和主张，从而在积极反映界别所联系的群众意愿和要求、协调各方关系上具有重要而有效的渠道作用。

3. 智力优势

界别代表一般由某一领域中拥有较大影响力、较好专业素养或较高道德修养的人才担当，因此，界别协商有助于广泛收集各种民间智慧、见解，特别是一些拥有极强专业优势的代表，能够对一些事关长远的根本性问题进行深入思考，提出建设性意见建议，有利于提高民主决策的科学性。同时，界别协商也有利于不同界别之间的智力互补，对关系某界别重大问题的相关领域，听取其他界别委员的建议、意见，起到群策群力、优势互补、提升协商质量的作用。

三 政协工作创新的价值

政协工作重心的下移，能进一步加强政协委员与人民群众的直接交往和沟通，使政协的政治协商工作更能代表基层最广泛群众的利益诉求与愿望，从而提升政治协商工作的真实性和有效性。具体地看，这一工作方式的转变具有以下重要价值。

1. 较为充分而有效地发挥协商民主"上通下达"的功能

通过加强委员与群众的直接联系，政协工作开展前期能够收集更多、更真实、更准确的民情民意；政协委员的群众基础和威信能够得到提升；人民政协的民意表达功能能够得以强化，既能为党委、政府提供从其他渠道不易得到的信息来源，也能为广大群众了解党委、政府工作提供独特视角。

2. 拓宽群众参与协商民主、民主监督、民主管理等事务的渠道

政协协商民主以平等、对话、沟通、协商、兼顾为主要特点，以达成共识为原则，对于妥善处理和协调各种利益关系，疏导社会矛盾，形成合理、协调、均衡的利益格局，促进社会公平正义，有着不可替代的优势和作用。政协工作与群众的直接联系，大大提高了群众政治参与的积极性和效能感，提高了群众对协商决策结果的理解和支持，减低执行阻力，同时也能够在舆情汇集和分析等重要方面发挥政协在加强和创新政府治理能力的作用。

3. 建构政协委员与群众之间的新型互动方式

这种方式不再受到传统面对面互动方式在时间、空间等方面的限制，能够有效拓展协商议政的平台和载体。因此，充分调动群众积极性，发掘和利用新型协商平台，并将其与传统面对面的协商形式结合起来，灵活运用、优势互补，是基层协商民主在未来一段时间内进一步发展和推进的趋势所在。

第二节　农村与社区协商民主制度的方法与经验

浙江是一个民营经济发达，商业文化底蕴深厚的省份，基层社会在总体上体现出较强的自治能力和活力，这为基层协商民主制度的创建与创新提供了有利的前提条件。同时，省委、省政府以及各地政府部门对基层民主建设事业的高度重视和密切关心，也为其独具特色、充满活力的基层民主建设提供了有力保障。基层协商民主是指在基层社会自治中，公民通过公平、理性、自由、充分的沟通、

讨论、协商、对话等形式,就关涉其自身的重大公共事务提出意见、建议以及作出决定。①

一 浙江省村级协商民主协商制度的形成与发展

基层协商民主制度在浙江省主要表现为"民主恳谈会""民情恳谈会""民主听证会""议事协调会"等制度形式。其创建最早缘于温岭的"民主恳谈"活动。起初"民主恳谈会"只是试图改善农村干群关系的思想政治工作的新载体,后来逐步发展为以决策咨询和决策听证为主要内容的新型民主治理形式。由于"民主恳谈"的富有成效,这一做法在省委、省政府的肯定和支持下得以在全省推广,并延伸到城市社区。现在,以"民主恳谈"为主要形式的协商民主制度已在全省基层普遍建立起来,并且,不同地区根据自身特点对之进行了富有特色的创新与完善。

目前,比较普遍的做法是把"民主恳谈"或"民主听证"作为村、镇重大决策的前置程序,要求凡是涉及村、镇重大利益的决策都必须经过利益相关者的广泛讨论和协商,以增强决策的民主性和科学性。在村级层面,其基本流程是由村党组织或村委会或一定数量的村民(村民代表)联合提出议题,由村党组织确定议题,再对议题内容进行通报和告示,然后在村党组织或村委会的主持下进行议事协商,最后将最终的方案放在村民或村民代表大会上议决通过,并再次将结果进行通告。在镇级层面,其做法一般是由镇党委或镇政府确定议题,然后视内容的不同而邀请不同的人员参加,再在镇党委或镇政府主持下进行讨论和协商,会后对各种意见进行整理和专题研究,最后将解

---

① 这里讨论的基层协商民主制度主要限于农村和城市社区,是村民、居民参与村镇、社区公共事务管理中的民主形式与程序。

决办法和措施进行公告。"民主恳谈"或"民主听证"会议的召开有定期和不定期两种形式。定期的一般规定每季度或每半年召开一次。不定期则遇到情况随时召开。

在不同的地方，由于经济、文化、地域个性的差异，以及民主政治建设进程的不同，在民主协商的具体环节上有不同的做法，比如有的地方规定，村级"民主恳谈会议"在作出相关决定或方案之后要报请镇级审核。以下，选取温岭的"民主恳谈会"作为个案分析。

发端于温岭的"民主恳谈会"不仅是浙江省农村基层民主建设的一大创举，也是全国基层民主建设的一个先例。这一民主新事物的产生和发展，已经引领了中国的基层民主建设，并且在政治实践中得到不断完善。

温岭目前的"民主恳谈会"已经是这一制度成立之后发展到第三阶段的产物了，是由最初为缓和干群矛盾而开展的交流对话会和第二阶段的具有特定主题的村务讨论会演化而来的。现在，"民主恳谈会"主要包括两种形式：（1）村级"决策制订协商会"；（2）镇级"决策修订协商会"。前者主要是就某个或某几个关涉全村公共利益和公共事务的议题提出各种政策方案，村干部通过组织村民代表（或户主代表）进行讨论和协商，对不同备选方案进行陈述和论证，以全村公共利益为基础逐步实现意见的偏好的集中，拟定一种最合适的政策方案。如果方案受到多数村民的反对，或不同意见较多、较强烈，就暂时搁置，进行调整和完善后再次召开会议，以便作出合理的决定或决策。这种会议形式将议事协商和决策相结合，具有更大的决策权，村民的参与性更充分，并且能为政策方案的拟定和选用提供最大的群众支持。后者则主要是在镇政府部门已经就某一关系全镇的重大议题进行过协商讨论之后，并已经选定了某种初步方案时进行的村民协商议事会议。其目的在于对拟定政策方案作出进一步边缘性修改，更多地考虑多方利益关系，以期政策方案的制订和实行更符合最多数人的公共利益，其性质是决策之前的咨询与听证。从参与者来看，主要是由一些平时比较关注全镇公共事务或与讨论议题关系紧密的村民组成。

目前，温岭的镇级民主协商制度又进一步向前发展，开始探索与具有决策权的镇人大制度的结合。其结合途径是：（1）"民主恳谈会"上意见分歧、争议较大、难以协商确定的重大事项，提请镇人大主席团召集人大代表进行依法审议、表决；（2）群众对政府在"民主恳谈会"上的决定不认同可以向镇人大主席团或人大代表反映，经人大主席团同意或五分之一以上人大代表的联名支持，人大主席团应召集人大代表就此事项进行审议表决；（3）在镇人大审议重大事项中引入民主协商机制，推动基层人大改革。比如，新河镇尝试对公共预算进行"民主恳谈"，取得了相当不错的效果。

温岭的民主恳谈制度至今已经延续了8年，不但没有昙花一现般地消失，而是在实践中不断地完善、创新与发展，显示了其巨大的民主潜力。

在全省推广农村协商民主制度的过程中，不少村镇还根据自身的特点，对民主协商的组织方式、程序等进行了新的探索。如金华市金东区普遍建立了村民议事中心，制定实施了《村民议事规则》，通过落实议事场所有效促进了村级民主协商制度建设。宁波江北区建立了党员、村民代表接待室制度和联系农户制度，有效地畅通了民意反映渠道。江北区在"民主听证"制度中，引入了"村民代表调查小组"的机制，规定在协商民主、决策之前，由"村民代表调查小组"拟订方案，而小组成员并不固定，可由一般村民担任，从而改变了以前"自上而下"的决策机制，避免了群众知情不够、参与不深，听证、决策流于形式的弊端。杭州市余杭区的崇贤镇，鉴于村规模较大、集体资产细分在村小组的实际情况，建立了"村小组代表制度"，以村小组为单位来展开民主协商等民主工作，细化了管理，也提高了效率。常山县辉埠镇尝试实行了"村民代表质询制度"，系统规范了村民代表质询会议召开的时间、参加主体和议题内容等，通过质询的形式提高了干部群众协商民主能力。

此外，杭州建德市还进行了选举协商制度的实验，将协商民主与选举民主结合起来。2011年，建德市村级组织在换届选举工作中引入政协委员的参与，直接针对选举开展协商工作。市政协下设的乡镇街道工作委员会组织120名政协委员挂起胸牌，担当"民主观察员"。在选举之前，"民主观察员"深入基层，通过谈话的方式，如集体座谈、个别交心，同自荐人谈、和老党员谈、与村民代表谈等，广泛了解和收集真实的民情民意。再根据村里的实际情况，以"选对人、选成功、选和谐"为目的在选举人与候选人、选举人之间、候选人之间开展选举协商。

二 浙江省城市社区协商民主制度的主要形式与内容

浙江省是全国进行社区建设较早的省份之一。从1987年开始，杭州、宁波、温州等地率先进行了社区建设试点，其他地区也紧跟其后开展社区建设。社区建设的根本内涵之一就是社会自治能力的提高，特别是社区居民协商议事能力的提高，在借鉴农村协商民主制度的基础上，全省各地在开展社区建设的同时，也普遍建立起了社区协商民主制度。

就全省范围来看，城市社区目前已经建立起来的协商民主制度主要有议事协商委员会制度、民主听证会制度、民主恳谈会制度等。

一般来说，城市社区都设有议事协商委员会制度，其功能主要是议事、协商、监督和评议，其成员由辖区内的热心公益和有名望的各界人士组成，人数为十几人，一般定期在年终和年初召开（某些社区规定每季度召开），内容往往是听取居委会的工作通报和对社区的发展和工作提出建议。遇到涉及社区重大事项时也会不定期召开。

由于经济发展的程度和社区建设的进程各异，浙江省各城市社区的协商民主制度的形式和模式也各不相同。大致而言，我们可以区分两类不同的民主协商形态：一是传统社区型民主协商，二是新兴网络型民主协商。从数量上看，浙江省主要城市社区大多以传统型为主，其协商民主制度主要体现为"四会"制度，即民情恳谈会、民主听证会、工作评议会和议事协调会。新建社区则主要通过网络论坛实现协商民主。目前，浙江省新型民主协商形态正处于生长期，很多传统社区已经开始重视和扩大网络民主的功能，大多数新建社区都在努力实现网络协商民主形式，提高民主决策、民主管理的科学性和高效性。笔者选用杭州市的两个社区作为上述两类社区的代表性个案，描述与分析两类民主协商形态的内容与特征。

1. 杭州市近江西园社区的"四会"制度

近江西园社区地处钱塘江边，辖区包括近江家园六园、七园、八园、九园四个住宅区和近江工业园区。目前总户数2414户，总人口5242人。该社区居民多为搬迁住户，在年龄结构上更为老龄化，文化素质和经济收入等方面处于一般水平，是典型的传统型社区的代表。

在协商民主制度上，近江西园社区采取了较为传统的做法，并结合当地情况进行了一些制度创新。"四会"制度是浙江省杭州市社区民主协商的基本制度，主要包括民情恳谈会、民主听证会、工作评议会和议事协调会。社区首先将面临的各种大小公共事务进行分类，再选取不同的会议形式进行民主协商，为民主决策做好准备。

例如，当议题内容涉及社区全体居民的公共利益时，一般采用民主听证会的形式，其参加人员一般由所有自愿报名参加的本社区居民组成。然而，由于年轻居民参与热情不高或者年老居民协商民主能力不够强等原因，可能造成听证会无法起到广开言路的功能，因此，社区居委会又在听证会制度的基础上进一步设立了网上听证和上门调查等方式。相对普通听证会来说，网上听证会具有匿名、公开、全天候的优势，特别适合白天工作繁忙但又有参与社区工作意愿、积极发表个人看法的居民。而上门征求意见、发放调查表格等形式则更积极主动地实现了自下而上的民意汇集。

当议题内容涉及社区部分居民的利益时，社区一般采用议事协调会的形式，使双方或多方的利益偏好和意见分歧在公开、友好的气氛中呈现，并通过充分的信息共享、意见交流、理性论证，最终达成共识。民情恳谈会制度则主要体现为居民茶话会的形式，通过这种方式，各种意见汇集为各种新的议题，不仅能增进居民之间的情感交流，更能为社区工作切实地开展提供充分的信息来源与群众支持。

工作评议会制度主要是社区居民代表、议事协商委员会以及社团代表等（人数40~100不等）在一定时间内对社区工作和工作人员的个人情况进行公共评议的制度。评议结果与工作人员的个人报酬、评奖评优等直接挂钩。这项制度的建立，有利于进一步推进居民对社区工作及其工作人员的民主监督。

2. 杭州市德加社区的新兴网络型民主协商

杭州市德加社区位于蒋村商住区，由德加公寓、中兴公寓、科技新村、美都新村四个小区组成，其总人口为7000余人，是以封闭式住宅为基础的小区型社区。由于该社区是新建商住社区，同时大多数住户的文化程度、公民素质、人均收入等方面都优于普通社区住户。因此，该社区在民主管理和协商民主上充分利用了电脑普及率高、居民文化素质高等特点，于2002年建立了德加社区网站，其中包括社区信息发布和社区论坛两大板块。

通过网站的信息发布板块，社区居民可以了解社区内的各种公共信息，了解议事协商委员会每次例会的记录，了解居委会的最新决策与公告，等等。通过网络平台，德加社区公共信息的传递与共享变得高速、高效、公开、透明，为民主协商的顺利开展提供了前提。通过网站的社区论坛板块，居民可以使用网名或匿名浏览帖子、获取信息，了解社区内部发生的大小事务，通过发表和回复帖子的形式表达个人的偏好和建议。这种网名制和匿名制实际上为很多居民表达他们最真实的想法提供了可能，居民们能够真正地畅所欲言。

通过社区网站，德加社区已经积累了很多成功的民主协商经验。协商的具体议题涉及居民生活配套设施、物业管理水平、社区绿化、健身娱乐、小区停车、邻里纠纷、法律困扰、文明养犬等诸多方面。逐步建立起一种全新的社区邻里交往模式，特别是在社区与业主的沟通、业主与物管公司的交流上成效显著，各种"利益团体"之间的利益分化和利益冲突得到了有效的化解。同时，网络协商民主这种新型的社区民主治理模式，能够为各种公共事务的民主决策提供充分的信息来源、舆论准备与群众支持，从而提高决策的民主性和科学性。

三 基层协商民主制度的经验总结

近年来，浙江省的基层协商民主制度还在不断地创新与发展。"民主恳谈会""民情恳谈会""民主听证会""议事协调会"等一系列民主协商制度的建立和完善在推进与深化中国的社会主义民主政治建设、提高政府治理能力、促进基层的稳定与和谐发展、确保公民个体权利与扩大公民参与等方面均取得了明显成效。具体来看，中国的基层协商民主制度已经在实践探索中取得了以下成功经验。

1. 以地方实际为基础，建立符合实际、各具特色的基层协商民主制度

"民主恳谈""民主听证"等协商民主制度是社会主义协商民主在基层的生动体现和具体落实，既是时代发展要求的必然结果，也是在地方实际条件与需求基础上产生和发展的。随着改革开放的深入发展，中国社会的利益结构和权力格局发生了重大改变，利益的个体化和多元化激发了人们参与政治、参与政府决策的热情，而国家权力也适应社会发展的需要逐步退出一些社会领域，单向强制型的权力行使模式难以为继，协商式民主作为沟通国家和社会、实现两者良性互动的新型民主治理形式便应运而生。同时，不同地方由于经济、社会、文化水平的差异，公民政治参与的意识和需求也有所不同，协商民主制度必须以这些地方实际为基础，有侧重地开展不同领域的协商实践，满足不同层次群众的不同需求。如村级协商民主主要以涉及修路建桥、土地征用、房屋拆迁等重大民生问题的经济协商为主，社区则可能更多地涉及社会和政治领域的公共协商，并且不同类别的基层协商实践又可以根据实际情况形成不同协商形式。因此，基层协商民主制度既可以是传统的，也可以是新颖、形式多样、各具特色的。

2. 以现有制度或机构为依托，确保基层协商民主制度的高效与长效

从浙江省现有的发展状况来看，基层协商民主制度在坚持党的领导这一根本性原则下，以现有制度或机构为依托，如与人大、政协等基本制度相结合，不仅能够提高公共决策和公共治理的效率，实现权

威与参与之间的适当平衡,而且能够确保协商民主制度的长期运作与实效发挥。以现有制度或机构为依托,能够增强对协商之议题、规则的必要规范,以及对协商结果的实施监督,有助于避免纯粹公民议会式协商中因议题盲目分散而无法聚焦、长时间讨价还价的低效率等问题。在某种意义上,公共协商的效率问题必须通过权威性强制才能得以有效回应。因此,只有坚持党的领导、人民当家作主和依法治国三者的有机统一,才能在最大限度上实现人民群众的根本利益、保护公民的基本权利、扩大公民的有序参与。

以杭州建德市的选举协商为例,协商民主制度与中国现有的选举制度结合了起来,其经验或优势体现为:(1)在选举协商中,政协委员本身是由基层选举产生的,一般具有较高的威望和群众信任度,并且在选举工作中身份相对独立,立场相对中立,这便为选举协商提供了一个较好的中间人身份;(2)尽可能在选举前通过对话、倾听、了解、交流、说服等协商机制形成共识,减少村级基层自治组织"自荐海选"中拉帮结派、宗族势力、贿选等因素的负面影响;(3)政协参与始终坚持村民自愿原则,尊重村民的主体地位,实现政协参与和村民自治的有机融合。协商机制仅就选举前达成共识而努力,选举的最终决定权仍然属于村民,同时,确保协商程序在法律法规框架内进行,在以法律法规为最高准则的前提下实现有效的协商,从而进一步维护和促进村民自治。

3. 通过基层协商民主,增强公共决策的科学性与民主性

基层协商民主制度的创建与发展,有利于增强公共决策的民主性和科学性,提高基层治理的有效性和合法性,以及实现公开、公正的民主监督。基层政府通过村镇和城市社区的民主协商制度,不仅能够广泛地收集民情,真实地了解民意,使民主决策能够真正地以民情民

意为导向，而且能够整合各方利益、集中集体智慧，提高公共决策的科学性。同时，由于吸纳了民众的参与，公共决策或公共决定能够获得更多的民众理解与认同，这不仅增强了政府治理的可接受性和正当性，而且能够推动治理工作的顺利进行，提高政府治理的效率。另外，现代媒体等多种公众参与的公开机制的引入，使得政府权力与公民权利的行使都"在阳光下进行"，既有效地约束了权力的利益化和利益的特权化，又能引导公民参与的理性与有序化发展，从而在客观上对政治系统和公民都能起到一定的监督和约束功能。

4. 通过基层协商民主制度，促进基层稳定与和谐发展

基层协商民主制度有助于推动民众与政府以及民众内部的信息沟通和理性对话，有利于矛盾的化解和关系的融洽，促进基层社会的稳定与和谐发展。一方面，基层民主协商作为一种组织和机制，不仅能将党支部、居委会或村委会、其他基层单位以及社区居民或村民有效地整合起来，而且不同协商主体也能在协调原则下，运用各自的资源、能力和影响力推动协商结果的实施，形成支持社区或村镇公共权威的非正式权力。另一方面，基层民主协商制度为基层社会各方群体的利益表达和思想交流提供平台，不仅能够做到"下情上达"，使得民众的意见、困难和矛盾能够得到集中反映，而且可以做到"上情下达"，引导和教育民众理性理解政府的决定和政策。在信息对称和理性对话的情况下，还可以纠正偏见、疏导情绪，促进共识的产生和矛盾的化解。通过建构公共协商机制，国家与社会的关系得以进一步优化，社会的多元利益群体在公共利益的框架下，能够通过平等、自由的对话、辩论和协商，达成协调与整合，从而加强基层社会主体之间的信任与和谐，形成更强的社会团结力与凝聚力。

四 基层协商民主实践的问题应对

在总结经验的同时，我们也必须看到，由于各个地区的经济发展不平衡、地域个性存在差异，基层协商民主制度在具体操作和执行方面还有较大差异，发展水平参差不齐。

具体而言，现有的基层协商民主实践中存在以下问题与不足。

（1）制度定位不清晰。

由于协商民主制度在基层的表现形态丰富多样，尽管其在本质上是一样的，但在功能上是有所区分的。比如"民情恳谈"和"民主听证"具有不同的制度功能，"民情恳谈会"更多的是"交流对话"和"征询群众意见"，而"民主听证会"则强调决策方案必须接受公民的质询，是决策之前的听证。但在现实中人们往往把它们混为一谈，不加区分，这在一定程度上影响了"民主听证会"的执行力度。有的地方甚至把"民主协商"仅仅理解为"干群交流对话"和"征询群众意见"的方式，而忽视了"民主听证"的重要意义。

同时，由于现有的协商民主制度在省级范围内的相关规约都是以一般性、原则性的为主，这种设置本可以为基层留下更多充实和细化的空间，避免"一刀切"，但在现实中，一些基层政府只是直接套用上级政府制定的有关文件，没有根据实际情况，有针对性地作出详细规定，致使有关制度的规定过于笼统，或者不切实际，很难操作。比如对于哪些情况应该召开"民主听证会"、如何界定重大事项、党组织以何种标准确定议题都缺乏明确、详细的规定，随意性很大；对于听证会上表达的意见能以何种方式，在多大程度上影响公共决策，也缺乏具体的规定。还有一种情况是制度的规定不合实际，有些地方，村级事务的管理制度直接照搬有关部门的文件，往往脱离实际，甚至根本无法操作。如有的地方规定每个季度召开一次"民主恳谈会",这对于村级规模较小或外出务工人员较多的村镇来说是很难做到的。

(2) 制度化保障和组织保障流于形式。

浙江省农村已普遍建立村镇重大事项的民主协商制度,但制度执行的制约力度不大,制度执行的好坏与领导是否真正重视密切相关,甚至出现"人走政息"的现象。对于制度的执行,由于缺乏明确的责任追究机制,也缺乏法制规范的刚性约束,造成一些制度形同虚设或者执行流于形式。目前,制度的执行更多地依赖于上级组织的监督、检查来保障,这在当前的行政体制下,效果相当明显。浙江省的农村基层民主政治建设之所以取得很大成效,一个很重要的原因就是政府的组织与推动。浙江省在全国首次把村务公开和民主管理工作列入县、乡两级干部考核目标,取得了很好的效果。但事实上,组织保障的力度还是不够的,因为据调查,在一些地方,"村务公开和民主管理工作"在对村干部整个考核中所占的权重非常少,只占0.5%。这无疑很难产生激励作用。

(3) 协商主体的素质与民主发展进程不平衡。

以村民、居民为主的基层协商主体,其能力素质的发展速度与中国现有的基层民主政治建设步伐相比,还有一定差距。协商民主的良好开展,无论对于主政的村镇干部、社区工作人员,还是对于参与的村民和居民都提出了较高的文化素质与民主能力要求。但在现实中,村民整体的素质较低、居民的素质差异较大。在讨论表决重大事项时,相当一部分的参与者还不能真实地、全面地反映和代表各类群体的利益,存在狭隘的利己性和过激的排他性,不善于进行理性的合作,对涉及个人利益的事固执不放,不懂妥协与宽容,只要民主的权利,不要法制的义务。一些参与者则对集体利益抱着无所谓的态度,缺乏主动性、随大流、搭便车的心理也比较严重。甚至一些农村干部的思维方式、工作方法仍带有计划经济时代的痕迹，还不习惯用民主的方法、协商的方法开展工作，认为协商民主束缚了手脚，降低了效率。

（4）网络协商形式的发育不充分。

社区网络论坛通常采用匿名制形式（网名也是匿名的一种形式）来保障参与者的各项个体权利，但也导致了一些参与者随意发表个人见解，甚至是一些极端偏激或攻击他人的言论，而无须在现实生活中承担相应的责任。同时，由于网络民主的去中心化特征，任何网民都是潜在的协商主体，任何网民都可以通过发帖或跟帖的形式参与议事，因而具有较强的时间任意性和内容随意性。也就是说，网民在面对一个议题的时候，未必能够了解这一议题的重要性和公共性，相反，他们可能采用非常随意的方式发表自己的意见和建议。另外，论坛的帖子一般是按照点击率来排序的，有新点击率的帖子总是会自动排到第一位，而长时间没有点击率的帖子就会"沉没"。这便会导致一些更具有公共协商意义的帖子可能因此而很快"石沉大海"。

对于上述问题，笔者尝试性地提出以下对策建议。

（1）区分不同协商制度形态的功能定位，有针对性地完善各项民主议事协商制度。

"民情恳谈""民主听证""议事协调""议事公决"等会议形式被笼统地称为基层民主协商制度。事实上，这几种形态在功能定位上是有所不同的，必须从逻辑上加以区分。例如，"民情恳谈会"应定位于干群之间的"交流对话"（包括收集群众的意见和发现工作的热点和难点），它并不涉及审议、表决；"民主听证会"是在重大决策之前，就拟订的政策方案进行咨询和质证，它涉及公众的审议和公开的辩论，虽然公共协商的结果对公共决策具有影响，但不涉及表决；而

"议事协调会"是指就某一矛盾或特定的事项，召集与之利益相关的对象，进行共同的协商、对话，并就协商结果或解决方案进行投票表决；"议事公决会"是指对于涉及重大利益的事项所有利益相关者都进行公开的讨论，并按多数原则进行投票表决，它将议事和决策紧密地联系在一起；等等。因此，应该根据这些区分，明确不同的制度要素和程序规定，有针对性地加以完善。比如在"议事公决"制度中，议题的提出、确定与表决投票等制度很重要，而在"民主听证"制度中，说明理由制度和意见书面记录制度是不可或缺的。在现实中，有些制度可能是几种制度形式的混合，我们必须区分其制度特征，对核心要素进行综合的、有针对性的设计，不可笼统地"一锅煮"。同时，各个基层单位还需要在上一级政策文件中的原则性指导下，根据地方实际，制定具体、明确、可操作的相关规定。

(2) 强化组织保障，完善违规责任追究制度。

为了保障制度的落实，一方面，要把各地成功的制度经验上升为法制规范，依靠法制的力量来保障制度的贯彻执行；另一方面，在许多制度无法完全法制化的情况下，更为重要的是要依靠组织的保障。目前，浙江省已经把村务公开和民主管理工作列入县、乡两级干部考核目标，取得了良好的效果。今后，还应该进一步强化组织领导的力度，完善上级组织的检查监督机制和考核奖罚机制。一方面要加大基层民主管理工作在整个考核中的分值；另一方面要制定对村镇干部违规的责任追究制度，利用奖罚机制来激励和推动民主管理工作的发展。杭州市余杭区首创的《基层民主政治建设评价体系》的做法很有借鉴意义。余杭区以"评价体系"为载体，把督促检查、绩效评价、整改提高和考评奖惩有机结合，有力地推动了基层民主政治工作的落实。

（3）加强教育、培训，提高参与主体的民主协商能力。

基层民主协商的良好开展要求参与者具有一定的民主意识和参政议政水平。针对村民素质整体不高、居民能力参差不齐等问题，需要加大对干部、公民代表的教育培训力度，逐步提高各类参与主体的民主法治意识。特别是要建立健全农村的教育培训机制，每年都要有计划、有组织地开展学习思想理论、政策法规以及专业知识的教育培训工作，通过多种形式的培训教育，切实提高农村干部的民主管理能力和村民（尤其是村民代表）的民主议事能力。在社区，通过各种形式的教育与实践活动，如"律师进社区""法律讲堂"等，进一步推进培训与教育工作的日常化、精细化。

（4）将传统协商与网络协商结合起来，形成优势互补。

网络协商是对信息时代新型媒体的充分运用，是基层民主顺应时代发展的一大趋势所在。传统的面对面协商方式与网络协商，二者均具有各自的优势与不足。如传统模式比较容易受到时间地点的限制，但具有更严肃的形式和更稳定的内容；网络协商虽然比较灵活便捷，但又有随意性、免责性、短时性等不足。因此，需要在实践中进一步将二者结合起来，既充分发挥各自优势，又相互弥补不足。在一些重大、紧急的公共事务中，要充分利用传统协商模式的面对面特征，在短时间内让全体居民了解议题的重要性和具体内容，而网络模式则可以作为一种辅助和补充的协商形式。因此，这就要求社区管理者在面对不同议题时，灵活决定两种民主协商形态的主次关系，发挥真正的决策顾问和决策参考作用。同时，对于网络论坛上达成高度一致的协商结果，居委会和社区党组织也要对其科学性和可行性进行深入考察。对于一些重大公共事务的决策，不仅要在网络协商的同时援引传统的"民主协商议事会"制度，而且还可以邀请相关专家学者给予意见和建议。这样，既能充分发挥网络集思广益的包容性优势,又能结合传统议事制度和专家咨询制度的慎议性长处,实现科学民主的重大决策。

第三节 基层协商民主的特色做法与经验分析

近年来,杭州市各级党委、政府和政协组织牢牢把握时代脉搏,不断推进基层协商民主的理论创新、制度创新和工作创新,特别是在探索基层协商民主的分众模式、企业工资集体协商等实践中大胆探索,形成了一系列极具特色和成效的工作方式,积累了诸多成功经验。

一 分众式协商民主的内容与案例

21世纪以来,杭州市委、市政府坚持以科学发展观为指导,紧密结合地方实际,不断在经济、政治、社会、文化等全方位的发展中寻求理念的重大突破和创新。社会复合主体的培育既是杭州市政府治理和社会管理的全新探索,更是基层协商民主实践的有益尝试。社会复合主体的诞生,突破了地方协商民主既有主体(如政协组织、统一战线、党派社团等)的相对固定形式,创造出一种新型的、动态的、边界相对开放的协商主体或协商平台,逐步形成了基层协商民主的分众模式。

社会复合主体是指以社会性项目建设、知识创业、事业发展为目的,社会效益与经营运作相统一,由党政界、知识界、行业界、媒体界等不同身份的人员共同参与、主动关联而形成的多层架构、网状联结、功能融合、优势互补的新型创业主体。[①] 这一新型社会主体的培

---

① 社会复合主体培育和运作机制研究课题组:《社会复合主体培育和运作机制研究——关于杭州培育新型创业主体的探索与思考》,载王国平主编《培育社会复合主体研究与实践》,杭州出版社,2009,第27页。

育，为杭州市深入开展基层协商民主提供了良好的载体和平台，逐步形成了三种基层协商民主的分众模式：一是以具体事业为纽带而形成的动态分众模式，协商主体会随着事业范围和领域的变化而变化，如运河综保工程、西溪湿地综保工程。二是以行业为中心、向周围辐射的相对固定的分众模式，协商主体一般由某行业的直接参与主体和相关主体构成。三是以高校、专家为主体、以项目为依托的相对高端的分众模式，主要包括党政部门、专家、院校和相关经济组织等协商主体。

案例一：运河综合保护工程

杭州市委、市政府按照"统一领导、市区联动，政府主导、市场运作"的原则，对运河综合保护的运作模式进行了大胆创新。组建了一个正局级事业单位——市运河综合保护委员会，围绕"还河于民、申报世遗、打造世界级旅游产品"三大目标，坚持"保护第一、生态优先、拓展旅游、以人为本、综合整治"的理念，按照截污、清淤、驳坎、配水、绿化、保护、造景、管理"八位一体"的要求，实施水体治理、景观整治、文化旅游、灯光夜景、安居建设五大工程，全面提升运河生态、文化、旅游、休闲、商贸和居住功能。

运河综合保护工程中，社会复合主体模式打破了"行政包办"的传统方式，根据各参与方的不同作用，形成了紧密层、半紧密层和扩散层的多层复合结构。在紧密层主体中，市运河综合保护委员会作为承担部分行政职能的事业单位，负责对运河综合保护实行统一规划、统一协调、统一筹资，组织实施部分重点项目；市运河集团作为国有独资企业，是运河综合保护的投融资主体，主要职责是通过市场化运作，搞好招商引资，吸引社会资金，为运河综合保护提供资金保障；下城、拱墅、江干、余杭4个城区和市交通局分指挥部，承担征地拆迁和部分基础设施或开发项目的实施。半紧密层主体包括运河沿岸各城区和市有关部门，专家学者、新闻媒体、市民群众，以及中国京杭大运河博物馆，依托杭州师范大学成立的杭州运河研究院、运河研究会等，属于运河综合保护的支持系统。扩散层主体包括国家运河申遗有关机构和运河沿岸各城市，属于运河综合保护的协作系统。它们在决策过程中相互配合、相互补充，环环相连，共同构成科学决策和民主决策运行的动态系统。

从市委重大决策的出发点和落脚点来看，运河综合保护工程既要最大限度地保留和体现运河的整体历史风貌和功能特色，又要兼顾沿岸各城区的特色和利益，处理好沿河居民局部利益与城市整体利益、经济利益与社会利益的关系。在保证决策的科学性方面，市委、市政府大力运用社会复合主体中的专家学者为代表的"外脑"参与论证规划及方案实施，来自全国各地乃至海外的科研院所和浙江省各大研究机构的专家团队，根据运河的历史风貌和现有的周边环境，为运河的综合整治进行了大量的科学论证和规划设计。与此同时，市委、市政府还广泛听取市民群众的意见建议，通过媒体讨论、来信来访、广场和居民区设置广告栏等方式让市民充分表达和讨论，最终达到缩小差异、形成共识的目的。

案例二：杭州市决策咨询委员会

杭州市决策咨询委员会成立于2006年。由市委常委、市委秘书长担任委员会主任，由市委副秘书长、市委政研室主任，市政府副秘书长、市政府政研室主任担任副主任。全体委员由相关高等院校、研究机构、文化团体的专家组成。市决策咨询委员会分为综合、经济、文化、社会、政治、城市6个专业组，各专业组设组长1人、副组长2人，由专家和有关部门负责人担任；各专业组设联络员1人，协助组长、副组长开展工作；综合组、经济组、文化组、社会组、政治组、城市组联络员分别由市发改委、市经济规划院、市委宣传部、市委党校、市社科院、市建委有关处室负责人担任。此外，聘请知名专家学者组成杭州市决策咨询顾问团。

市决策咨询委员会办公室设于市委政研室战略发展研究处，负责收集、整理委员的研究咨询报告，为市委提供决策参考；组织实施市委对市决策咨询委员会提出的重点咨询研究课题；负责为市决策咨询委员会委员提供相关信息；负责组织委员的调查研究、参观考察及重点咨询活动等；编写杭州发展战略年度报告；负责对市直部门咨询机构有关工作的指导联络协调。

杭州市决策咨询委员会的主要职能在于开展杭州市发展思路、发展战略和重大问题、重要政策研究，并提供决策咨询论证；对拟出台的杭州市经济社会发展重大举措、重大项目提供咨询报告；对经专家咨询论证的杭州市发展思路、发展战略、重大举措、重大项目向社会作专业解释；对市直部门决策咨询机构有关工作进行指导、联络和协调；与国内外专家建立联系，依托市决策咨询委员会委员力量，形成国内、国际专家网；组织相关论坛和研讨活动；组织协调专家学者对杭州市有关工作的参观考察；沟通市委、市政府与有关高等院校、研究机构、文化团体各类专家学者的信息联系。

市决策咨询委员会的工作方式主要包括召开年会、提交报告、参与重点调研课题、召开专题会议、咨询评估等。召开市决策咨询委员会全体年会，交流总结本年度市决策咨询委员会工作，研究部署下一年度工作；各专业组每年提交关于发展思路、经济、文化、社会、政治、城市的年度咨询报告一份，并参与市委、市政府领导重点调研课题的研究，围绕杭州市的重点工作进行若干重大委托课题研究；根据需要不定期召开市决策咨询委员会委员的专题会议，对市委、市政府拟提出的重大思路、重大战略、重要政策进行咨询；对提交市委常委会、市委财经工作领导小组会议、市政府常务会议的有关重大举措、重大项目进行咨询，在会前提出评估报告，供会议决策参阅；组织多种形式的咨询论证活动，包括各种形式的研讨会、报告会、重要成果的汇报会等；组织市情通报会、寄送有关文件资料，使市决策咨询委员会委员及时了解杭州市的发展动态；组织委员列席市有关会议，参加访问、考察、现场指导活动；组织委员在媒体上对一些重大问题发表引导性的意见和建议，并在媒体上开辟专栏，报道对市决策咨询委员会委员的采访，选载一些重大软科学研究成果。

在成立7年多来，杭州市决策咨询委员会的委员和专家们，共参加杭州市各类主题的决策咨询活动300多次，先后开展了重点咨询课题研究80多项，许多成果、建议，都得到了充分的利用，从制度与组织上保障了政府决策的科学化和民主化。

二 分众式协商民主的经验与价值分析

以社会复合主体为载体和平台所实现的分众式协商民主，是一种让科学决策、民主决策落到实处，注重方法和范围的民主模式。在民主治理中，按照不同事件的"相关性"范围，将最广泛的"人民"划分为若干个不同的较小的"人民"范畴。这里，分众之"分"，既不是盲目的"分割"，也不是简单的"划分"。它仅仅是一种形式，一种手段，其深层次的政治意义在于根据事件的相关性区分不同的人民群体，使事件与参与主体更具有直接的利益相关性（包括经济利益和社会利益），从而提高民主治理的成效。民主主体并不会因为分众化而走向碎片化、不会因为细分而零散化，相反，分众式的民主更能体现民主的真实性和实效性，更能反映真实情况，解决实际问题，反馈有效建议，最终推动社会经济的全面发展，促进城市的整体进步，使广大人民群众都能共同享有民主进步的成果，达到"合"的目的。

同时，这一模式也是一种新型的公民有序参与方式，既能避免大民主的盲目和狂热，又能保障公民的有效参与。通过各群体、各层次之间的倾听、沟通、交流、协商等有机互动，杭州市在社会性项目、社会事业、知识创业和特色行业等的发展中不断探索和开拓出了新思路和新路子，也为汇集民智民策、实现人民群众当家作主提供了有效途径，是地方治理领域的重大创新。

从实践效果上看，分众式协商民主的创新点和优势主要体现在以下几个方面。

（1）兼具动态与静态形式，灵活多变，适应性强。这一优势主要源于社会复合主体这一载体的建构模式和组织结构。社会复合主体由党政界、企业界、知识界和媒体界联动运行，你中有我，我中有你，彼此关联、资源整合，不仅具有引导、协调、管理职能，又具有创业、开发、经营职能，各种职能互补衔接。在构建上，社会复合主体呈多层联结、纵横交错、条块互渗的网络状，形成既发挥分层活力又注重整体运作的有机体。这种特有的建构模式和组织结构决定了在此基础之上的分众式协商民主必然也是一种具有灵活性、整合性、适应性的民主方式。

（2）作为一种新型的公民有序参与方式，既能避免大民主的盲目和狂热，又能保障公民的广泛参与。深化社会主义民主政治建设，必须遵循积极、稳妥、渐进的原则。扩大公民有序的政治参与，既要坚定不移、积极推进，又要脚踏实地、循序渐进，既要防止急躁冒进，又要防止止步不前。杭州市现有的公民政治参与主要通过公民听证会制度、人民建议征集与重大工程的民主参与制度、互联网、"12345"市长公开电话、"人民满意不满意"群众评议政府工作机制和基层民主制度等途径实现。分众式协商民主在此基础上,进一步拓展和创新了公民参与的新方式和新形式,既通过避免大民主的盲目和狂热,保障了"有序",又进一步保障了公民的广泛和有效参与。

(3) 充分结合了代议制民主和协商民主的优势,保障了民主的真实性和有效性。分众式模式首先不是一种全民的民主、大众的民主,而是以事件相关性为依据的小范围民众代表的民主。其次,分众式民主不强调选举权,而是关注政策制定过程的协商和管理过程的合理性,不同利益群体代表通过交流的方式表达和维护自身的权益,最终通过党政的协调和整合使重大决策既符合客观规律,又满足多方主体的合理利益诉求。因此,分众式模式集中了代议制的现实性和协商民主的过程性,从而保障了民主的真实和有效。

(4) 是一种高效率和低代价的新型基层民主范式。分众式协商民主的主体范围是以事件相关性为依据,并呈现出动态和静态相结合、普通民众参与与高端知识分子参与相结合的特性,能够提高民主协商过程中各种观点、意见、建议、利益诉求的客观性和有效性,提高民主治理的效率。同时,它也是一个普通市民广泛参与的民主方式。通过媒体的放大功能,老百姓能够更加方便、准确、快速地了解政府工作和社会经济的发展,了解重大方针政策制定的前因后果,从而有助于公民对政府工作的了解和支持,有助于提升老百姓对一些重大工程(如城市整治过程中的拆迁工程)的理解和配合,从而大大降低民主成本。

三 企业工资集体协商的探索与突破

自20世纪90年代中期以来,工资集体协商制度就已经开始在中国多个省份、地区推行。2000年11月,《工资集体协商试行办法》以国家劳动部第9号令发布,要求在企业中逐步推行工资集体协商制度;2008年实施的《劳动合同法》对开展平等协商、订立集体合同进一步作了明确规定。近年来,工资集体协商制度在更广范围内以更快的速度得以建立。早在2010年6月,全国总工会就提出力争到2012年在各类已建工会的企业基本实行集体合同制度,并全面推行工资集体协商。2010年7月,国家人力资源和劳动保障部新闻发言人尹成基表示,将积极推进工资集体协商制度的建立,立足通过协商来解决工资增长问题。2010年10月,《中共中央关于制定国民经济和社会发展第十二个五年规划的建议》指出,要发挥政府、工会和企业作用,努力形成企业和职工利益共享机制,建立和谐劳动关系。2011年,国家"十二五"规划纲要要求"按照市场机制调节、企业自主分配、平等协商确定、政府监督指导的原则,形成反映劳动力市场供求关系和企业经济效益的工资决定机制和增长机制。健全工资支付保障机制。完善最低工资和工资指导线制度,逐步提高最低工资标准,建立企业薪酬调查和信息发布制度,积极稳妥扩大工资集体协商覆盖范围"。2012年,党的十八大报告进一步决定"深化企业和机关事业单位工资制度改革,推行企业工资集体协商制度,保护劳动所得"。为工资集体协商制度建设指明了方向。2014年,李克强总理在十二届全国人大二次会议上的政府工作报告中强调"健全企业职工工资决定和正常增长机制,推进工资集体协商,构建和谐劳动关系"。

近年来,浙江省依托劳动关系三方联手推进工资协商工作,2003年下发了《关于进一步做好企业工资集体协商工作的通知》,对建立协商谈判机制、突出工资协商、加强管理和服务、建立监督检查机制等方面提出了总体性要求。2004年、2005年加大推进力度,先后推广了杭州、绍兴、台州等地的经验,将工资集体协商制度覆盖到80%以上的建会企业。

杭州市在企业、工厂等协商民主实践领域进行了大胆探索与突破。2004年以来,多次召开工资协商工作会议,围绕市政府提出的工作目标,下发了《关于进一步推进企业工资集体协商工作的意见》。2007年对全市14个区(县、市)和经济开发区、8个市属局(公司)及36家企业进行检查,并把工资协议及其履行情况纳入年检内容和评选诚信企业的必备条件。[1]

2014年5月1日起,《杭州市企业工资集体协商条例》开始正式施行。条例规定,杭州行政区域内的所有企业、行业或者区域,都应当开展工资集体协商,当企业利润增长时,职工方可以提出加工资的协商要求的要约书,企业应当自收到要约书之日起10个工作日内予以书面答复,商定具体协商的时间和内容。如果企业拒绝或拖延答复职工方工资集体协商要求,或是不履行工资专项集体合同,均由人力社保主管部门给予警告,责令其限期改正。逾期不改正的,对该企业处一万元以上三万元以下罚款,并可以对该企业法定代表人或者主要负责人处两千元以上五千元以下罚款。

企业工资集体协商中,议题内容可以包括劳动定额与计件单价、工资分配制度、工资支付办法、各岗位职工年度平均工资水平及调整幅度、试用期及病假事假期间的工资待遇、加班加点的工资及津贴补贴标准、奖金分配办法等。协商参与者依企业规模由职工方和企业方各派出3~9名代表组成,且企业方的协商代表,不得多于职工方的代

---

[1] 《全总14年来推动工资集体协商的历史进程》,载人民网,http://acftu.people.com.cn,2008年4月8日。最后访问时间:2014年3月30日。

表,并各自确定一名首席代表。已经建立工会的企业,职工方首席协商代表由本企业工会主席或工会负责人担任,其他协商代表由职工代表大会或者职工大会选举产生;未建立工会的企业,在其所在地地方工会或者产业工会的指导下,由职工民主推举产生协商代表。同时,也可以书面委托本企业以外的"工资集体协商指导员"等其他具有专业知识的人员,担任协商代表。但受委托的人数不得超过本方协商代表的三分之一。如果企业确因生产经营状况发生重大变化,而难以履行工资专项集体合同,企业方也可以提出工资调整方案,与职工方进行工资集体协商。

第四节　党内协商民主的发展与完善

党内协商民主是将协商民主的理论、原则和原理运用到党内民主运作过程中形成的一个新概念。改革开放以来社会经济的发展、中国政党政治的总体特征以及对程序和参与的价值追求都为党内协商民主的形成和发展提供了有利的现实基础。在民主实践中,党内协商民主能够通过党员传递和反馈公众诉求、通过执政党引导和平衡多种偏好、通过扩大理性范围增强决策合法性,而发展与完善党内协商民主需要以基层党组织为突破口和着力点,进一步加强地方性探索和创新。

一　党内协商民主的概念与内涵

在现有的研究中,党内协商民主可以被理解为在党内政治生活中,党员在平等的条件下,就共同关注或关系共同利益的问题进行自由、平等地协商,以期达成共识,形成全体党员共同接受的民主的、科学的、合法的路线、方案和决策过程。①党员作为平等、自由的参与主体，需要在广泛考虑全党公共利益的基础上，在理性的指导下提出各种相关理由，说服他人或者转换自身的偏好。作为一种直接的民主方式，党内协商民主既能够提高政党决策的合法性和有效性，又能充分凸显党员的主体性地位，有效调动其参与积极性，切实保障其知情权、参与权和表达权。因此，党内协商民主具有协商主体的开放性与平等性、协商议题的差异性与共识性、协商过程的公开性与交互性、协商结果的责任性与合法性等几个基本特征。

中国民主政治的发展历程以及人民代表大会制度和政治协商制度并行的政治架构表明，选举民主和协商民主是中国特色社会主义民主政治的两种重要形式，在中国特色的社会主义民主政治建设中发挥着不可替代的重要作用。发展党内民主，不仅能够提高党的执政能力，增强党的活力，而且是关系到整个党的生命，关系到中国的政治体制改革全局的重大问题。

党内协商民主与党内选举民主作为党内民主的两种基本形式，在政党建设和民主政治建设方面发挥着重要的功能，二者之间是一种共同发展、相互促进的关系。选举民主强调党员通过选举的程序行使自己的民主权利，以选票的形式赋予党的各级领导机关和领导人集体以领导权、决策权和管理权，是一种间接的民主形式。而党内协商民主是一种直接民主，强调投票之前或选举以外的相关意见和偏好的表达，以及达成共识的商议过程。因此，党内协商民主既不否定选举民主，更不替代选举民主，二者共同增强政党领导的政治合法性和决策科学性，共同提升党的内部活力，促进党内和谐，并以此带动和推进

---

① 高勇泽：《党内协商民主：增进党内和谐的重要路径》，载《中共山西省委党校学报》2008年第1期。

中国的政治发展和政治稳定。

二 党内协商民主的现实基础

中国共产党从建立之时起，就是一个非常重视无产阶级民主的政党，始终把发展党内民主作为一项重要任务，并通过90多年以来的探索和实践，逐步形成了具有中国特色的党内民主建设模式。在党内协商民主的建立和运用方面，以毛泽东、邓小平、江泽民为核心的党的三代领导集体作出了重要的探索，使之作为一种基本的民主方法得到了建立、继承、发展和完善。[1]

胡锦涛同志在党的十七大报告中精辟阐述了党内民主建设问题，明确了党内民主建设的基本思路、重大原则和重要举措。十七届四中全会关于党内民主建设的论述是对党的十七大上提出的党内民主建设的进一步创新和完善，指出：党内民主是党的生命，集中统一是党的力量保证，必须坚持民主基础上的集中和集中指导下的民主相结合，以保障党员民主权利为根本，以加强党内基层民主建设为基础，切实推进党内民主，广泛凝聚全党意愿和主张，充分发挥各级党组织和广大党员的积极性、主动性、创造性，坚决维护党的集中统一。坚持以党内民主带动人民民主，以党的坚强团结保证全国各族人民的大团结。[2] 其中强调，要坚持和完善党的领导制度，保障党员主体地位和民主权利，完善党代表大会制度和党内选举制度，完善党内民主决策机制，维护党的集中统一。

从现实层面来看，改革开放以来中国社会、经济各方面的发展要

---

[1] 丁成荣：《关于党内协商民主的思考》，《中共南宁市委党校学报》2009年第3期。
[2] 中国共产党第十七届中央委员会第四次全体会议《关于加强和改进新形势下党的建设若干重大问题的决定》。

求、中国共产党的无产阶级先锋队性质、中国政党政治的总体特征、共产党领导下的政治协商制度、立基于政治合法性的价值取向,以及党员的民主参与意识等要素均为党内协商民主的进一步发展和完善提供了必要的现实基础。

1. 社会经济基础

中国的民主政治建设是在告别非竞争性民主的过程中,逐渐向竞争性民主和协商民主发展的进程。党内民主政治建设,在经历了"文化大革命"的严重灾难之后,逐步恢复和调整起来。特别是改革开放的发展和深入,为党内民主提供了新的历史契机和社会基础。市场经济的繁荣和发展也为党内民主建设提出了更高的要求,特别是在建党九十周年的新形势下,要通过充分发挥选举民主和协商民主两类基本的党内民主形式,不断提高政党的组织能力、行政能力、判断能力、决策能力和应变能力。同时,社会主义市场经济也带来了社会结构的多元分化,带来了党内利益诉求的多元分化,党内民主要求实现党员对党内公共事务的广泛参与,因此也就要求政党本身要有足够的容纳能力,党内协商民主的发展与完善正是适应这种新的形势和客观要求的。通过协商的方式畅通党员政治参与的渠道,扩大有序的政治参与,形成利益的协调与整合机制,缓冲不同利益群体要求,达成一致和协调。

2. 制度框架基础

从政党制度来看,中国实行的是共产党领导下的多党合作和政治协商制度。在第十九次全国统战工作会议上,江泽民同志将这一政党制度的本质特征阐述为"共产党领导、多党派合作,共产党执政、多党派参政"[1]。与西方国家不同,中国的政党制度以共产党的领

---

[1] 《江泽民论有中国特色社会主义(专题摘编)》,中央文献出版社,2002,第311页。

导为根本；各民主党派作为参政党通过协商合作的方式参政议政，是中国政党制度结构中的重要组成部分。

1989年12月，根据邓小平指示精神制定、颁布的《中共中央关于坚持和完善中国共产党领导的多党合作和政治协商制度的意见》，第一次明确了民主党派"参政"的范围与职责，规定民主党派参政的基本点是：参加国家政权，参与国家大政方针和国家领导人选的协商，参与国家事务的管理，参与国家方针、政策、法律、法规的制定和执行（即"一个参加、三个参与"）。明确将人民政协作为各党派、各人民团体、各界代表人物团结合作、参政议政的重要场所。"议政"是指民主党派在各种协商会、座谈会上，就国家大事和重大问题发表议论、表明态度、提出意见和建议。在执政党与参政党的党际协商中，按照把政治协商纳入决策程序，就重大问题在决策前和决策执行中进行协商的基本原则，各政党作为平等主体参与其中，并自由表达各自的利益诉求。因此，中国政党政治的本质特征和党际协商程序均与党内协商民主存在内在的契合性，多党合作与政治协商制度为党内协商民主提供了相应的制度框架基础和有力的外部支撑。

3. 价值取向基础

竞争性民主倾向以选民的偏好作为竞争的焦点，其运作模式与市场经济有着紧密的联系，因此，竞争性民主的支持者往往基于效率和公平两个问题对党内民主给予拒绝。其一，认为党内民主会对政党的效率产生影响，使政党的竞争力受到惰性和内讧的干扰，从而限制了政策平台的形成和选举后的联合协商。其二，认为政府对政党内部利益的反应意味着对公民利益的不平等对待。

对于这两种否定，西方学者已经对党内民主给出了不同的辩护路径。韦尔采用的是一种立基于竞争性民主内部的辩护方式。他认为，大多数政党制度并非处于完全竞争的理想状态,而是与经济学家所谓的"垄断市场"有着更多的相似之处,政党可以完全不必担心选举失败,不必考虑民意结构的变化。因此,竞争未必能够刺激政党调整政策以满足选民的利益和意见。面对竞争性民主的这一现实不足,党内民主恰恰能够通过党员意见与选民意见的一致来进行弥补。不同于韦尔,瑞典政治学者图瑞尔在竞争性民主自身寻找问题所在。他认为韦尔的辩护具有一定局限性,更重要的是,竞争性民主假设公民已经预先在政治上形成了个人偏好,这种偏好外生于偏好的形成过程,因此竞争性民主"对外部和前政治时期形成的偏好进行了过于简单化的假设"[1]。

图瑞尔在对竞争性民主内部深层次问题的质疑基础上,支持党内协商民主模式。他认为对党内民主的辩护应该更注重通过公开讨论和辩论形成理性的偏好,从而使这些偏好的形成内生于政治过程。类似的,哈贝马斯也指出,只有当进入政治过程的偏好不被看作既定的东西,而被当作输入的、开放的论点交流,能够被慢慢改变时,"经验"民意(如普通民意测验中的偏好)与"假设"民意(表达出的个人偏好)之间的区别才会体现。

由此,协商民主的价值基础可以在其与竞争性民主的对比探讨中得以显现。由于协商民主强调偏好形成过程的特殊性,而不是偏好的形成时间或形成结果之类,因此其根本价值取向既非竞争也非效率,而是对程序的追求。同时,协商民主也对参与的价值给予了肯定。但是,不同于古尔德所主张的那种绝对的全体参与和平等成员的共同决策,也不同于巴伯否定代议制的主动参与模式中的公民自治,协商民

---

[1] 〔瑞典〕简·图瑞尔:《为党内协商民主辩护》,万晓宏编译,《经济社会体制比较》2010年第1期。

主"把参与留给了自治的法律实体",而公民则可以自由选择"是否参与协商政治"。这就意味着公民个人必须信任权威能够采取立场、主张并代表他们作出决策。因此,协商民主既强调参与,又肯认代议制。①

三 党内协商民主的基本功能

如前所述,党内协商民主基于程序和参与两大价值,借助改革开放深化阶段所提供的历史契机和社会经济条件,在共产党领导下的多党合作和政治协商制度框架内逐步得以建立、继承、发展和完善。其中,就目前的形势来看,党内民主政治面临的张力是:现代市场经济体系带来的新的政治发展要求与民主制度为应对政党发展和利益分化所必须增强的决策合法性之间的张力。这便要求协商民主通过各项基本功能的发挥最大限度地增强中国特色政党制度的包容力和协调力,强化党员的主体地位、增进政党决策的民主性和合法性。

1. 通过党员传递和反馈公众诉求

首先,政党作为一种以获取执政权为目标的特殊社会组织,通过在普通公众中发展党员和使其精英代表进入立法机关和政府部门而掌握执政权力。因此,区别于一般性社会组织或政治性团体,政党在国家与公民社会之间具有显著的双重地位,能够作为二者之间联结的纽带而存在。党组织内部的交流可以对公民社会和公共领域的内部协商产生影响。② 其次,党员(或党员代表)一方面作为政党的会员具有特殊的身份特征,另一方面也作为普通公民,与各种社会团体、个人发生着千丝万缕的联系。因此,党员在日常生活中或通过一些非正式

---

① 更多论述参见〔瑞典〕简·图瑞尔《为党内协商民主辩护》。
② 更多论述参见〔瑞典〕简·图瑞尔《为党内协商民主辩护》。

的沟通和交流，能够将公众的诉求与自身的思维判断相结合，最终通过党内协商民主的方式进一步传递至党组织内部。同时，对于党的路线、方针、政策以及一些关系普通百姓的决议决策的制定和实施，党员也可以通过普通公民的身份进行深入的解释和分析，再将公众的反映进一步反馈回党内。最后，党内协商民主在传递和反馈公众诉求的功能上，恰恰弥补了选举民主的表达不足，能够更深入地了解和分析公众诉求的背后原因和内在逻辑，能够为政党政策的制定提供更好的信息传达和民意支撑。

2. 通过执政党引导和平衡多种偏好

中国共产党作为执政党的九十余年，一直以全心全意为人民服务为根本宗旨，始终代表先进生产力的发展要求，始终代表中国先进文化的发展方向，始终代表最广大人民群众的根本利益。协商民主是以社会主义市场经济体系的建立所带来的社会分化为基础的，但值得注意的是，党内协商民主并不是对党内多元利益的直接肯定，而是出于对政党和最广大人民群众公共利益最大限度的保障和实现。

在面对各种差异性的利益诉求时，执政党通过党内协商民主，对各种偏好进行论证和讨论。在这一过程中，本着对程序和参与的价值追求，政治党需要通过理性的阐述和说明，基于全党的公共利益和广大人民群众的根本利益对各种诉求和偏好进行总体性的引导。对于不同的协商议题或提案，也要根据中国政党制度的总体性质和政党政治的根本特征进行对比和筛选，从而对具有冲突的利益诉求进行协调，以及保障不同合理诉求间的平衡。

3. 通过扩大理性范围增强决策合法性

党内协商民主的协商主体具有开放性和平等性特征，协商议题具有差异性和共识性特征，协商过程具有公开性和交互性特征，因此协商主要是一种自由的、平等的交流和说服过程。例如，在菲什金对协商民主的一项制度安排中，"根据统计学原理，在受访者当中抽取代表性样本，就像普通的民意测验一样，所不同的是，不需向样本个体逐一询问一系列的调查问题，而是把他们召集到一起就某个议题进行集体协商"①。其中，偏好的表达、论证以及妥协都需要在理性的基础上实现，也就是基于逻辑推理而非直觉而作出的政治选择。因此，党内协商民主的开展实际上就是理性由个人范围向团体范围扩大的过程，这一过程也就保障了协商结果的责任性与合法性。

四 加强党内协商民主形式的地方探索

加拿大著名民主理论家麦克弗森（Macpherson）在解决民主之困境，寻找合适的直接参与机制以补充代议制运作的尝试中，提出了"金字塔委员会体制"，即"在底层实行金字塔式的直接民主制度，而在上面的每一层使用代议制民主制度"。②这种体制运用到政党民主中来，就是政党自身从基层组织开始实行直接民主参与机制，如协商民主，而在中层和高层党组织中仍然以代议民主制为主。虽然这一体制的提出是基于西方国家两党制和多党制的现实的，但这也能提醒我们党内民主建设必须重视基层组织在直接民主制度中的特殊性和重要性。从中国的现实国情、党情来看，以基层党组织为突破口发展党内协商民主，具有以下优势。

1. 基层党组织的规模相对较小，更适合开展直接民主

直接民主制区别于间接民主或代议制民主，是指公民直接参与、

---

① 这种制度安排被命名为"议后民意调查"，参见〔瑞典〕简·图瑞尔《为党内协商民主辩护》。
② 陈炳辉、王倩：《试析麦克弗森的参与式民主理论》，《江淮论坛》2010年第2期。

讨论、决定和管理国家与社会事务的民主形式。间接民主或代议制民主的产生，就是由于现代国家的巨型化带来了公民之间直接接触和互动的困难，因此直接民主必须要以较小的规模为前提。基层党组织在规模上相对较小，一般以社区、乡村、工厂等为单位的基层组织党员数量相对较少，有利于直接民主的开展。

2. 基层党员与公民社会的联系更紧密，与公共议题的关联更直接

在基层党组织，作为协商参与主体的党员通过家庭、社会团体、文体活动等方式与普通公民之间有着更为密切的联系。正如社会学家费孝通在《乡土中国》中提出的"熟人社会"一样，基层党组织也具有一种人与人之间通过这种私人关系联系起来的关系网特性。因此，基层党员在协商民主中所提出的意见、建议等诉求偏好往往更直接地与当地的民主诉求相关，与公共议题具有更直接的客观关联性。这样，更能有利于稳固协商民主下的政党决策的民意基础，提升决策合法性。

3. 协商主体间更为熟识，更能互相理解和妥协

由于基层党组织规模相对较小，在工作中有更多机会可以相互了解。同时，有些党员实际上还居住在同一个地区、同一个小区或者同一个村庄，因此也能在生活中彼此熟识。在这样的"熟人社会"基础上，协商过程中偏好诉求的表达可能更直接、更方便，甚至直接使用当地的方言就能进行，而协商中论证部分也可能更具针对性、辩论也更激烈。最终在公共决策的形成阶段，协商主体间可能更能相互理解，更富有妥协精神。同时，这种熟识也能为非正式沟通方式的形成提供良好的社会关系基础，对正式的协商程序起到很好的补充作用。

4. 成本更小，效果更好

基于上述优势，基层党组织内的协商民主还具有成本更小、效果

更好的相对优势。在基层党组织召开协商民主活动，在时间、地点上都具有相对灵活的优点，可以是专门召开的形式，也可以在其他组织活动中穿插开展。对于党员来说，参与基层的协商民主也不需要付出很高的代价便能顺利实现，因此这种小规模的直接民主形式具有更可行、更便利的操作特性。另外，由于协商主体对协商议题，以及协商主体之间都具有较高的熟悉度，因而在协商和决策的过程中，能够更符合实际地解决问题，更符合民意地制定政策，取得更好的效果。

综上所述，发展和完善党内协商民主，除了需要更多的中国特色理论创新以外，还应该重视实践的探索和地方的创新。基层党组织应该为一个重要的着力点，因地制宜地探索和开创党内协商民主的新形式、新方法、新程序，如党员民主听证会、公开辩论会、网络论坛、媒体互动、横向协商加纵向协商的网络式沟通等，大胆利用一切符合自由、公平、公开、共识、负责等原则的协商方式，进一步推进党内协商民主的发展与完善。

第七章
社会主义协商民主的理论意蕴

纵观中国的协商传统与新中国成立以来协商民主的实践历程，社会主义协商民主是政治协商制度与现代协商民主相结合的产物，既是中国社会主义民主形式的创新发展，是对马克思主义民主理论的丰富和发展，也是在方法论上对西方协商民主理论的吸收与借鉴，这种创新、发展与借鉴也是与世界民主发展的大潮流相符合的。

在中国，民主政治的发展所面临的并非西方国家的后自由主义语境，而是一个后发展的转型期，这就特别需要通过民主建设维持稳定、增进信任、提升合法性等，使国家能力的提升与民主发展保持一致；需要在社会主义的基本政治制度框架内寻找符合自身需求的民主路径与方法。西方当代协商民主理论之所以能够与中国的社会主义民主制度相结合，一是由于中国既有政治协商制度与协商民主理论之间的内在契合，社会主义协商民主是在此基础上的创造性发展；二是由于西方的协商民主理论作为一种完善公共决策的民主程序与方法，而不是一种基本政治制度，可以为不同政治制度所采用。西方协商民主理论既可以看作对自由民主的纠正与弥补，也可以看作一种全新的批判与超越。在这个意义上，社会主义协商民主正是协商的民主方法在社会主义的政治制度框架内的运用与结合，是中国在提升国家能力与推进民主政治的双重任务中，对社会主义人民民主形式的全新探索与初步成果。

第一节 社会主义协商民主的基本内涵

党的十八大报告指出："社会主义协商民主是我国人民民主的重要形式。要完善协商民主制度和工作机制，推进协商民主广泛、多层、制度化发展。通过国家政权机关、政协组织、党派团体等渠道，就经济社会发展重大问题和涉及群众切身利益的实际问题广泛协商，广纳群言、广集民智，增进共识、增强合力。坚持和完善中国共产党领导的多党合作和政治协商制度，充分发挥人民政协作为协商民主重要渠道作用，围绕团结和民主两大主题，推进政治协商、民主监督、参政议政制度建设，更好协调关系、汇聚力量、建言献策、服务大局。加强同民主党派的政治协商。把政治协商纳入决策程序，坚持协商于决策之前和决策之中，增强民主协商实效性。深入进行专题协商、对口协商、界别协商、提案办理协商。积极开展基层民主协商。"[1] 报告首次确认了"协商民主"概念，标志着中国社会主义协商民主理论的正式确立，标志着中国社会主义协商民主制度进入了全面发展阶段。

党的十八届三中全会通过了《中共中央关于全面深化改革若干重

---

[1] 胡锦涛：《坚定不移沿着中国特色社会主义道路前进 为全面建成小康社会而奋斗——在中国共产党第十八次全国代表大会上的报告》，www.xinhuanet.com，最后访问时间：2014年6月2日。

大问题的决定》(以下简称《决定》),进一步指出协商民主就是"在党的领导下,以经济社会发展重大问题和涉及群众切身利益的实际问题为内容,在全社会开展广泛协商,坚持协商于决策之前和决策实施之中",强调这一民主形式"是我国社会主义民主政治的特有形式和独特优势,是党的群众路线在政治领域的重要体现"。《决定》同时也对推动协商民主广泛多层制度化发展作出了一系列制度安排,对我们全面提高和深化对社会主义协商民主的理性认识具有重要指导意义,也必将对中国民主政治实践的进一步发展起重大引领作用。

一 社会主义协商民主的概念与内涵

在国外学术界,协商民主概念的提出、丰富和发展经历了相当长的学术拓展过程。从最初的作为一种政治体制和政府形式的协商民主,到一种为了共同善而诉诸主体间对话、讨论和沟通的共识形成机制与治理形式,再到一种赋予政治合法性的决策机制等,协商民主概念的内涵得以不断充实和丰富。

中国学术界对协商民主理论的接触和了解始于21世纪初哈贝马斯题为"民主的三种规范模式"的在华演讲。2003年,俞可平教授的《当代西方政治理论的热点问题》和林尚立教授的《协商政治:对中国民主政治发展的一种思考》相继发表,开启了国内学术界对协商民主理论的研究与探讨。俞可平提出"政治行为者之间就共同关心的政策问题进行直接面对面的对话和讨论,是政治民主最基本的要素之一。政府与公民的协商,是达到民主决策的必要环节"[1]。林尚立则认为协商政治概念"在一定程度上是作为竞争政治的替代来强调的"[2]。

---

[1] 俞可平:《当代西方政治理论的热点问题》,《理论参考》2003年第1期。
[2] 林尚立:《协商政治:对中国民主政治发展的一种思考》,《学术月刊》2003年第4期。

此后，国内学术界的相关研究逐步展开和深入。2004年，上海三联书店出版了《协商民主》文集，《马克思主义与现实》等学术性刊物开始刊载"协商民主专题"的相关研究成果。2005年以后，中央编译出版社相继出版了国家"十一五"重点图书"协商民主译丛"，系统性地引介了西方协商民主理论的最新研究成果。一些专题性的学术研讨会在国内相继召开，2004年浙江大学举办的"协商民主国际研讨会"和2007年复旦大学举办的"选举与协商：中国民主政治的发展路径"等，对协商民主理论的规范性内涵、现实价值、制度构建、地方实践、时代挑战、发展前景，以及协商民主的中国探索、基层实践和其与中国政治发展的内在关系等论题进行了深入探讨与研究。2013年中国共产党的十八大报告首次确认了"社会主义协商民主"概念，标志着中国特色的社会主义协商民主研究开始站在一个新的高度，进入一个新的阶段，也预示着一个新的学术高潮的到来。

林尚立认为，协商民主是一种基于协商价值偏好的民主程序，中国民主政治发展的战略选择与制度安排要以此为角度，中国民主政治建设必须以发展协商政治为选择取向。现代民主程序的价值偏好选择主要有三种：一是竞争，二是非竞争，三是协商。在中国的政治框架中，民主程序价值偏好的合理取向应该由中国民主政治发展的社会基础和中国政治的总体特征来决定。基于中国政治的两大规定性（社会主义规定性和人民民主规定性）和中国经济的两大规定性（社会主义规定性和市场经济规定性），民主政治程序的价值偏好自然地倾向协商性民主。[①]

---

① 林尚立：《协商政治：对中国民主政治发展的一种思考》。

陈剩勇指出，中国当代的协商民主是古代政治文化中的协商政治传统与现代协商民主对接的产物，具有中国特色的协商、对话或商谈的机制，逐渐被引入各地的民主实践之中，成为地方民主治理的重要内容。因而，社会主义协商民主也可以从政治文化和社会治理的角度被定义为一种由中国协商政治传统与现代协商民主对接形成的地方民主治理方式。①

张国清从协商民主的社会本体论前提指出，协商民主是市民社会复归的产物，是市民社会内部的基层民主，它导致自上而下的权力关系变革，导致政治权力或行政权力转向社会权力或市民社会，完成了公民对权力的直接参与和影响，大大削弱了传统的政治权力和经济权力对公共权力的影响，使得不同利益集团和个体的利益在协商民主过程中重新进行博弈而分配，是在后物质主义社会能够成为主导政治过程的民主形式。由于社会分层或分裂社会的实际存在，社会利益的多样性及其调整途径的多样性引申出了多元论，形成了协商民主产生的最主要原因。从中国基层协商民主的实践来看，市民社会的复归为实现协商民主提供了基本前提，协商民主代表着中国基层民主政治发展的新方向。②

澳大利亚肯迪大学何包钢教授在考察了20世纪八九十年代中国城乡社会发展出的诸多协商制度形式（民情恳谈会、民主恳谈会、民主理财会、民情直通车、便民服务窗、居民论坛、乡村论坛和民主听证会），提出中国的协商民主制度综合了物质和规范两方面的考虑，是官方意识形态与民主的混合产物。③

---

① 陈剩勇：《中国的协商政治传统与地方民主的发展》，载陈剩勇、〔澳〕何包钢主编《协商民主的发展——协商民主理论与中国地方民主国际学术研讨会论文集》，第79页。
② 张国清：《村民、公民和草根民主》，载陈剩勇、〔澳〕何包钢主编《协商民主的发展——协商民主理论与中国地方民主国际学术研讨会论文集》，第109页。
③ 何包钢：《中国的参与和协商制度》，载陈剩勇、〔澳〕何包钢主编《协商民主的发展——协商民主理论与中国地方民主国际学术研讨会论文集》，第92页。

尽管国内学术界对协商民主的研究文献较为丰富，已存在对协商民主的一些基本共识，但要从中梳理出一个界定清晰并广为接受的定义，仍然是比较困难的。基于此，笔者在综合的基础上，从公民理论与协商民主之关联的视角出发，认为社会主义协商民主是一种体现社会主义和人民民主专政本质属性的原创型民主载体与现代协商民主理论融合的产物，它既是国家、政党、政府的决策和治理形式，也是自由平等的公民（团体）基于权利和理性，通过集体与个体的反思、对话、讨论、辩论等形式，实现有序政治参与、合法表达政治诉求和意愿、解决实际问题的重要途径，是实现公民-社会-国家之良性互动与合作的有效方式。

1. 社会主义协商民主的社会主义属性

社会主义协商民主是社会主义民主政治发展的内在要求，是社会主义政治框架独特优势的体现方式，是社会主义民主的重要形式。"中国政治基于两大规定性展开：一是社会主义规定性，二是人民民主的规定性。"[1] 社会主义属性作为中国政治的首要规定性，是由中国经济基础的社会主义属性所决定的。因此，以公有制为主体的所有制体系决定了中国经济的根本属性，进而决定了中国政治的首要规定性，也决定了社会主义协商民主的本质属性是能够体现最广大人民群众的根本利益和人民当家作主的本质要求的社会主义属性。

党的十六届六中全会《关于构建社会主义和谐社会若干重大问题的决定》指出：社会和谐是中国特色社会主义的本质属性，是国家富强、民族振兴、人民幸福的重要保证。社会主义协商民主是社会主义

---

[1] 林尚立：《当代中国政治形态研究》，天津人民出版社，2000，第167页。

市场经济条件下构建和谐社会的必然诉求。随着经济改革的深入发展，社会利益诉求多元分化，利益矛盾时有激化。为求得不同利益之间的协调，进行协商对话或民主对话、"民主恳谈"，是实现和谐、化解矛盾与冲突、形成广泛共识与团结的有效途径。因此，作为一种建基于原创性的民主载体的社会主义协商民主，不仅是政治体制改革、基层民主政治建设的重要途径，是党的领导、政府职能和社会管理方式转变与增效的重要方式，而且能够通过各个层次的协商、协调、参与、咨询，化解矛盾、维护社会稳定。在这个意义上，社会主义协商民主具有中国特色社会主义的本质属性，体现了和谐社会的本质要求。

2. 社会主义协商民主的人民民主属性

人民民主属性作为中国政治的另一大特殊规定性，本质在于人民当家作主。这一属性与社会主义属性一样，由中国经济基础的社会主义属性所决定。同时，人民的主体地位和中国特色社会主义的和谐社会本质又为其提供了广泛的社会基础。在中国，人民民主具有真实性和广泛性：广泛的民主主体和民主权利，以及对人民自己管理国家、维护利益的制度、法律和物质保障。人民代表大会制度作为中国的根本政治制度，既是人民民主属性的生动体现，也为其提供最根本的制度保障。同时，中国共产党领导下的多党合作和政治协商制度、民族区域自治制度和基层民主制度共同构成了中国社会主义民主政治基本框架，社会主义协商民主与选举民主共同组成了中国的人民民主，共同体现最广大人民群众的根本利益和人民当家作主的本质要求。从基层民主形态看，社区、居委会、村委会以及各种为公民直接选举产生的社团组织，是公民行使自己的权利与义务相结合的主要形式。这些基本社会制度既体现着社会主义民主政治的本质要求，又为社会主义协商民主提供了社会基础，展现了社会主义民主政治的独特优势。

3. 社会主义协商民主的政治领导保证

中国共产党的领导是社会主义协商民主产生与发展的历史的选择。社会主义协商民主产生于中国共产党领导下的中国人民包括民主党派结成的最广泛的统一战线，政治协商制度是中国共产党在政治制度上的探索与创新。中国共产党是中国工人阶级的先锋队，是中国人民和中华民族的先锋队，只有中国共产党，才最大限度地代表了人民的利益。没有中国共产党，就没有社会主义协商民主制度的探索与推进，党的领导是社会主义协商民主的根本保证。

中国共产党的领导是中国特色社会主义政治制度的重要组成部分，是社会主义国家政治和社会发展的特殊优势。社会主义协商民主的实践与创新首先必须以党的领导为政治根基，这是中国民主政治建设的性质和宗旨的根本保障，也是国家长治久安的根本保障。中国共产党"作为我国唯一的执政党，不仅是国家政治生活的核心，而且也是社会组织的核心，所以社会主义协商民主政治的展开，不论是组织体系还是程序过程，都必须以中国共产党为核心。在国家政治生活层面，中国共产党可以通过党的职能组织以及所团结的各民主党派，建立协商民主运作的组织与机制，在社会生活层面，中国共产党可以通过其基层组织、工青妇外围组织以及党所联络的各种社会组织，在社会领域为协商民主运作建立覆盖面广、协调面大的组织与机制，保障协商民主制度的有效运作。所以，中国共产党在中国社会的领导核心作用以及由此产生的对社会的强大动员力和整合力，是社会主义协商民主得以展开的重要政治基础"[①]。

---

① 林尚立：《协商政治：对中国民主政治发展的一种思考》。

社会主义协商民主以党的领导为政治根基也是巩固和发展党的执政地位的必然要求。在当前新的历史条件下，中国共产党要长期执政、执好政，面临许多新的严峻挑战，国际形势的深刻变化以及国内改革发展的关键期，带来了各种社会矛盾的日益凸显。这些新形势新挑战要求，在协商民主的制度框架内广泛充分地进行政治协商，必须坚持中国共产党对政治原则、政治方向和重大方针政策的领导。因此，社会主义协商民主既是党委、政府科学民主决策的重要途径，是实现党的领导和社会管理的重要方式，也是中国共产党"在多样化社会中巩固和发展其领导地位的重要民主政治形式"[1]。

4. 社会主义协商民主以全社会的广泛参与为主要动力

在中国的现代化和民主化进程中，经由个体的解放逐步实现了由传统的共同体社会向个体自主的现代社会的转型，追求自由与平等的民主化运动既是社会发展的内在要求，也是现代国家成长的基本前提。对于中国这样一个超大规模的国家来说，国家和政党对社会转型和民主化的主导，既能够保证社会转型和民主化的有效推进，又能够维持国家政权的基本稳定。因此，中国的民主化道路从起步之初开始，就是与社会转型、国家成长紧密相连和同步进行的。

围绕基层政权建设、群众自治、公民参与和社会治理结构重建而展开的基层民主实践，与党和国家层面的高层民主建设形成了上下呼应的联动效应，从两个层面共同推进中国式民主的发展与成长。作为中国民主化进程中的一种原创性民主载体，社会主义政治协商到社会主义协商民主的发展过程必然也离不开社会力量和政治力量的共同推动，离不开二者之间的有效互动。社会转型中的各种社会力量以及政

---

[1] 林尚立：《协商政治：对中国民主政治发展的一种思考》。

党、政府组成的政治力量构成了社会主义协商民主有效运作的复合主体，这些主体之间不断扩大、不断制度化的多元和多向参与便形成了推动民主化进程的主要动力。只有通过社会力量参与政治体系、政治力量（如政党）参与社会生活，政党、国家与社会之间才能实现有效的互动和交流，从而为协商提供应有的社会基础和政治保障。

以公民、公民团体、族群、各种非政府组织等为主体的社会力量，构成了民主参与的主体力量。民主政治在本质上是大众政治，大众广泛而有效地参与政治是民主政治的前提和基础，社会参与的实践及其发展对民主的建设和发展有着直接的推动作用。就民主的制度和治理两大层面而言，特别是在治理层面，社会主体既需要实现自我管理，更需要国家和政府在社会治理过程中能够服从民意、民志和民情。因此，社会力量与政治力量的广泛参与和良性互动是民主发展的核心要素，能够发挥培育公民的民主意识和民主能力、改变政府的流程和行为方式、实现政府社会化的现实功能。[1]

二 社会主义协商民主的类别与层次

在中国，社会主义协商民主经过60多年的探索和发展已经成为中国特色社会主义民主政治和人民民主的重要形式和主要特色，在社会主义现代化建设事业中发挥着重要作用，也是当代中国政治文明的重要成果之一。尽管西方学术界对协商民主的研究已经非常深入精细，但这些理论研究还没有转变成一种主流的政治实践，仅仅停留在学术倡导的层面。而中国以人民代表大会制度、共产党领导下的多党合作、政治协商制度、党内协商和各种社会协商、基层协商形式为主要构件

---

[1] 林尚立：《公民参与——民主深度发展的动力之源》，载中国政府创新网，2011年3月31日，http://www.chinainnovations.org。

的社会主义协商民主，已经具备了丰富的理论准备与实践探索，形成了较成体系的制度形式。因此，社会主义协商民主作为社会主义的一种民主政治形态，其范围广泛、内容丰富、形态多样，且以协同共治为目标等都是西方国家的民主政治所无法比拟的。

从整体上看，中国的社会主义协商民主经历了60多年的探索和发展，形成了党和国家层面的高层民主建设与社会、政治基本单位的基层民主实践双向联动、两头推进的宏观结构。党和国家层面的高层协商民主建设主要包括新中国成立以来中国共产党领导下的多党合作和政治协商制度、党内民主制度的形成、发展和完善。中国人民政治协商会议，是中国政治协商制度的主要形式，是当代中国政治文化、政治实践中最重要的协商机构。民主协商是中国共产党的一种基本的党内民主机制与形式，是党内民主集中制的重要内容，随着党内民主的发展，各种层级和形式的协商民主在中国共产党内也不断发展和完善。因此，中国高层的民主协商，其范围涉及社会政治生活各个重要层次和重大领域，其主体为执政的中国共产党、参政议政的各大民主党派以及无党派人士，其内容不仅涉及大政方针政策的制定、政治同盟关系的形成，而且广泛运用于政治领导人的选拔和任用等方面。

社会主义协商民主的基层实践主要围绕基层政权建设、群众自治、公民参与和社会治理结构重建而展开。改革开放以来，随着社会主义现代化建设关键时期的到来，中国社会正处于发展的"黄金期"和矛盾的"凸显期"，社会的多元化转型带来了利益诉求的增多、公民参与意识和参与热情的高涨、地方政策合法性需求等变化，催生了诸多基层民主的探索与实践，就重要的基层公共利益、公共事务进行了大量的人民协商、群众协商、村民协商、居民协商、职工协商等，并已经逐步规范化、法律化和制度化。基层协商民主制度也日益显示出旺盛的生命力，成为一种的"从泥土中生长出来的"基层民主载体。这些基层协商民主实践在当代中国已经具有一定的普遍性，与党和国家层面的高层民主建设形成了上下呼应的联动效应，从两个层面共同推进中国社会主义协商民主的发展与成长。

从微观层面来看，根据协商的主体、性质、议题、目的、范围等要素的差异，社会主义协商民主可以被划分为多种类型。根据协商主体的不同，可以划分为立法协商、行政协商、民主协商、参政协商、社会协商五种最基本的类别。党的十八届三中全会《决定》中指出："构建程序合理、环节完整的协商民主体系，拓宽国家政权机关、政协组织、党派团体、基层组织、社会组织的协商渠道。深入开展立法协商、行政协商、民主协商、参政协商、社会协商。加强中国特色新型智库建设，建立健全决策咨询制度。"其中，立法协商主要是指全国人大和省级人大就立法进行协商；行政协商主要是政府在决策之前开展的协商，如通过依法举行听证会进行的协商；民主协商，主要是在政协组织中进行的协商；参政协商是指各参政党和无党派人士之间的协商；社会协商则是基层组织和社会组织所开展的最广泛的协商，包括普通民众参与的以对话为主的协商，以及村民自治、社区自治、企业职工代表大会为单位进行的各种协商。

根据协商的性质差异，王浦劬认为"民主恳谈不是真正意义上的民主决策，而是要从四个层面进行定位，第一是政治协商，第二是组织协商，第三是行政参与，第四是政策咨询与修正"[①]。根据协商议题

[①] 王浦劬：《民主恳谈，是一种原创性的民主载体》，载《民主恳谈——温岭人的创造》，中央编译出版社，2005，第1页。

的范围差异,社会主义协商民主又可以划分为经济类协商、政治类协商和社会类协商等。[①]

第二节 社会主义协商民主的构成要素

社会主义协商民主与西方协商民主在文化背景、发展进程、本质属性等方面的重大差异决定了社会主义协商民主的独特概念和基本内涵。社会主义的本质属性和现代化转型时期的阶段特性又进一步决定了社会主义协商民主之构成要素的独特性,这些构成要素主要包括价值取向、参与主体、制度平台、基本手段和根本保障等。

一 社会主义协商民主的价值取向

社会主义协商民主作为一种国家、政党、政府的决策和治理形式,一种公民(团体)有序政治参与、合法表达政治诉求和意愿、解决实际问题的重要途径,其形成和发展始终是以合作、参与和达成共识为其基本价值取向的。

1. 合作

现代民主程序的价值偏好主要有竞争与合作两种选择。在西方民主中,竞争意味着精英、选举和程序,竞争性民主就是通过竞选等一系列程序将决策权赋予胜出的精英(团体)。这种价值偏好主要是与西方国家的两党制、多党制等竞争性政党制度和政治制度相吻合的,各方通过竞争明确和强化自身的利益基础,相互排斥、相互攻击,以夺取权力为最终目标。而合作则是一种民主公民的理想,博曼将民主

[①] 这种划分仅为一种理论上的分类,在社会主义协商民主的实践中,特别是基层政治实践中,这几种类别的协商往往都是混合杂糅在一起的。

合法性理解为一种"多元一致",即要求公共协商过程中的一种持续性合作,即使是一种持续的不一致。在他看来,"融合不是公共理性或讨论的必然要求,而是民主公民的理想。这种理想并不要求所有公民出于相同理由而同意,它只要求在相同的公共协商过程中,公民能够持续合作与妥协"[①]。

相对竞争而言,合作的价值偏好更适合中国的政治现状。基于中国政治的两大规定性——社会主义规定性和人民民主规定性,民主政治需要更广泛的社会基础,特别是对于规模巨大且处于现代化转型期(工业化时期)的国家来说,更需要缩小与弥合社会分歧,整合社会利益与促进社会和谐,寻找更有效的团结纽带,这些都需要通过执政党与参政党之间的合作、党派人士与无党派人士之间的合作、公民(团体)与政府之间的合作来实现。房宁也明确指出,竞争性的民主制度安排"是造成世界上许多发展中国家一选就乱,社会长期动荡不宁的重要原因之一",相对而言,从中国民主政治发展的实际出发,以合作为价值取向的协商民主"是最适合中国现阶段的民主形式,应当成为中国经济社会发展的主要方向和重点"[②]。

2. 参与

作为现代民主的一项基本内涵,参与是以少数职业政治精英与大多数民众的分化为基础的。通过各种各样的参与途径,民众一方面可以在某种程度上实现对精英或国家、政府、政党的影响和控制,另一方面可以表达对政府和政策的意愿或诉求,可以学习民主知识、技能,培育公民精神。社会主义协商民主不仅强调参与的内在价值,更将参

[①] James Bohman, "Public Deliberation and Cultural Pluralism," in *Deliberation: Pluralism, Complexity and Democracy* (The MIT Press, 1996), p. 89.

[②] 房宁:《政治协商与协商文化》,载周国富主编《政协文化论坛文集》,中国社会科学出版社,2010,第40页。

与作为重要过程。自由、平等的公民（团体）只有积极参与协商过程，才能在对话、讨论、辩论、论证中，真实充分地表达自身偏好，认真倾听他人的观念与理由，权衡不同观念及其倾向，从而根据公共利益和共同的价值取向，在某种程度上的妥协基础上形成共识，最终有利于增强决策的合法性。因此，协商的过程就是每一位参与者积极参与论辩和说服的过程。

从参与主体来看，社会主义协商民主的参与者主要包括作为公共权威机构的政府、具有参政议政功能的参政党、多元利益格局中的公民个体、不同文化背景中的族群，以及治理过程中的机构或团体等。社会主义协商民主实际上就是上述参与主体，以不同价值偏好和利益诉求为基础，积极参与到政策制定的过程。这些主体都是受政策直接或间接影响的行动者，也就是政策对象，因此，如果没有决策对象积极、主动、充分的参与，协商民主本身就无法存在。参与既是社会主义协商民主的基本价值取向，也是其重要内容之一。

3. 共识

共识是主体间理解的协调、通约和一致。在协商民主中，共识既是基本的价值取向，也是希望达致的一项目标和结果。在政治过程中，政治行动主体在合作和参与的基础上，通过充分协商形成对所讨论问题的一致性，即达成共识。达成共识是协商民主的一个关键环节，是经由理性推动而"发现对所有承诺其行为依据在于平等公民对各种选择所做的自由、理性评估结果的参与者具有说服力的理由"[1]。因此，共识也是民主决策合法性的重要基础。

达成共识并不是要求全体公民在相同或所有理由上保持绝对一

---

[1] 〔美〕詹姆斯·博曼、威廉·雷吉主编《协商民主：论理性与政治》，第56～57页。

致，而仅仅是形成一种"多元一致"。政治行动者（个体或团体、族群、政党）通过有序的政治参与，基于合作而非竞争，利用协商对话考量关于公共问题的各种观点、意见时，既充分表达和辩护自我偏好，又充分了解和听取他人的目标和追求，并最终基于公共利益形成实现有效公共政策和持续性共同体行动的共识基础。协商对话的方式，一方面需要参与者陈述偏好、提供理由、说服他人，另一方面能够帮助参与者将个人经验与问题联系起来，增加相互理解，利用理性观念和分析实现最理想的公共判断。

中国社会主义协商民主的探索和发展历程中，共识能够形成公共决策的合法性，维护政党政府的政治合法性；更为重要的，共识还有利于社会转型过程中经济、政治、社会、文化等复杂问题的有效解决，实现价值偏好、利益分配、权利诉求的相对平衡，维护公民、社会、国家的团结。中国共产党领导下的多党合作和政治协商制度，从建立之初起就是在特殊的历史时期实现最大范围的社会团结，减少因分歧产生的内耗，加速国家和社会的建设与发展。基层协商民主制度的探索与创新，也是基层政府与公民（团体）基于政治、经济、社会文化等各个层面的实际问题，通过协商达成共识从而解决实际问题的一种基层政治实践。

二 社会主义协商民主的参与主体

社会主义协商民主作为人民民主的一种重要形式，其参与主体就是广泛意义上的"人民"，即社会的全体成员。同时，中国共产党的领导是中国特色社会主义政治制度的重要组成部分，是社会主义国家政治和社会发展的特殊优势，社会主义协商民主必须以党的领导为政治根基。因此，社会主义协商民主的参与主体大致可以区分为核心主体和一般主体两类。

1. 核心主体

中国是人民民主专政的社会主义国家，中国共产党是社会主义事业的领导核心，是执政党，其执政的实质是代表工人阶级及广大人民掌握人民民主专政的国家政权。各民主党派是各自所联系的一部分社会主义劳动者和一部分拥护社会主义的爱国者的政治联盟，是接受中国共产党领导的，同中共通力合作、共同致力于社会主义事业的亲密友党，是参政党。参政党具有法律规定的参政权：参加国家政权，参与国家大政方针和国家领导人选的协商，参与国家事务的管理，参与国家方针、政策、法律、法规的制定和执行。中国的多党合作必须坚持中国共产党的领导，必须坚持四项基本原则，这是中国共产党同各民主党派合作的首要前提、政治基础和根本保障。中共对各民主党派的领导是政治领导，即政治原则、政治方向和重大方针政策的领导。

执政党领导下的政府也是社会主义协商民主的核心主体。各级党政机关在各类协商民主实践中的作用主要体现在三个方面。第一，在全局上，发挥牵头、协调作用。党领导下的党政机关以"总设计师""总导演"的角色，在基层协商民主制度和机制建设上，通过组织有关职能部门进行调研、试点工作，建立初步规划；通过邀请专家咨询、广泛征求意见，进行深入研究、分析、评估以及修改、完善，并建立相关规章制度加以保障，使其最终成为一项长效机制。第二，在具体操作上，围绕具体的实际问题，发挥抓总作用。党政机关在对各种实际问题进行整理、分析、概括和提炼的基础上，通过合理配置决策权，对问题进行细化、归类。对事关全局的民主决策，发挥总领导、总协调作用；对一般性民主决策，充分调动下一级党委、政府的积极性、主动性、创造性，建立起多层级共同推进的领导体制和工作体制。第三，在外部环境上，发挥助推作用。通过行政、非行政手段，加强对媒体的指导、引导、监督作用，通过媒体的引导力、影响力、感染力，引导人民群众表达利益诉求，提出意见、建议，提高人民群众的参与意识，为社会主义协商民主营造良好的舆论环境。

2. 一般主体

社会主义协商民主的一般主体主要包括各级人民代表、政协委员、各党派团体、基层组织、公民（团体）、族群与各种非政府组织等。

人民代表大会制度是中国的根本政治制度，人民代表大会是中国的国家权力机关，由全国人大和地方各级人大共同构成。全国人大享有最高立法权、最高任免权、最高决定权、最高监督权以及由它形成的其他职权。地方各级人大则主要在其行政区域内，保证宪法和法律、行政法规和上级人大及其常委会的决议的遵守和执行，行使决定权、任免权、监督权和地方立法权。人大代表由选举产生，县级以下人大代表由选民直接选举产生，县级以上由下级人大间接选举产生。全国人大代表由省、自治区、直辖市人民代表大会和军队选举产生，每届任期五年，在协商民主范畴内享有的职权主要有：参与修改宪法、监督宪法的实施、制定和修改刑事、民事、国家机构的和其他基本法律、审查和批准国家预算和执行情况的报告、改变或撤销全国人大常务委员会不适当的决定等。各级人大代表一般通过出席大会全体会议、参加代表团全体会议、参加小组会议等方式行使审议权。会议期间，审议权主要体现为对列入会议议程的各项议案进行审查和讨论并发表意见、表明态度、提出建议批评和意见的权利。具体议案如本级人大常委会和"一府两院"的工作报告，本行政区国民经济和社会发展计划、财政预算执行情况的报告，本行政区政治、经济、教育、科学、文化、卫生、环境和资源保护、民政、民族工作的重大事项、国家机关领导人员和组成人员、被列入会议议程的各项议案等。

人民政协是中国政治协商制度的重要机构，是中国人民爱国统一战线的组织，由各民主党派、无党派人士、人民团体、各少数民族和各界爱国人士的精英代表组成，其主要职能为政治协商、民主监督和参政议政。政协委员包括全国政协委员和地方各级政协委员，由各民主党派、各人民团体和无党派人士反复酝酿协商推举，经全国或地方人民政协常务委员会同意成为政协委员，其政治协商的职能主要体现为对国家和地方的大政方针以及政治、经济、文化和社会生活中的重要问题在决策之前进行协商和就决策执行过程中的重要问题进行协商，以会议为主要形式和各级领导机关为具体对象。参政议政则是政治协商以外在更宽泛的范围内，具有更丰富的内容、更多样的形式、更灵活的方法的职能体现，从而拓宽了政协工作的渠道和领域，为广大政协委员及其所联系的各界人士参与国事、发挥专长提供了更多的机会，同时也为各级政协切实有效地组织政治协商、民主监督等方面创造了良好的条件。

在中国的政党制度中，各民主党派是参政党，坚持中国共产党的领导并与之形成"长期共存、互相监督、肝胆相照、荣辱与共"的合作关系。参政党具有法律规定的参政权，其参政的基本点是：参加国家政权，参与国家大政方针和国家领导人选的协商，参与国家事务的管理，参与国家方针、政策、法律、法规的制定和执行。各民主党派可以通过与执政党之间的各种合作与协商形式、人民代表大会制度、人民政协等渠道进行广泛而深入的协商政治实践，实现其参政议政权。

公民个体和公民团体是社会主义协商民主最广泛和最主要的参与主体。公民，是享有人身独立、自由权利与义务的主体。新中国成立以来，公民开始作为一种独立的政治角色而存在，与传统社会中作为少数统治者意志的消极服从者的臣民具有本质区别。现代公民作为自由、平等的主体，在公共协商过程中通过对话、讨论、审视而赋予立法和决策以合法性。从某种角度来说，公民（团体）在投票之前通过参与公共讨论和批判性审视具有集体约束力的公共政策的过程，形成有效的民主参与、民主决策、民主管理和民主监督。

族群与各种非政府组织等中介机构也是社会主义协商民主的参与主体。族群主要是指地理上靠近、语言上相近、血统同源、文化同源的一些民族的集合体。中国是多民族国家，民族区域自治是一项基本政治制度，是建设中国特色社会主义的重要内容。族群可以通过人民代表大会制度、政协制度和区域自治制度实现社会主义协商民主的主体身份，享有民主参与、民主决策、民主管理和民主监督等各项权利。非政府组织等中介机构是指一些在体制上独立于政府的民间组织，具有组织性、民间性、非营利性、自治性、志愿性和公益性等特征。这类中介机构通过参与基层协商民主实践，实现动员政府和各种社会力量对其从事的公益事业提供财力和道义上的支持，影响政府公职人员的决策意向和社会舆论。

三 社会主义协商民主的制度平台

1949年以来，中国的社会主义协商民主已经形成了具体而完备的制度形式，如人民代表大会制度、中国共产党领导下的多党合作和政治协商制度、党内民主协商制度和基层民主协商制度等，均为其发展和完善提供了良好的制度平台。

人民代表大会制度是中国的根本政治制度，人民代表大会是中国人民行使国家权力的机关，也是民主党派成员、少数民族代表、公民（团体）代表等各参与主体参政议政和发挥民主监督作用的重要机构。通过人民代表大会制度，保证各个参与主体均能够在人大会议中以人民代表的身份，参与法律、政策的制定与修改；并且能够保证上述成员在全国人大代表、人大常委会委员和人大常设专门委员会中占有适当比例。同时，中共人大党组成员经常与担任人大领导职务的民主党派、无党派人士等代表交流情况、沟通思想、交换意见；人大、人大常委会在组织关于特定问题的调查委员会，人大各专门委员会在组织有关问题的调查研究时，吸收人大代表中的各参与主体参加。

中国共产党领导的多党合作和政治协商制度是中国的一项重要政治制度，主要包含中国共产党与各民主党派和无党派人士之间的政治协商。新中国成立以来，这一制度主要采取以下几种协商形式：中共中央主要领导人邀请各民主党派主要领导人和无党派的代表人士举行民主协商会，就中共中央将要提出的大政方针问题进行协商；中共中央主要领导人根据形势需要，不定期地邀请民主党派主要领导人和无党派的代表人士举行高层次、小范围的谈心活动，就共同关心的问题自由交谈、沟通思想、征求意见；中共召开民主党派、无党派人士座谈会，通报或交流重要情况，传达重要文件，听取民主党派、无党派人士提出的政策性建议或讨论某些专题；除会议协商以外，各民主党派和无党派人士还可就国家大政方针和现代化建设中的重大问题向中共中央提出书面的政策性建议，也可约请中共中央负责人交谈；中共地方党委和民主党派地方组织之间也采用类似协商形式。

党内民主协商制度是将协商民主与党内民主建设结合的产物，是全体党员能够以平等、自由的身份对党内事务公开阐述个人观点，深入论证、质疑、辩论、协商，并最终以公共利益为基础达成共识的一种制度设计，其目的在于保证党内生活的民主化和决策的合法性。按照协商主体的不同，党内协商民主制度可以划分为党员大会内的协商、党代表大会内的协商、党委会议内的协商、政治局会议内的协商、中央工作会议内的协商等；按照协商过程的不同，又可划分出常态的党内协商和非常态的党内协商；按照协商范围的不同，区分为党组织内部的协商和上下级党组织之间的协商；等等。

基层民主协商制度是协商民主理论与中国地方政治实践相结合的基层民主制度。改革开放以来，特别是20世纪90年代以来，中国基层（城市社区、工厂、乡镇、村社等）已经发展出许多新的民主协商形式、机制或制度，如居民议事会、民主恳谈会、民主理财会、民情直通车、便民服务窗、居民论坛、乡村论坛、民主听证会、网络议事会等。

四 社会主义协商民主的基本手段

协商，是协商民主的核心理念。社会主义协商民主在实践形式上与西方协商民主具有较大的一致性，主要通过协商作为其基本手段。协商（deliberative）一词的基本含义有两种：一是审慎的、慎重的、深思熟虑的；二是审议、评议、讨论。前者多适用于个人，是一种私人性的审议；后者则多适用于集体，是一种带有公共性的协商。在西方政治思想史中，两种含义都各自有着深远的发展脉络。私人性的审议主要来源于从卢梭到当代的罗伯特·古丁理解的"慎思"内涵，也就是古丁所谓"内部的民主审议"（democratic deliberation within）[1]。公共审议的理念则更为古老，并逐渐成为协商民主理论的主脉。公共

---

[1] Robert E. Goodin, "Democratic Deliberation Within," in James S. Fishkin and Peter Laslett, eds., *Debating Deliberative Democracy* (Malden, MA: Blackwell, 2003), pp. 54-79.

性的审议始于亚里士多德、密尔,直至当代的杜威、哈贝马斯等,这一脉络中强调的是一种作为公开讨论、相互证明的审议过程,并且实现了主体范围由精英向普通公民的扩展。

对于协商的上述两层基本含义,有学者主张将二者结合起来①,而当代协商民主思想的主流代表学者,大多在两层含义的综合基础上,更强调其中的公共审议含义。对于公共审议,哈贝马斯还论证了一种更狭窄更精准的内涵。话语伦理学基础上的审议民主,强调通过对话来形成共识,这一过程不是讨价还价和相互让步,不是利益协调的谈判妥协过程,而是透过公共理性的论证,遵循"更佳论证力量"(force of the better argument)的证明和说服过程。此后诸多协商民主理论的代表人物,如科恩、德雷泽克、杨、本哈比等均是在哈贝马斯思想的激发下,进一步阐述协商的基本内涵的。

在社会主义协商民主的各种实践形式中,协商作为其基本手段主要包括审议、聚集或组织起来进行对话和讨论、审议等内容。作为一种内涵宽泛的概念,协商大体体现为反思、沟通、对话、交流、讨论、证明、说服。在对公共决策进行协商之前,协商民主的参与主体,不论是核心主体还是一般主体,都会就协商的议题进行充分的、慎重的、深思熟虑的反思,形成其基本立场和判断。这种反思类似于上述"内部审议",是一种私人性的反思活动。在协商过程中,协商主体首先会进行基本的谈话式沟通,一方面陈述各自的基本立场,另一方面倾听和了解对方的立场与意见。其次,通过对话的形式进行建设性交流,协商主体之间既传递思想,又在倾听的基础上达成理解或进行批判性思考。再次,在对话基础上,进行互动

---

① 如《当代政治哲学》的作者金里卡。

性讨论,一方面基于公共理性证明自我立场,说服他人转变偏好,另一方面基于公共理性和对各种立场的充分理解,调整自我立场。最后,在反思-沟通-对话-讨论的基础上,透过公共理性的论证、证明和说服,最终形成共识性判断。上述内容可以简要概括为图7-1。

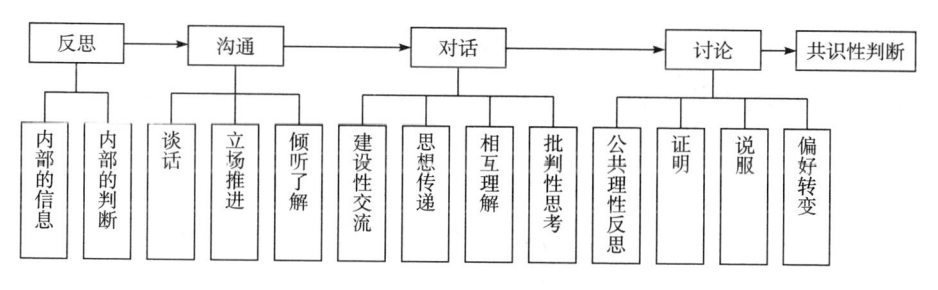

图 7-1　社会主义协商民主的基本手段

在一般意义下,社会主义协商民主基本上通过上述形式得以实践和推进。而针对不同类型的公共协商,又可以区分出不同类型的协商机制,以适用于不同的协商类型、主体、议题与环境等。按照博曼的划分,协商包含涉及共同活动的五大对话性机制:(1)罗尔斯的反思均衡模式。发言者所做的工作是彰显其共同理解、共有制度和正在进行的各种活动中的内在要素。这一对话机制中,协商者一旦表述清楚了他们的共同理解,看到了问题的可相互理解的答案,协商也就完成了。当存在相当大程度的共识、共享的价值观,以及社会不平等程度很低的时候,这种对话机制是恰当的。(2)对个体和集体的不同历史经验的交流机制。这一机制适用于没有共同的价值观和承诺可依赖的情形,通过不同个体的经历揭示政治共同体共同理解的局限和视角性特征,从而建立团结和相互认可。(3)一般性对话机制。主要适用于将给定的一般性的规范或原则应用到具体的政策问题中,通过一般性规范及其具体阐释对政策问题发生影响。(4) 表述机制。通过表述各种普遍性原则在其起作用的社会领域中的更大的复杂性和不一致性，产生出解决冲突的办法。(5) 转变和交换视角机制。就是交流者通过视角采取和角色承担能力，在说与听之间进行转换，实现偏好和视角的转变和交换。①

在不同类型的协商中，上述机制能够使理性为参与者们所信服，从而保证协商活动的成功。即使参与者没有对决策结果完全赞同，但通过协商机制使其认识到他们的参与有助于且有影响于结果，这样，协商便是有意义的和成功的。

五　社会主义协商民主的根本保障

在现代国家，民主宪法应当"保护核心自治的权利，创建人们赖以处理其事务的、稳定的秩序；解决公共议程中特别紧张或难以解决的问题；解决集体行动、短视行为以及冲动所带来的问题"②。同样，社会主义协商民主在本质上强调协商主体之间的政治平等，必须通过宪法确立共同的最高权威，确保所有的社会和政治力量都必须在宪法的框架内活动，尊重和服从宪法。只有宪法能够为社会主义协商民主提供必要的条件和根本的保障。

1. 宪法对公民权形成规约，为社会主义协商民主提供最基本的民权保障

一方面，社会主义协商民主的运作与宪法的文本和结构有着密切的关联，宪法中对于公民享有之言论权、表达权、结社权等权利和自

---

① 〔美〕詹姆斯·博曼：《公共协商：多元主义、复杂性和民主》，黄相怀译，中央编译出版社，2006，第53~59页。
② 〔美〕凯斯·R. 孙斯坦：《设计民主：论宪法的作用》，金朝武、刘会春译，法律出版社，2006，第134页。

由的规约与保障，为现代民主政治的发展提供了最基本的民权保障。社会主义协商民主除了在本质上对协商主体间政治平等的强调之外，还强调对公民个体自主权的充分尊重。也就是说，通过宪法，能够全面规定和保障公民的各项基本权利，确定和维系公民在协商过程中的地位和作用，确保协商民主的参与主体的个体自由，以及参与权利和机会的平等，进一步确保参与主体对公共决策的影响力。例如，在协商过程中，参与者必须首先能够在主体内在反思的基础上平等、自由、充分地表达自我偏好，然后基于公共理性和公共利益达成共识性判断。而由宪法规定和确保的公民言论自由表达权，就必然成为协商参与者必须享有和得以保护的基本权利。另一方面，宪法也通过规制国家权力实现最基本的民权保障。宪法对国家权力的主要限制，既包括对国家权力范围的限制，也包括对国家权力行使程序的限制。通过这种限制，确保个人权利的神圣地位，确保政府对个人权利的尊重，以及确保个人权利的不受侵犯。

2. 宪法为公共领域提供前提和规范，形成社会主义协商民主的场域保障

公共领域作为协商民主的重要场域，是"一个关于内容、观点、意见的交往网络；在那里，交往之流以一种特定方式加以过滤和综合，从而成为根据特定议题集束而成的公共意见或舆论"，是一种"在交往行动中产生的社会空间"。[①] 宪法中对公民个体权利与国家权力的界分，为社会与国家的分离以及公共领域的形成提供了必要前提。同时，宪法中和平、理性、有序的各项规范也为公共领域提供了基本准则，有效地规范和协调着公共领域的性质、功能等。例如，宪法用法律的

---

① 〔德〕哈贝马斯：《在事实与规范之间》，第446页。

权威取代了传统的个人权威，强调当个人权威与法的权威发生冲突时，个人权威必须服从法的权威，从而减少了公共领域中应对突发和偶然事件的脆弱性和动荡性。

3. 宪法促成社会成员的主体意识与平等身份，为社会主义协商民主提供认同保障

随着现代民族国家的兴起和自由政治文化的出现，现代民族国家普遍确立起一种基于自由权利的宪法原则的认同和忠诚。对于中国这样一个处于转型期的多民族国家来说，同时存在基于历史的传统认同和基于宪法的现代认同，二者共同促进国家的稳定、社会的发展和公民的忠诚与团结。社会成员由宪法获得的政治共同体的公民身份，作为政治共同体的一员，每个个体的政治和法律地位，以及他们与国家的关系都处于同一层面，在法律面前一律平等。因此，这种经由宪法获得的主体意识和平等身份为协商民主的具体运作与推进提供了最根本的认同保障，使得每个个体能够在"我们的宪法"意识推动下，真正基于公共利益的立场去思考和辩论，并将个人利益与共同体利益融合起来，促进共识性判断的实现与达成。

第三节　社会主义协商民主的基本特征

社会主义协商民主的本质属性决定了它与西方国家资本主义协商民主之间的根本差异；社会主义协商民主的基本特征则揭示了它与其他民主形式之间的差异所在，并为其独特的价值呈现提供了基础和前提。社会主义协商民主是一种体现社会主义和人民民主专政本质属性的原创型民主载体与现代协商民主理论融合的产物，既是国家、政党、政府的决策和治理形式，也是自由平等的公民（团体）基于权利和理

性，通过集体与个体的反思、对话、讨论、辩论等形式，实现有序政治参与、合法表达政治诉求和意愿、解决实际问题的重要途径，是实现公民-社会-国家之良性互动与合作的有效方式。在这一概念中，社会主义协商民主首先必须是一种基于公共理性的公开对话形式，其次必须通过集体决策的程序以及与公平过程相关的价值来体现其合法性，再次必须能够在协商的基础上达成共识，形成能够解决某种具体问题的实用性方案，最后还必须既保持对多元社会现实的敏感，又能以开放的姿态包容多元。因此，社会主义协商民主在其本质属性之外，还具有广义上的协商民主所具备的一般性基本特征。

一 公开性特征

社会主义协商民主首先是一种基于公共理性、公共协商、公共利益的民主形式，公开性是其首要的基本特征。公共理性的运用，公共协商的展开和公共利益的维护必然要求社会主义协商民主以一种公开的形式，而不是在一种私性的环境中得以实现；同时也必然要求协商主体以一种公开的身份、大众的身份，而不是保密的身份、特殊的身份，积极广泛地参与到协商过程中来。因此，公开性的基本特征也决定了社会主义协商民主的大众性和参与性特征。

其一，公共协商是一种以交往理性为基础的交往行动，交往主体之间是一种具有"主体间性"的互动关系，也就是说，协商主体具有公开互动的基本特征，协商就是一种通过符合协调的互动，以语言为媒介，通过对话达到人与人之间的相互理解和一致的行为。同时，如前所述，由于社会主义协商民主涉及多层次、多维度、多数量的参与个体或团体，因而主体间的交往行动是同时发生在多个主体之间的，因而是一种公开的、公共的理解和行动模式。

其二，公共领域是社会主义协商民主的活动场域。按照哈贝马斯的定义，公共领域被描述为一个关于内容、观点，即意见的交往网络，一种在交往行动中产生的社会空间，交往之流在那里被以一种特定的方式（以语言为媒介的商谈）加以过滤和综合，从而成为根据特定议题集束而成的公共意见或舆论。因此，意见在公共的社会空间得以交流和理解，并最终形成公共意见，为社会主义协商民主的各种正式形式或非正式形式提供了公开性基础。

其三，协商的议题与内容是公开的，协商过程也是完全公开的。议题与内容的公开，充分体现的是社会公众的知情权，每个人都有权利知道和评判对自身具有约束力的政策或法律。社会主义协商民主应该按照公开、透明的原则，在各种形式的协商之前，通过各种方式对议题进行公开，以便公共领域中可以提前形成一些关于内容和议题的意见集合和行动方案。协商的内容也必须是公开的，对某一集体决策的意见，不论支持的还是反对的，都应该全面、真实地呈现在所有社会成员的面前。政府也有必要公开各项信息和工作，公开决策事项的意图和倾向。同时，整个协商过程也必须是公开、透明的，整个程序必须是公众知悉的。只有过程公开，才能保证每个相关参与主体能够根据个人的时间、精力、兴趣、相关程度等要素决定参与情况，才能保证参与者可以不受身份、性别、职务、地位、金钱、受教育水平等客观条件的限制，保证均等的参与途径和参与机会。"协商过程的公开性使决策的理由更理性，结果也更公正。讨论中提出并最终被公民接受的理由必须首先满足公开性条件，也就是说，其理由必须让所有公民信服。"[①]

[①] James Bohman and William Rehg, eds., *Deliberative Democracy*（The MIT Press, Cambridge, Massachusetts, London, England, 1997）, p.322.

其四,协商参与者公开提出自己支持或反对某项政策的理由和偏好,立法或政策建议也是公开的。在协商中,参与者不仅需要自由、平等地表达其理由和偏好,还需要公开地表达,使其理由和偏好能够被每一位参与主体和决策者所了解,从而为他人理解其理由和偏好,以及相互之间进行意见的交流和转换提供语用学基础。立法或政策建议的公开,则能够保障政策的形成过程能够被公众所了解,更能保证决策的公开、公正,提升决策的合法性基础。

其五,协商结果公开。社会主义协商民主既鼓励公民积极参与政治生活,又尊重政府与社会之间的界限,力图通过完善民主程序、扩大参与范围、强调自由平等的对话来消除冲突、保证公共理性和公共利益的实现。协商的结果如何,协商的结果能否真正进入决策者的视野,能够在多大程度上影响政府决策,直接决定了社会主义协商民主能否实现上述目标。因此,协商结果的公开对于保证协商的公平性、有效性和合法性具有重要意义。协商参与者或普通民众可以通过对协商过程和结果的了解,增强对政府决策的同情式理解,增强对政府的信任和信心。

二 合法性特征

无论在哈贝马斯,还是科恩、罗尔斯那里,合法性都是当代协商民主的主要特征和重大意义所在。由于现代政治思想,特别是契约理论,在很大程度上是建立在"意志与人为"(will and artifice)的基础之上,而不是建立在古典的"理性与自然"(reason and nature)的基础上,因而政治合法性问题必须建立在平等的道德主体同意的基础之上。协商民主的合法性基础正是基于这一从古典到现代的历史转换,面对多元主义时代中多元的社会事实、社会不平等、高度的复杂性和广泛存在的各种偏见、意识形态等情形所形成的一种可欲的民主理想。

关于协商的概念与政治合法性的相关性研究，当代西方思想家们大体上形成了两种不同的论证策略：第一种从认识论角度着眼，认为正确性是决策之合法性的必要条件和充分条件，强调民主过程的认识论价值——该过程将产生出被某些独立的标准（如卢梭的"共同意志"）视为正确的结果，决策结果的合法性取决于它的正确性；第二种则从程序角度着眼，认为决策的合法性来自某种特定方式平等地对待参与者的程序。[1]

中国的社会主义协商民主，具有与西方协商民主不同的本质属性和基本意涵，因此，协商的合法性基础首先来源于社会主义和人民民主的根本属性，来源于中国共产党的领导和公众的广泛参与。前者能够保障社会主义协商民主体现最广大人民群众的根本利益和人民当家作主的本质要求，后者则能够体现推动先进生产力发展的要求、代表中国先进文化的前进方向，同时为集体决策提供广泛的社会基础。

从社会主义协商民主的协商性质和民主特征来看，其合法性具体体现为以下几个方面。

第一，协商可以提高决策质量和论证品质，确保决策是集体理性反思的结果。在社会主义协商民主中，公共决策以实质的公共协商过程为基础，其中，各种支持或反对某项政策的理由和偏好，是根据其能否促进公共利益和政治社会的正义而提出的。交往理性作为协商的基础，能够提升参与主体相互了解并理解的程度，提升理由和偏好的论证品质，确保决策是集体理性反思的结果。另外，基于公共利益的考量能为决策的中立性和实效性提供保障，协商的过程能进一步保障

---

[1] David Estlund, "Beyond Fairness and Deliberation: The Epistemic Dimension of Democratic Authority," in James Bohman and William Rehg, eds., *Deliberative Democracy*, pp. 173-204.

公共决策对尽可能多的相关问题进行全面的了解与分析，从而作出比较恰当和完善的决策，而政治决策也只有在获得广大政策对象的认同和支持，即获得合法性的基础上才能够有效地加以实施。这就是协商的认识论价值所在。

第二，协商可以转化、修正参与者的理由和偏好。在公共协商中，参与者可以根据自身的不同理由和偏好对某项决策提出支持或反对意见，但协商过程中不仅是理由与偏好通过语言的形式呈现出来和汇集在一起，更重要的是，协商能够促进不同理由与偏好的相互沟通和转化。协商主体很有可能在协商过程中，通过倾听与反馈，了解到更多信息，获得更多分析方式与路径，形成对相反意见的同情式理解，并最终基于公共利益而坚持、修正或转化自身的意见，从而达成理解和行动的一致。

第三，协商民主通过特定的程序和可接受的理由赋予决策合法性。经过讨论、对话形成的政治决策，其合法性不是源于个人意志，而是源于决策形成的某种特定程序。公共协商过程中的平等具有基于正义要求的内在价值，而特定程序的最重要价值就在于它对平等的维护。因此，程序的设计正是在于保障一些独立于判决结果的程序价值（procedural values），这些价值除了平等以外，还有参与、公平以及保障个人的人格尊严等。协商民主的另一个优点还在于，"它致力于使理性在政治中凌驾于权力之上。政策之所以应该被采纳，不应该是因为最有影响力的利益取得了胜利，而应该是因为公民或其代表在倾听和审视相关的理由之后，共同认可该政策的正当性"[①]。

---

① Iris M. Young, "Communication and the Other: Beyond Deliberative Democracy," S. Benhabib, ed., *Democracy and Difference: Contesting the Boundaries of the Political* (Princeton: Princeton University Press), pp. 120-135.

三 程序性特征

协商民主理论中，合法性必须经过一种作为规范性要求的程序来获得，只有通过这种必需的程序，才能为协商者就公共事务进行自由而公开的讨论提供可能，才能为社会主体形成一种规范性的共同行动提供可能。哈贝马斯曾经指出："在民主程序中，实践理性的理想内容采取了语用形式；权利体系之实现程度，是用这种内容之建制化的形式加以衡量的。"[①] 这种"内容之建制化的形式"，指的就是程序的创建和运行。社会主义协商民主也是通过其程序性特征实现了对公平正义的维护、对公民参与的规范、对决策公平的保障、为协商民主提供合法性基础等。

首先，协商民主的程序性能够保障所有参与者都能够平等地参与、自由地讨论。在多样性的当代社会，冲突与分歧的存在要求通过共同的善、正义、公共利益等诉求实现对所有人平等地考虑，要求实现公平正义和美德。在民主政治生活中，正义要求每个人都能够平等地参与政治；在社会主义协商民主实践中，正义要求每个人都能够平等地参与、自由地讨论，没有人具有超越任何其他人的优先性。

其次，协商民主的程序性能够实现对公民参与、讨论和对话的规范。在协商民主实践的展开与运行之前，行动者应该首先就协商的具体环节、机制作出规范性设计，以一种中立性的、客观的、相对固定的程序来规范所有平等的参与主体的对话、讨论和辩论行为。同时，在协商民主的实践中，也可以根据具体情况，对程序进行新的调整、修正或补充，达到用公平的程序保障反思、对话、讨论、辩论等环节的客观公正。

---

① 〔德〕哈贝马斯：《在事实与规范之间》，第376页。

再次，协商民主的程序性也能够保障决策的公平。程序性不仅能对公民的参与、对话和讨论形成规范，也能对政府决策系统产生规范性影响。程序作为一种客观、中立和相互固定的抽象构建，从其获得一致同意而产生之时起，就开始对所有相关者产生相同的规范作用。如法律也是一种特定的程序性构建，法律的制定者与所有社会成员一样，都要受到它的规约。政府决策系统在程序的规范下，能够更公平地考虑各种不同的利益诉求和偏好，能更好地基于公共利益而作出公共决策。

最后，协商民主的程序性能够为其合法性提供有效的规范性基础。不同于"合法性来源于正确性"的认识论基础，程序性为协商民主提供的合法性基础在于平等道德主体对某种中立的、固定的，并能够维护特定价值（如平等、参与、公平以及保障个体尊严等）的程序的自愿同意。这种合法性既不产生于参与主体的动因、政府的主观愿望或意图，也不产生于对某项政策的支持偏好和维护理由的一致认可和接受，而是对一种不落实于某一具体问题的抽象原则、规范、机制、环节等内容的自愿接受。也就是说，程序性特征强调协商民主过程应该遵循客观、中立、相对固定的程序，在此基础上经由集体理性所形成的共同行动才是具有合法性的。

四 对话性特征

协商民主中的协商，就是一种面对面交流的对话形式，这种对话宽泛地包含了反思、沟通、交流、讨论、辩论等形式。在哈贝马斯看来，对话是一种不同于策略行动的沟通行动，前者强调社会行为如何以手段满足其目的，后者则强调主体间的相互沟通与相互理解。博曼也指出，协商是一种只有通过公共话语才能进行的特定的社会活动，它有着不同于一般话语的属于其自身的成功标准和准则。协商是一种联合性社会活动，嵌入对话性社会活动中——相互交换理性。① 因此，协商民主中的对话，体现的是行动者之间既不是无条件服从，也不是对抗的关系。对话强调的是理性的观点和说服，而不是操纵、强迫和欺骗。社会主义协商民主的对话特征更体现了公民、社团、中介组织等社会力量与政治系统之间的平等沟通和交流关系，为基于理性和公共利益之上的共同行动提供信息沟通、意见交流、说服与被说服、自我理解的前提和基础。

在一般意义上，协商民主中的对话都是在公共决策之前的反思、沟通、交流、讨论、辩论等，通过话语的形式进行理由与偏好的表达，实现理性的交流。因此对话不仅仅是谈话，更是一种具有建设性的交流和沟通，既是真实、正当地传递自我思想，又是真诚倾听和理解他人的过程。在哈贝马斯看来，这种对话必须符合真实性、正当性和真诚性三大要求，行动者才能在批判思考和沟通理性基础上就公共决策作出决定。因此，这种对话不同于一般意义上的对话，而是一种特殊的对话。

从对话的目的来看，协商民主可以实现对真理共识的追求和公共决策最佳选择的寻求。自由、平等的行动者可以通过对话的形式，消除有限理性的影响，减少自我想象和计算能力中的失误和受限，特别是面对复杂问题时，通过讨论获得更多的理解方式、选择路径和解决形式，从而在忠于交往理性和公正价值的基础上，实现对真理共识的追求。同时，在认同一系列程序规范的前提下，通过讨论实现对政府行政工作的评估以及对公共决策的最佳选择。

---

① 〔美〕詹姆斯·博曼：《公共协商：多元主义、复杂性与民主》，第29页。

协商民主中的对话在最终结果上不仅实现了偏好的聚合，更实现了偏好的转换和自我理解，为共同行动提供基础。协商民主中的参与者，能够在互动过程中根据他人的立场而修正或补充自己的判断、偏好和观点，对话的结果就是"分歧减少—偏好转化—达成共识"的完成。同时，这种完成也是一种自我理解的实现，个体意志不是以某种强制的方式被集体意志所整合，而是寻求以一种自我理解的方式形成集体共识。

五 开放性特征

随着中国经济、政治、文化、社会生活的变迁与发展，特别是20世纪后期社会分化的进一步加剧，形成了日益多元化的利益主体和价值取向，社会主义协商民主始终能够以一种开放的姿态实现对多元的包容和平衡，不断进行着实践形式的探索与创新。"就文化多元主义来说，多样性甚至促进公开利用理性，并使民主生活生气勃勃。"[①] 在这个意义上，社会主义协商民主基于多元性，并以多元的社会现实、利益主体、价值诉求为动力，通过开放、动态的实践形式实现多元主体之间的相互表达、沟通和交流，实现多元利益诉求之间的相互了解与理解，进而实现对多元社会现实的平衡和包容。

从社会主义协商民主的一般特性来看，协商程序既允许对决策进行论证，并认为意见和偏好是可以通过理性的协商过程而达成共识的，同时也允许对其自身进行批评和修正。也就是说，协商民主允许不同的"最佳论证方式"对公共协商的结果造成不同影响，因而某一集体决策也有可能在不确定的未来受到更大的挑战。正如科

---

① James Bohman, *Public Deliberation: Pluralism, Complexity and Democracy* (The MIT Press, Cambridge, Massachusetts, London, England, 1996), p. 72.

恩将协商民主看作一种正在形成的、独立的共同体，其成员希望它能够延伸到不确定的未来。协商民主的开放性，不仅面向不同的参与成员开放，还要面向不同的协商形式开放。这意味着不仅理性的声音能有机会呈现，那些不是很理性的声音也应该有机会让人们听到；不仅逻辑的论辩能够得到充分的运用，修辞手段亦能在审议中占有一席之地；等等，这样的包容性是保障那些少数群体和边缘群体能够介入审议的必要条件。在这个意义上，社会主义协商民主也必然具备开放性特征。

从社会主义协商民主的主体层面来看，一方面，中国共产党作为其核心主体，其开放性直接决定了社会主义协商民主制度与实践的开放与发展。党的开放性主要体现在三个方面：一是党的制度体系的开放发展，主要涉及党内各项规章制度以及与民主党派、无党派人士之间关系的制度发展，特别是党与民主党派和无党派人士之间的政治协商制度的建设与推进。二是党的理念和自身组织的开放，主要是党如何有效地代表最广大人民的根本利益，体现在"党的思想观念、执政方略等方面不封闭、不僵化、不专断、不盲目排外，紧密结合社会发展状况和现实需要，汲取各种有益的思想观念、接纳吸收优秀分子入党、借鉴新的体制机制、科学决策、稳步推进社会建设等来实现党的领导方式与执政方式的改进，推进党的建设新的伟大工程，从而使党能够及时把握时代脉搏，始终站在潮流前沿，引领国家的发展方向"[①]。三是党的外围组织体系的开放，主要是指工会、青年团、妇联等群团组织的开放与发展，能够日益强化其作为党和政府联结各个社会团体的纽带，以及代表和维护群众利益诉求的基本功能。另一方面，

---

① 黄艳永、杨金广：《浅论党的开放性》，《法制与经济》2009年第8期。

社会主义协商民主的一般主体范围也实现了由精英而大众的不断扩大，逐渐形成了涵盖各参政党、公民个体、公民团体、族群、各种非政府组织等广泛的社会力量主体。

从社会主义协商民主的内容和结果来看，协商范围、协商主题以及政治系统对集体决策的接受与采纳程度等方面，也呈现开放式的发展态势。当前，中国的社会主义协商民主已经形成了党和国家层面的高层民主政治建设与社会、政治基本单位的基层民主实践双向联动、两头推进的宏观结构。协商内容由中央范围，如中央重大政策制定、党际合作、政治同盟、党内民主、政治领导人的选拔和任用等重大范畴向地方基层政治和社会生活扩展，包含了地方基层政权建设、群众自治、公民参与、社会治理等。基层协商民主的议题也逐步由地方政策制定、社会管理等向财政预算、人大建设、基层干部人事任命等范畴扩展。以中央政府和地方政府为核心的政治系统对集体决策的接受与采纳程度也在不断提升，政府不仅在观念和态度上欢迎参政党、无党派人士、公民、社团、中介组织等社会力量的广泛参与，而且在政策制定的实践中也能够更多考虑集体协商的结果，增强了集体对政府决策的影响力，加大了集体决策转化为政府政策的可能性。

第四节　社会主义协商民主的内在价值

20世纪末以来，当代西方政治思想研究的不同视域中，协商民主的独特价值体现在维护人民主权、实现权力制约、确保科学决策、提供合法性、维护公平正义、解决分歧、避免错误等诸多方面。毕塞特认为，协商民主是美国建国者寻求的一种既受人民主权控制，又能免于大众情绪影响的民主政治体制和政府形式。这种政治体制和政府形式以人民主权原则为基础，以权力的分立和相互制约为体制构架，以定期选举和政党竞争为动力，是一种深思熟虑的、审慎的、尊重人民主权的民主政治。密尔认为，由于人类易于犯错，协商的最大价值就在于能够避免错误，形成"经由讨论的统治"。罗尔斯基于"反思的平衡"阐释了协商的道德价值，公共政策不仅要尊重和体现每个公民相同的、最广泛的自由权，还要惠及贫困群体，提供机会均等、工作权利和社会地位等。哈贝马斯则从"理想的对话情境"角度分析了协商既能针对目的，又能针对手段而进行的，因而协商的重要价值在于能够为政治意志的形成提供由多种商谈原则综合而成的内在程序，将议会和公共领域连接起来，构成一个开放的、动态的交往结构。戴维·米勒将协商民主看作一种通过公开讨论——每个参与者能够自由表达，同样愿意倾听并考虑相反的观点——而作出决策的民主体制。这种决策不仅反映了参与者先前的利益和观点，而且还反映了他们在思考各方观点之后作出的判断，以及应该用来解决分歧的原则和程序。乔治·M. 瓦拉德兹强调了协商民主对治理形式的贡献："它能够有效地回应文化间对话和多元文化社会认知的某些核心问题。它尤其强调对于公共利益的责任、促进政治话语的相互理解、辨别所有政治意愿，以及支持那些重视所有人需求与利益的具有集体约束力的政策。"因而"是一种具有巨大潜能的民主治理形式"。[①]

在中国，社会主义协商民主是在共产党的领导下，以政权机关、政协组织、党派团体、社会组织、基层组织等为渠道，就经济社会发

---

① 更多详尽的论述参见陈家刚《协商民主与当代中国政治》，中国人民大学出版社，2009，第 22~25 页。

展重大问题和涉及群众切身利益的实际问题,在全社会开展广泛协商,坚持协商于决策之前和决策实施全过程的重要民主形式。这一民主形式首先是同中国人民民主专政的国体相联系的,是与人民代表大会制度政体相并存的一项国家民主制度,因而具有社会主义和人民民主的本质属性。其次,这一民主形式以共产党的领导为政治根基,以全社会的广泛参与为主要动力,因而具备真实的民主本质和丰富的民主内涵。

党的十八届三中全会以后,中国共产党对社会主义协商民主的认识又有了新的提升和推进,它既是人民民主的重要形式,也是社会主义民主政治的特有形式和独特优势,还是党的群众路线在政治领域的重要体现。协商民主的应用范围已经大大超越了统一战线和人民政协的范畴,体现在党的领导工作和执政环节的方方面面,体现在基层自治、人民团体和社会组织活动的方方面面。因此,与西方国家协商民主在政治实践层面的裹足不前相对比,中国的社会主义协商民主走的是一条从实践到理论,在实践中提炼、构建、发展理论的道路,因此"它从一开始就体现了理论与实践的高度统一,具有强大的现实生命力"[①]。

一 选举民主与协商民主共同构成了中国的人民民主,既具有投票的效率,又以协商维护公平;既以选票为决策基础,又以共识形成过程提升合法性;既强调社会的整体利益,又关注个体的价值诉求

协商民主与选举民主共同内在于中国的民主政治:选举民主是人民民主的基本形式,协商民主是人民民主的重要形式。把选举与

---

① 蒋红:《协商民主:社会主义民主优越性的本质体现》,《红旗文稿》2013 年第 19 期。

协商结合起来，既是中国特色社会主义民主的一个特点，也是中国民主政治的优势所在。中国民主政治的发展过程实际上就是两种民主形式前后相继、相互结合、相辅相成的发展过程。对协商民主的认识也逐步由"决策前的协商"到"人民通过选举、投票行使权利和人民内部各方面在重大决策之前进行充分协商，尽可能就共同问题取得一致意见"①，再发展为当前"坚持协商于决策之前和决策实施全过程"②。

1. 多数原则与对话协商的统一

选举与协商基于不同的原则而具有不同的优势，前者通过投票的多数原则获得了效率优势；后者则能够通过对话协商为基于公共利益的决策方案争取到更多的支持和认可。

自人类社会的民主思想产生以来，一直围绕着"具有普遍性的社会规则如何能够被所有人都一致认可"这一问题而展开。也就是说，对一个由诸多个体组成的共同体而言，"如何获得全体一致"是至关重要的一个核心问题。然而，现代国家规模的巨大化、个人意志、自由竞争的经济原则中相对独立的个体利益、不同文化群体的多元价值诉求等，使得现实中真正的全体一致难以达成。面对现实的多样性难题，如何获得全体一致，民主理论给出了一种妥协方案，即降低对"全体"过高要求的多数原则。于是，在现实条件的限制之下，"如何获得全体一致"的问题就变成了"如何获得多数一致"的问题。同时，多数原则还解决了决策受到时间限制的问题，基于对时间和效率的考虑，民主原则必须通过投票的结果来形成多数，形成具有合法性

---

① 2009年9月20日，胡锦涛总书记在庆祝中国人民政治协商会议成立60周年大会上的讲话。
② 《中共中央关于全面深化改革若干重大问题的决定》，中国共产党第十八届三中全会通过，2013年11月9~12日，www.xinhuanet.com，最后访问日期：2014年6月10日。

的决策。

面对现实多样性对全体一致造成的困难，协商民主强调通过对话协商原则实现偏好的聚合和转化。其基本理念就是相信人们会在与他人的讨论中，不断调整自己对社会的看法；个体的偏好既不是先天形成的，也不是固定不变的。通过公共协商，参与者能够在协商过程中了解到各种不同的偏好内容，并在对各种偏好的理解基础上进行反思和甄别，最终基于公共利益的考量对其原有的偏好进行调整、修正或改变。在中国的协商民主实践中，公民、社团、中介组织等社会力量与政治系统之间的平等沟通和交流关系能够得到充分体现，为基于理性和公共利益至上的共同行动提供信息沟通、意见交流、说服与被说服、自我理解的前提和基础，从而为基于公共利益的决策方案争取到更多的支持和认可。

2. 投票结果与共识生成过程的统一

选举民主将民主的中心命题从"由谁统治"变为了"选举谁来统治"，协商民主则在此基础上继续关注"如何形成决策"的命题。正如科恩指出的那样，"协商概念提供了比聚合观念更有力的基本民主理念——集体行使国家权力的决策观念。它要求我们提供他人——其行为将受这种决策支配——可以接受的考虑，而不仅仅是在决定做什么时考虑其利益。因此，这种人民授权的观点不仅反映在决策过程中，而且反映在政治理由本身的形式和内容中"[①]。因此，公共决策的形成不仅需要协商的形式和程序，还需要协商者能够最终基于公共利益而形成共识，共识的形成过程既能够为集体行使国家权力提供基础和根据，又能为所有受决策影响者通过了解其形成过程而更加支持决策的

[①] 〔美〕乔舒亚·科恩：《协商民主中的程序与实质》，〔美〕詹姆斯·博曼，威廉·雷吉主编《协商民主：论理性与政治》，第311页。

实施。

协商民主认为恰恰是这种共识的形成过程，以及共识形成过程中以某种特定方式对参与者的平等对待，而不仅仅是共识的结果，能够提供合法性基础。在中国的社会主义协商民主中，每一个协商主体都能够在平等的基础上参与决策，即所有公民有权参与政治对话，有权提出或质疑某个主张、陈述理由、表达和挑战各种需求、价值观和利益。这种决策把所有相关的证据、观点和人员都考虑在内，而且不会受主观的道德立场影响而偏向某些人或将某些声音排斥在外，确保各方都有被倾听的同等权利。

社会主义协商民主是一种能够保证在公共利益中考虑的事情都源于自由平等的个人之间理性和公正的集体协商过程，通过强调共识形成过程，而不仅仅是共识结果，强调对每一个协商主体的平等对待和包容，以及共识形成过程本身具有的阐释和理解功能，为社会主义民主的真实性和合法性提供了基础与来源。这种围绕"行使权力"的合法性基础又与选举民主所提供的"授予权力"的合法性基础一起，共同构成和提升了社会主义民主的合法性基础。

对于协商民主而言，以投票的结果形成决策的选举民主也是必不可少的。"没有选票，公民的声音无法转化成决策；投票的机制，将公共讨论和政策决定连接起来；缺乏这种连接关系，公共讨论将只消耗参与的热情而无法影响政治决策。特别是公共审议并不见得总是能够达成共识，但政治决策却不能无限期地后延，这时就必须要诉诸投票。"[1]

3. 社会的整体利益与个体的价值诉求的统一

党的十八届三中全会提出要"坚持协商于决策之前和决策实施

---

[1] 谈火生：《审议民主理论的基本理念和理论流派》，《教学与研究》2006年第11期。

全过程",就是要将协商民主与选举民主充分结合起来,形成在广泛协商基础上的多数一致。在广泛协商的过程中,共识的达成必须以公共理性和整体利益为认识论基础。只有在公共理性的指导下,以社会整体利益为考量的对话协商才能反映最大多数人民群众的要求和解决实际问题,才具有真正的公共性和实效性。相反,以私人利益或某一部分人的利益为基础的对话则不符合社会主义协商民主的本质属性,其所形成的"共识"也是强制性的、虚伪的假共识。

在广泛的对话协商过程中,最初的利益诉求表达可能仅仅是基于个体的,但在对话、倾听和理解的过程中,各种不同的利益诉求及其背后的理由得到了更充分更全面的呈现,这就使每个参与个体都获得了更多元的信息和理解方式。公共理性的功能就在于帮助协商主体以超越私人利益的方式,以社会的整体利益为基础实现偏好的整合与转化,最终支持和认可基于公共利益的决策方案。当然,在民主实践中,公共理性和整体利益都不是显而易见的,公共理性的成长需要一定的公民教育和民主实践为基础,整体利益也需要通过对话协商才能逐步呈现和接近,因此,任何决策都不能与社会整体利益完全重合,但能通过公共理性指导下的协商实现反复推敲、调整,这种公共协商就是以二者的无限接近为最终目标的。

从民主的效果来看,选举民主是一种竞争性民主形式,其主要优点在于表达和选择的相对充分,但其缺点是具有强化差别、夸大分歧的效能。竞争各方通过偏好的聚合维护自己的利益,突出自己对某一社会利益群体的代表性,排斥竞争对手及其代表的利益群体。"其社会效应就是在客观上强化本来就存在的社会群体间的利益差别,扩大矛盾。因此,缩小与弥合社会分歧,整合社会利益与促进社会和谐,不是竞争性民主制度安排的长项。"协商民主则能够通过偏好的交流和转化，寻求基于公共利益的共识基础，"特别是在社会矛盾的多发期、易发期，协商民主有利于调和社会矛盾、有利于求同存异、扩大共识，是最适合现阶段我国社会发展的民主形式"。[①] 因此，协商民主是一种通过对话求同存异形成共识的民主，其追求的价值是合法性和政治稳定，而不是分裂和社会动荡。

在中国的社会主义民主政治实践中，协商与选举始终是两个前后相继、相辅相成、不可分割的组成部分，二者的结合能够实现优势互补，更好地发挥社会主义民主的优越性、真实性、包容性。把两种民主形式结合好，形成互相支持、互相配合的良性互动关系，就能最大限度地实现人民民主，最广泛地凝聚广大人民的智慧和力量，早日实现民族复兴的"中国梦"。

二 社会主义协商民主是党的群众路线在政治领域的重要体现，充分体现和保障了人民群众当家作主的政治本质

"一切为了群众，一切依靠群众，从群众中来，到群众中去"的群众路线是中国古代传统的"民本思想"、经典马克思主义群众观与革命和建设实践相结合的产物。1943年6月，毛泽东在为中央起草的《关于领导方法的若干问题》一文中，从辩证唯物主义认识论的高度对作为党的领导方法的群众路线进行了精辟概括："在我党的一切实际工作中，凡属正确的领导，必须是从群众中来，到群众中去。这就是说，将群众的意见（分散的无系统的意见）集中起来（经过研究，化为集中的系统的意见），又到群众中去作宣传解释，化为群

[①] 房宁：《政治协商与协商文化》，第40页。

众的意见，使群众坚持下去，见之于行动，并在群众行动中考验这些意见是否正确。然后再从群众中集中起来，再到群众中坚持下去。如此无限循环，一次比一次地更正确、更生动、更丰富。这就是马克思主义的认识论。"① 在《论联合政府》一文中，毛泽东还进一步阐述了党的群众路线的核心内容："我们共产党人区别于其他政党的又一个显著的标志，就是和最广大的人民群众取得最密切的联系。全心全意地为人民服务，一刻也不脱离群众；一切从人民的利益出发，而不是从个人或小集团的利益出发；向人民负责和向党的领导机关负责的一致性；这些就是我们的出发点。"② 此后，群众路线成为毛泽东思想三大"活的灵魂"之一，成为中国共产党的根本政治路线和组织路线。

党的十八届三中全会召开以后，中国共产党对群众路线的认识有了进一步的提升和推进，提出"社会主义协商民主是党的群众路线在政治领域的重要体现"的重要论断，这便明确将群众路线纳入了民主政治制度范畴，凸显了这一路线的政治意义和民主价值。这一路线既是党的领导方式和决策方式，也是"党内民主和人民民主的运作形态和重要形式"③。"一切为了群众，一切依靠群众"，体现了人民群众的主体地位及党和国家的根本性质；"从群众中来，到群众中去"，是一种依靠群众、深入群众、为了群众的领导方式和决策方式，是一种上下互动、双向运行的民主形态。它不仅强调广大群众主动的政治参与，而且强调领导者要主动深入群众，察民情，听民意，解民忧，与群众打成一片。④ 人民主体和主权在民的民主价值由此得以

---

① 《毛泽东选集》第 3 卷，第 899 页。
② 《毛泽东选集》第 3 卷，第 1094~1095 页。
③ 《中共中央关于全面深化改革若干重大问题的决定》，中国共产党第十八届三中全会通过，2013 年 11 月 9~12 日。
④ 刘靖北：《协商民主——党的群众路线在政治领域的重要体现》，载人民网，2013 年 11 月 18 日，http://theory.people.com.cn。

真实而广泛的体现。

一方面,社会主义协商民主的广泛多层制度化发展是群众路线在政治领域的具体落实,同时也能为其民主价值提供政治保障和制度支撑。中国社会主义协商民主的探索实践是与中国特色社会主义道路紧密相连的,在其产生、形成和发展的过程中,始终是以人民的权利和根本利益为归旨的,并且与群众路线具有一致的基本价值取向:合作、参与和共识。因此,协商民主的广泛多层制度化发展能够将群众路线工作纳入中国的民主政治制度建设中来,为其提供保障和支撑。

另一方面,群众路线能够为社会主义协商民主提供丰富的思想资源和实践基础。作为一种民主方式和运作形态的群众路线,在民主的参与、合作和共识取向基础上,增加了"负责"的内容,肩负着实现"人人起来负责"[①]的民主理想。因此,对群众路线的深入探讨能够为社会主义协商民主提供更多的思想资源,扩大其理论内涵。同时,与协商民主的正式化、制度化平台相比,群众路线往往更多地体现在一些非正式或日常的工作之中,因此这一路线能够为协商民主提供更多的实践基础和地方经验。

同时,大力推进社会主义协商民主还有利于完善人民有序政治参与、密切党同人民群众的血肉联系。社会主义协商民主是在经济社会发展的重大问题和涉及群众切身利益的实际问题上,在全社会范围内开展广泛协商,这不仅是党和政府的执政需要,也是人民当家作主的主观意愿和要求的客观反映,是公民享有知情权、参与权、

---

① 1945年在延安窑洞,当黄炎培先生向毛泽东同志提出如何跳出历史周期率的问题时,毛主席作出了具有深远历史意义的回答:"我们已经找到新路……这条新路,就是民主。只有让人民起来监督政府,政府才不敢松懈。只有人人起来负责,才不会人亡政息。"

表达权和监督权的客观需要。因此，大力推进协商民主，有利于进一步扩大公民有序政治参与，加强和改进党的群众工作，增进党同人民群众的沟通和了解，加固党和政府及其重大方针政策的社会基础和群众根基。

三 社会主义协商民主能够充分发挥交往理性基础上的协商价值，提高公共决策的科学化和民主化水平

在戴维·米勒看来，当一种民主体制的决策是通过公开讨论，每一个参与者能够自由表达，同样愿意倾听并考虑相反的观点而作出的，那么，这种民主体制就是协商的。这种决策不仅反映了参与者先前的利益，而且还反映了他们在思考各方观点之后作出的判断，以及应该用来解决分歧的原则和程序。[①] 在这里，协商民主被理解为一种决策模式，而这种决策模式必须建立于理性基础之上。

启蒙运动以降，以康德为代表的实践理性传统，关注的是意志自由的主体如何自我约束和自我控制的问题，理性被理解为一种自由行动的个人制定行动规则的能力。然而，哈贝马斯认为这种理性仅仅将自由意志的主体理解为"市民社会中孤立的、自由竞争的个人"，脱离了"它扎根于其中的文化的生活形式和政治的生活秩序"；相反，协商民主所依托的理性，恰恰是一种被归入主体间性的"交往理性"，体现的是一种个体"自我"与"他者"之间的互为理性主体的关系。

在交往理性基础之上形成的协商，能够确保各种偏好及其背后的支撑理由通过语言的形式充分、真实、真诚地表达出来，使每一位协

[①] David Miller, *Is Deliberative Democracy Unfair to Disadvantaged Groups? Democracy as Public Deliberation: New Perspectives*, ed. by Maurizio Passerin D. Entreves (Manchester University Press, 2002), p. 201.

商参与者都能够了解到各种不同的偏好及其理由，并在此基础上产生同情性的理解。按照詹姆斯·D. 费伦（James D. Fearon）的看法，这种交流能够为行动者提供一个有利的环境，使之能够通过借鉴彼此的知识、经验和能力来纠正他们自身有限和易犯错误的视野。这种交流还具有增加良好判断比例的价值，其一在于交流中的某一行为者能够提供别人不知道的分析观点和解决路径，可能具有"附加的"价值；其二在于交流也可能具有"多样性"价值，因为协商能够产生单个参与者未曾想到的各种方案；其三在于交流有助于纠正集体行动的失误，参与者通过组织良好的协商，能够相互学习，认识到个体和集体存在的各种误解，并提炼出更能经得起检验的新观点。[①]

在交往理性基础之上形成的协商，能够促进参与者通过公开、公正、自由、平等地讨论，并最终基于公共利益的考量对其原有的偏好进行调整、修正和改变，将利益冲突转化为利益共识。参与者原有的偏好可能由于个人信息的不充分或社会、他人、某种生活方式的强加而变得虚假或扭曲，只有经过协商，那些偏好才能转化为真实的、合理的偏好。转化的形成不是通过操纵、强迫或者欺骗等手段，而强调的是理性的观点和说服，行动者之间既不是无条件服从，也不是对抗的关系。

在交往理性基础之上形成的协商，能够充分展示学者、专家等各界精英人士的专业知识和开阔眼界，通过他们的中介作用，在更广阔的背景和基础上形成对实际问题的梳理、分析和应对。由于公共决策的现实中，并不存在"全知全能"的决策者和参与者，各种知识、信息总是受到各种各样的现实限制，因人类理性也总是相对有限的。通

[①] 〔美〕詹姆斯·D. 费伦：《作为讨论的协商》，〔美〕约·埃尔斯特《协商民主：挑战与反思》，第45页。

过协商，能够形成一种弥补决策过程中"有限理性"的有效方式，使参与者在协商过程中相互学习，集思广益。

在交往理性基础之上形成的协商，可以有效矫正公共决策中信息不对称、责任约束不足的问题。通过协商，政府能够更全面准确地获取相关信息，更充分地了解公民等社会主体的实际需求和利益偏好，使公共决策能够更好地兼顾各方利益，解决实际问题。通过协商，公民等社会主体能够以公开的听证、质询、辩论等形式，对决策的过程和结果施加影响，从而对决策者形成无形的约束和制约，控制行政权的滥用和膨胀。哈贝马斯曾经指出，现代社会正是通过市场、行政权力和团结（或协同性）三种资源之间新的平衡而有效地整合起来。也就是说，如果三者中的一项过度膨胀，就会造成社会的紊乱和失序。公民的政治参与，特别是以协商为主的参与活动，则能够以民主的方式有效地实现对行政权力的监督和制约，从而防止腐败的产生。无论是决策制定、修订，还是村干部任免、村干部工作评议等都是对行政权力的有效监督和制约，能够进一步提高行政效率并保障其合法性。网络协商论坛的诞生也显示了现代多元社会中行政权力需要主动寻求与其他要素之间新的平衡，借助网络这一新兴的传播媒介积聚各种意见之流，为行政决策提供重要的参考和支撑。"在众目睽睽之下，决策者必须以认真负责的精神，以如履薄冰的心态，小心求证，使决策符合大多数人的利益，阻止秘密的、幕后的政策协议的产生。"[1]

在交往理性基础之上形成的协商，能够增进民众对决策过程的了解和理解，应对决策执行遇阻的困境。以公共协商为基础而形成、制

---

[1] 王学军：《协商民主与公共决策》，《天府新论》2006年第1期。

定并推行的公共决策能够将最大程度的公共利益通过语言沟通的方式输入政治系统，并对整个政治生活产生影响。公共决策的合法性在很大程度上就取决于它对公共利益的体现程度，越是经过公民广泛而深入的协商之后形成的公共决策，越能得到公民的广泛支持，越具有合法性。在协商过程中，各种意见、理由、见解的充分暴露和阐述能够使参与者更好地理解决策形成缘由及其内容。更为重要的是，通过以语言为媒介、以交往理性为基础的公共协商能够在面对差异分歧的同时，最终实现偏好的转变，即分歧的一方改变其主张或见解，从而接受一种立足公共利益的解决方案或决策。这样，公共协商不仅能够促进民主决策、科学决策，更能够保障决策得到广大公民的支持而得以顺利执行。

总的来说，协商主体通过理性基础上的反思、沟通、对话、讨论，最终形成共识性判断的全过程，既能够充分体现公民、社团、中介组织等社会力量与政治系统之间的平等沟通和交流关系，又能凸显和保障各社会主体的民主参与、民主管理和民主监督的权利；既能够为主体之间的相互理解和达成一致提供前提，又能为形成科学的公共决策提供保障，特别是在社会矛盾的多发期、易发期，协商民主有利于调和社会矛盾、有利于求同存异、扩大共识，在实践层面充分发挥出协商的理性优势；既能够有效控制行政权力膨胀，对其形成监督与约束，又能够提高决策合法性，通过协商程序提升社会主体对公共政策的制定过程和结果的理解与支持。

四 社会主义协商民主有利于提高公民精神和公民素质，拓展公民有序政治参与，实现多元共治

公民政治参与，是指普通公民通过一定的方式去直接或间接地影

响政府决定或与政府活动有关的公共政治生活的政治行为。有序的公民政治参与，是指在遵循宪法和法律所规定的民主权利前提下，公民通过自主、理性的方式并按照一定的程序或秩序去直接或间接地影响政府决策和政治生活的政治行为。一般意义上，一个国家的政治民主发展和政治稳定总是与公民参与高度相关，公民的有序政治参与是民主政治的衡量标志和实现途径，其广度和深度直接体现该国政治民主的真实水平。自发无序、低制度化水平、冷漠或狂热的政治参与则可能引发政治不稳定，甚至破坏政治发展的进程。相反，只有理性有序、制度化的政治参与才能对政治系统形成适度的压力，使政治系统不得不通过公开、透明、回应、共治的方式推动行政进步和政治发展。因此，公民有序政治参与的拓展是民主和法治、参与和秩序、发展和稳定的有机统一。

党的十八大以来，提出了全面推进社会主义协商民主的广泛多层和制度化发展的要求，即在国家政权机关、政协组织、党派团体、基层组织、社会组织等都要建立和拓展协商民主的渠道，深入开展立法协商、行政协商、民主协商、参政协商和社会协商。在这一推进过程中，普通公民的有序政治参与也必然能够得到进一步拓展——参与的广度得到进一步扩大，在上述诸多领域搭建起充分的参与渠道；参与的深度也进一步加大，公民的利益诉求和公共意愿能够更多地输入政治系统，对公共决策形成更大的影响力。

公民有序政治参与的拓展，离不开公民主体自身的发展与完善，特别是参与意识和公民精神等方面的提高，既是拓展公民有序政治参与的必要前提，也是公民民主政治实践的必然结果。政治参与意识主要是指行为主体（个人或集团）关心政治生活或主动参与政治实践的一种自愿意识和心理状态。政治参与意识较强的行为主体一般将自己视为现代政治生活的主体，通过各种途径积极地参与政治活动，并相信自己的政治能力。随着社会主义协商民主实践的不断扩大和深入，能够不断增强公民的自我意识，使其自我价值实现意识同传统的民族整体自下而上的发展意识相结合，历史使命感、社会责任感、主人翁意识逐步增强，更加关注国家、民族和人民利益，更加关心政治，更加愿意投身于身边的公共事务。

公民精神，概括地说，是一种平等、自由和契约的精神。社会主义协商民主既注重每个参与者的个体独立，又强调协商主体之间的平等对话；既承认每个参与主体的合理价值诉求，又以公共利益为基础形成最大范围内的共识。在公共协商实践中，公民不仅能够充分感受个人理性和个体自由的价值，又能体会公共事务中的平等诉求和公正价值，探寻自我与他人、个体与社会、个人与国家之间的最佳平衡。而以权利和义务为主要内容的契约原则，则为每一位政治参与者或社会成员提供具体的行动指南，是公民之所以成为公民的最基本精神。

对于现代公民而言，首先应该认同并效忠于狭小社区或政治共同体，个人作为国家或其他较大的政治共同体的一分子，具有较强的归属感和责任感。其次，对于政治系统与个人之间的互动关系具有充分的感知，有较强的政治效力感，相信自己有改造或影响政治环境的能力，主动参与政治过程或介入政治活动。再次，具备协商民主所需的基本能力。能够通过语言描述外部世界的真实性，表达内在情感的真诚性，以及提出行为规则的正当性。[①] 最后，富有理性、怀疑和批判精神，对公共目标以及个人利益具有合理期望、相信他人、宽容歧异、

---

① 〔德〕哈贝马斯：《在事实与规范之间》，第6页。

与人合作、愿意妥协，重视公共利益、遵守法律规范、不盲目猜疑、不独断专行，等等。这些现代公民的基本素质是社会主义协商民主主体所必备的基本素质，且能够在公共协商的实践中不断得以锻炼和完善，有助于进一步提高政治参与、公共协商以及公共政策的质量，实现公共事务的多元共治。

第八章
社会主义协商民主的发展与未来

在西方学术界对协商民主的探讨聚焦点早已突破了政治正当性的狭窄范畴，而更多地转向了协商和民主的可行性与发展前景等问题的今天，欧洲和北美等发达国家以外的亚洲世界、欧盟等跨国政体中，协商民主理论的多样性实践越来越引起学术界的广泛关注，成为推动这一理论进一步丰富、多元化和地区化的新动力与新样本。越来越多的协商民主理论家们相信面对现代社会的不平等、相互依赖、多元、复杂和全球化等"多元主义事实"，"不存在最充分认识协商理想的单一路径"，"即使在单一政体中，也会存在许多不同的、协商能够在其中服务于民主目的的制度、安排和实践"[1]。因而，协商民主理论是一种具有充分的实践动力和适应力的理论，并能够在未来一段时间内形成一种能够应用于各种不同背景的民主理论。

社会主义协商民主在中国的形成与发展，不仅是中国共产党领导下的政治实践中的原创性民主制度（政治协商制度）与现代民主理论

---

[1] 〔美〕詹姆斯·博曼、威廉·雷吉主编《协商民主：论理性与政治》，第3页。

最新成果（当代协商民主理论）相结合的产物，是中国社会主义民主政治建设中具有里程碑意义的伟大实践创新和理论创新，而且更为重要的是，它推动了作为一种方法的协商民主理论在社会主义民主政治框架内的运用与发展，并进而作为人民民主的重要形式，为世界范围内协商民主的理论发展与实践探索提供了独特的中国模式与中国经验。

第一节　民主的中国模式：选举、协商与法治

如前所述，在西方的自由民主体制中，民主的协商概念在很大程度上是为了弥补和纠正代议制对多数意志的忽视，增强其合法性。当代协商民主理论对于自由民主的重大意义即在于，在原有的代议和宪政两大基础之上增加了协商的要素，使其发展为具有代议、协商、宪政三层要义的民主制度。与西方国家相比，中国的社会主义民主政治制度具有完全不同的构建方式。社会主义协商民主与选举民主之间不存在弥补与纠正的关系，而毋宁说二者之间是一种同生共长、相互促进的关系。因此，选举与协商共同构成了中国人民民主的两大基本要素。同时，法治既作为对人民当家作主的法律确认，作为对民主的保障与制约，也是社会主义民主制度的一项基本要素。因此，中国的社会主义人民民主是包含选举、协商和法治三大要义的民主制度。

一　民主的中西实践路径比较

1. 西方：竞争性选举路线

毋庸置疑，现代民主制度是从西方国家首先发展起来的。谈到西方民主，人们会联想到古希腊以雅典为代表的城邦民主。虽然古希腊

的城邦民主为后世西方的民主制度提供了丰富的实践素材，但是，现代民主与古代城邦民主之间的区别也是不言而喻的。事实上，在经历了一个短暂的辉煌之后，古希腊的城邦民主无可挽回地衰落了。在此后近两千年的时间里，民主在西方并不是一个很受欢迎的概念。直到17、18世纪的启蒙运动时期，在洛克、卢梭等思想家的努力之下，民主一词才重新回到人们的视线之中并为越来越多的人所接受，西方国家的民主化进程逐渐成为不可阻挡的历史潮流。

纵观西方国家民主制度的发展历程，其发展大致经历了从只有少数人有选举权到选举权逐渐扩大并最终实现普选的过程。直到19世纪初期，由于身份、财产、性别、种族等方面的限制，西方国家中享有选举权的人还只是少数。此后，西方国家进行了各种扩大选举权的改革，如英国通过三次议会改革及其他相关改革，美国通过数条宪法修正案，身份、财产、性别、种族等对选举权的限制逐渐被废除了。到20世纪中期以后，西方国家基本实现了现代意义上的普选。根据罗伯特·达尔的论述，民主包括竞争性和包容性两个基本方面，而且这两个方面并不一定是同时实现的。从西方国家的民主化历程来看，它们走的是先实现竞争性而后扩大包容性的道路，西方国家选民范围的不断扩大并最终实现普选就是这条道路的体现。[1]

从西方国家的民主实践来看，虽然公民参与在逐步增强，参与方式更加多样，但是选举还是公民参与政治的最主要方式，西方国家的民主更多地还是韦伯和熊彼特意义上的"竞争性精英民主"。[2] 在这种民主模式下，国家主要是由职业政治家来治理的，而普通公民的政治

---

[1] 〔美〕罗伯特·达尔：《多头政体——参与和反对》，谭君久等译，商务印书馆，2003，第44~47页。

[2] 〔英〕戴维·赫尔德：《民主的模式》，燕继荣译，中央编译出版社，1998，第199~249页。

参与是有限的和间断的，他们只是在定期的选举中选出执政的政治家。这种以选举为核心特征和价值底线的民主受到了来自倡导公民参与的民主理论家的批评。①

2. 中国社会主义人民民主：选举与协商并重的路径

新中国成立以来特别是改革开放以来，中国的民主政治建设取得了巨大的成就。不断发展和完善人民代表大会制度、中国共产党领导的多党合作和政治协商制度、民族区域自治制度和基层民主制度；不断扩大公民的有序政治参与，逐步培育社会自治能力；加强社会主义法治建设，以法治保障民主制度的发展与完善。但是，也应该看到，中国目前正处于转型与改革发展的关键时期，社会利益关系更为复杂，新矛盾新问题不断出现，利益冲突加剧，这对社会主义民主政治建设提出了新的更高的要求。在这一背景下，西方的协商民主理论和实践为我们提供了很好的借鉴。发展社会主义协商民主，可以将民间的参政需求和利益诉求纳入现行体制框架内有序释放，能够增强中国政治体制的适应性和有效性，进而为构建社会主义和谐社会提供重要支撑。

对于协商民主与自由民主的关系定位，克里斯蒂亚诺曾提出三种方式：第一种是贡献论（the contribution thesis），认为协商民主对于现代民主政治的运作是有贡献的，它和宪政民主之间是互补的关系，协商民主能强化和完善宪政民主；第二种是必要条件论（the necessity thesis），认为自由民主的当代运作需要有公共审议的步骤；第三种是唯一论（the exclusivity thesis），也就是说协商民主是民主运作的唯一模式，投票等其他模式是没有必要的。克里斯蒂亚诺认为，以协商民

---

① 〔美〕卡罗尔·佩特曼：《参与和民主理论》，陈尧译，上海人民出版社，2006。

主取代所有其他民主参与模式的论点无法成立,因为它无法替代像投票制所具备的权力制衡的机制。[1]

然而,中国的情形与西方国家不同,中国的选举民主制度还不成熟。在这种情况下,能够发展协商民主吗?如果可以,这种社会主义协商民主与选举民主之间又是什么样的关系呢?有的学者认为中国应该先发展选举民主,然后再发展协商民主。在这些学者看来,没有选举民主作为基础,协商民主无异于空中楼阁,光彩但不真实。但是,在笔者看来,协商民主和选举民主两者之间并不存在必然的矛盾,在当前的中国,两者可以同时推进,甚至协商民主可以发展在先并能够带动选举民主的发展。其原因有二:其一,中国的政治过程自古以来就有强调协商、协调的传统,这既表现在政治文化层面,也表现在制度安排层面;其二,新中国的政治协商制度是对历史上协商政治传统的批判性继承,它作为一项重要的政治制度在中国的政治生活中发挥着重要的作用。虽然当前中国的政治协商制度与协商民主的诉求之间尚有差距,但是,两者之间也有很多共同的基础和诉求:二者都承认多元的社会现实;二者都强调讨论、协商对于决策过程的重要意义;二者都更关注公共利益;二者都强调公民对政治过程的参与以及对政治权力的监督。因此,中国历史上的协商政治传统和当前的政治协商制度决定了中国不同于西方的政治发展道路,中国更可能走协商民主先于竞争性选举民主、前者带动后者从而推动中国民主化进程的道路。[2]

另外,协商民主也不排斥选举民主,二者之间有深厚的、内在的联系,都是以公民有充分表达意见的自由和权利为基础的。二者都追

---

[1] Christiano, "The Significance of Public Deliberation," James Bohman and William Rehg, eds., *Deliberative Democracy*, pp. 243–278.
[2] 李力东:《从协商政治到协商民主——基于政治发展维度的思考》,《北京工业大学学报》(社会科学版)2012年第3期。

求政治平等的理想，选举民主强调选票价值的平等、政治竞争的平等；而协商民主则强调审议能力及其影响力的平等、政治参与的平等。浙江温岭的实践表明，在近些年竞争选举有了发展的乡村，协商具有真实性。基层协商比上层协商更具有真实性。此外，投票被用在公众协商的最后阶段。因此，选举民主的发展有利于协商民主更好地发挥作用。协商民主的发展也会要求选举。当协商民主遇到通过协商不能达成共识而仍然存在分歧意见时，就需要采取投票的方法解决争端或作出决定。[1] 也就是说，协商民主可以在选举民主还不成熟的情况下先行发展，然而协商民主的发展会对竞争性选举提出要求，从而带动选举民主的发展、完善。

二 中国："共产党的领导、人民当家作主和依法治国的有机统一"的实现路径

民主是人类社会的共同追求，但世界上并不存在统一的民主模式，不同的民族对民主有不同的理解，民主在不同的国家也有不同的表现形式。与西方国家强调民主的竞争性、选举性不同，中国社会主义民主政治的本质和核心是人民当家作主。在社会主义民主政治体制中，一切权力属于人民，人民意志是权力运作的唯一依据，人民利益是权力运作的唯一目的。人民的这种终极地位，决定了社会主义民主不是少数人的民主，而是最广大人民的民主，不是少数精英治国，而是最广大人民群众治国。[2] 在中国政治制度的运行以及一切民主政治实践中，必须把中国共产党的领导、人民当家作主和依法治国有机统

---

[1] 〔澳〕何包钢：《协商民主：理论、方法和实践》，第37~38页。
[2] 陈武明：《新的历史跨越：关于当前的政治体制改革》，浙江大学出版社，2008，第295页。

一起来。实现这三者的有机统一，是中国特色社会主义民主政治的本质特征。

1. 共产党的领导是发展社会主义民主政治的根本前提

中国的社会主义政治制度就是在共产党的领导下建立和发展起来的。中国共产党从本国的实际出发，积极探索中国特色社会主义民主政治制度，建立了更加体现民主本质的人民民主专政制度；建立了具有中国特色的人民代表大会制度；构建了共产党领导的多党合作和政治协商制度；创立了民族区域自治制度。共产党执政就是领导和支持人民当家作主。共产党执政就是领导和支持人民掌握管理国家的权力，实行民主选举、民主决策、民主管理和民主监督，保证人民依法享有广泛的权利和自由，使人权得到切实的尊重和保障。要坚持共产党的领导，就必须改善共产党的领导。就发展社会主义民主政治而言，改善党的领导，提高党的执政能力，一个很重要的问题就是要处理好党与国家、党与法律、党与社会的关系。只有不断加强和改善共产党的领导，才能保障人民当家作主权利的实现，才能不断促进社会主义民主政治的发展。

2. 人民当家作主是社会主义民主政治的本质要求，也是中国特色社会主义政治文明的本质特点

中国宪法明确规定，中华人民共和国的一切权力属于人民。政治文明要求主权在民、人民权力至上、人民当家作主。社会主义国家法律的立、废、改，必须符合民意、民利和民权。共产党执政的合法性基础来自人民的授权和赞同，因此必须坚持执政为民，必须确保人民当家作主，确保全体公民享有广泛的民主权利，实行法律面前人人平等，依法享有管理国家各项事务的权力。人民当家作主是社会主义制度的内在属性，是社会政治文明形态发展到社会主义阶段的根本标

志。人民当家作主体现着社会主义国家的性质和方向，发展社会主义民主政治，建设社会主义政治文明，要始终把人民当家作主作为根本的出发点和归宿，立足一切为了人民，一切依靠人民，一切工作从根本上说都要致力于为人民谋利益。社会主义政治文明建设包含丰富的内容，其核心和精髓是人民民主，或者说人民主权。没有人民民主的政治制度，人民的各种自由和权利就没有制度保障。实现人民民主是社会主义政治文明建设的基本内容，也是推进社会主义政治文明不断发展的根本动力。

3. 依法治国是共产党领导人民治理国家的基本方略，是建设社会主义政治文明的基本途径

1997 年，中国共产党第十五次全国代表大会政治报告提出了"依法治国，建设社会主义法治国家"的奋斗目标。2002 年，党的十六大报告把"依法治国"列为社会主义民主政治建设的重要内容和目标，强调"发展社会主义民主政治，最根本的是要把坚持党的领导、人民当家作主和依法治国有机统一起来。党的领导是人民当家作主和依法治国的根本保证，人民当家作主是社会主义民主政治的本质要求，依法治国是党领导人民治理国家的基本方略"。

在坚持党的领导、人民当家作主和依法治国的有机统一中，党必须在宪法和法律范围内活动。早在 1982 年中国共产党的第十二次全国代表大会修改党章时，就明确提出："一切国家机关和武装力量，各政党和各社会团体、各企业事业组织，都必须遵循宪法和法律。一切违反宪法和法律的行为，必须予以追究。""任何组织或者个人都不得有超越宪法和法律的特权。"

依法治国，就是广大人民群众在共产党的领导下，依照宪法和法律的规定，通过多种途径和形式，管理国家事务，管理经济和文化事

业、管理社会事务，保证国家各项工作都依法进行，实现社会主义民主的制度化、法律化。要实现依法治国，首先是在国家政治生活中必须建立完备的法律体系；其次是国家机关必须严格地依法行使权力；再就是执政党、参政党、各人民团体和广大人民群众必须普遍地遵守宪法和法律，依法从事政治、经济、社会、文化科技等各项活动。在中国，依法治国与坚持共产党的领导、人民当家作主在本质上是一致的。依法治国所依据的宪法和法律本身就是共产党的主张和广大人民意志相统一的体现。因此，依法治国既是共产党领导的重要形式，也是人民当家作主的重要形式，是共产党的领导与人民当家作主相统一的体现。①

第二节　社会主义协商民主主体：从精英到公民

从协商民主政治的实践来看，中国的社会主义协商民主的实践范围已经远远超出政治协商机构，而成为党中央、全国人民代表大会以及各级政府决策的一个基本模式。正如德雷泽克所指出的那样，"话语民主与西方许多民主分析路径是有区别的，后者强调把自由主义国家机构（尤其是立法机关和法庭）当作协商的归宿，而话语民主思想的一个优势是它能够与许多不同类型的协商实践联系起来，尤其与中国地方层级上的协商实践联系起来。重要的是，它可以与中国许多城市和乡村正在开展的咨询会、恳谈会和听证会等协商实践形式联系起来"②。也就是说，社会主义协商民主在地方基层的广泛、多元和制度

---

① 杨绍华：《论中国特色社会主义民主政治的基本特点》，《湖南科技大学学报》（社会科学版）2007年第2期。
② 〔澳〕约翰·S.德雷泽克：《协商民主及其超越：自由与批判的视角》，中文版序第1页。

化实践已经成为中国协商民主与西方协商民主的重要区别之一。协商主体范围从精英到公民的扩展也表征着公民参与式的协商已经成为中国基层民主的一个重要发展方向。

一　从政治协商到协商民主

新中国成立以来，中国共产党领导下的多党合作和政治协商制度作为一项基本政治制度被确立下来，这一制度既是新中国成立前夕统一战线的延续，也是中国共产党在民主政治建设中的一项原创性的制度设计。20世纪80年代西方协商民主理论兴起，21世纪初逐渐传入中国。随着国内学术界对西方民主理论的引介与传播，中国的民主实践，特别是基层民主和村民自治的发展，浙江等地率先兴起了基层协商民主的探索与实验。2012年党的十八大首次采用了"协商民主"概念，并确定了社会主义协商民主的政治发展方针。

经过从政治协商到协商民主的发展，中国的社会主义协商民主既体现为以中共为主、民主党派和各界代表参与的政治协商制度，也包括党内民主制度，以及听证会、民主恳谈、社区议事会等基层民主自治制度。协商民主已经作为人民民主的一种重要形式，从以各级政协为平台的政治协商延伸到社会、经济、文化等各个领域，特别是以关涉民生议题的经济协商和社会协商为主的地方和基层的协商民主、公共政策听证会等。

中国的政治协商制度，是共产党领导下各政党、各人民团体、少数民族和社会各界代表以中国人民政治协商会议为组织形式，定期就国家的大政方针进行民主协商的一种制度，是中国的一项基本政治制度，也是中国社会主义民主政治制度的重要组成部分。通过政治协商，能够最广泛地实现政治团体与各界精英的政治参与和民主权利,有利于执政党最大限度地包容和吸纳来自政治团体和各界精英的利益诉求,有利于提升执政党的合法性,实现科学化、民主化的公共决策。

从主体角度来看,中国的政治协商制度与西方的协商民主之间存在本质区分。协商民主是基于自由和平等的主体间对话与沟通,其中强调主体之基于理性的平等地位。而在中国的政治协商中,中国共产党是唯一执政党,各民主党派在接受中国共产党领导的前提下,具有参政党的地位,二者之间是领导与被领导的关系。因而,各民主党派既不是在野党,也不是反对党。共产党领导、多党派合作,共产党执政、多党派参政,这是中国政党制度的显著特征。[①] 中国共产党与各民主党派、社会团体和各界代表之间按照长期共存、互相监督、肝胆相照、荣辱与共的基本方针实现长期合作。

民主党派的参政议政主要体现为参加国家政权,参与国家大政方针和国家领导人人选的协商,参与国家事务的管理,参与国家方针、政策、法律、法规的制定执行。在国家采取重大措施或决定国计民生的重大问题时,中国共产党事先同民主党派和无党派民主人士进行协商,取得统一认识,然后再形成决策。其形式主要有五种:一是人民政治协商会议,是各党派、各人民团体、各界代表人物参政议政的重要场所;二是中共中央和各级地方党委召开的民主党派和无党派人士座谈会,通报重要情况,就重大方针政策问题,国家和地方政府的领导人候选人名单,人大代表、政协委员候选人名单,同各民主党派进行协商,听取他们的意见和建议;三是民主党派成员中的人大代表通过在各级人大中以人民代表的身份参政议政和发挥监督作用;四是选

---

① 《毛泽东思想和中国特色社会主义理论体系概论》(2010年修订版),高等教育出版社,2010,第230页。

配民主党派成员担任国务院及其有关部委和县以上地方政府及其有关部门的领导职务；五是推举符合条件的民主党派成员担任检察、审判机关的领导职务。

20世纪80年代兴起的西方协商民主理论于21世纪初传入中国，为各地基层协商民主的萌芽与形成提供了方式、方法和程序上的准备与参考。以浙江温岭为先声的基层协商民主开始兴起，随后全国多地先后涌现出民主听证会、社区民主议事会、企业工资集体协商、网络议事等基层协商民主形式，在不同领域探索公共协商的方式、方法、程序等。社会主义协商民主逐步从国家层面扩大到地方层面，协商领域也从以政治协商制度为主体的政治领域，扩大到以多种基层协商民主形态为载体的经济、社会、文化等多领域，以及同时涉及两种或两种以上的综合领域。协商主体也从政治协商中的政治团体（中国共产党、民主党派）及各界精英而逐步扩展到基层协商中的公民，从精英协商扩展到了公民协商，公民参与式协商开始成为社会主义协商民主发展的一个重要方向。

综上所述，社会主义协商民主经历了从国家层面到地方层面、从政治领域到经济、社会、文化等多领域、从精英主体到公民主体的扩展过程，而发展成为政治协商这一原创性民主制度与现代协商民主理论影响下的基层协商民主形式之间的结合，体现了现代民主理论的最新成果与中国社会主义民主政治建设实践的创造性融合。

二 基层协商民主公民主体的特征与功能

基层协商民主处于社会主义协商民主的基础性层面，是与普通公民（团体）联系最直接、最紧密、最广泛的协商民主形式，主体的多元性和议题的多样性决定了其实践形式或运作方法的本土性与创造性。近年来，中国各地的民主政治实践中已经涌现出诸多"从泥土中生长出来的民主载体"[①]，如民主议事制度、民主恳谈会、参与式预算试验、行业工资协商会、民主听证会、网络议事等基层民主协商的新形式和新方法。通过基层民主协商，一方面可以减少隔阂、增进互信、达成共识，切实发挥党委、政府联系人民群众的桥梁纽带作用，实现地方政府与普通公民的最直接、最广泛的良性互动，推动和优化社会管理；另一方面能够允分体现公民（团体）在地方性公共事务中的主体性地位，充分发挥其主观能动性、主体意识感和主人翁精神，增强公民有序政治参与的广度、深度和效度。

在中国的政治实践中，基层协商民主的主体主要包括公民个体（城市市民和农村村民）、各种类型的公民团体、地方政府代表（普通职员、官员、政协委员）、地方党派代表等几个维度。其中，公民个体和公民团体可以合并为民间性质的参与主体，即不具备任何官方属性和身份地位的参与主体，这一主体最能体现基层协商民主的原创性和社会主义民主的真实性。

1. 公民（团体）的主体特征

协商民主是一种公民（团体）作为平等、自由的主体，在公共协商过程中提出各种相关理由，说服他人或者转换自身的偏好，在广泛考虑公共利益的基础上利用公开审议过程的理性指导协商，从而赋予立法和决策以政治合法性的治理形式。[②] 根据当代协商民主的倡导者

[①] 李拯：《实现民主的"中国路径"》，《人民日报》2012年11月1日。
[②] 按照米勒、亨德里克等人的定义，协商民主是一种民主的决策体制或理性的决策形式，在这种体制中，每个公民都能平等地参与公共政策的制定过程，自由地表达意见，愿意倾听并考虑不同的观点，在理性的讨论和协商中作出具有集体约束力的决策。瓦拉德兹等人则认为协商民主是一种民主治理形式，平等、自由的公民以公共利益为取向，在对话和讨论中达成共识，通过公共协商制定决策。公共协商就是政治共同体员参与公共讨论和批判性地审视具有集体约束力的公共决策的过程。

哈贝马斯的观点，这一治理形式内，作为主体的公民（团体）既不同于西方共和主义古典的美德式积极"公民"，也区别于自由主义下个人利益驱动的选民，而是作为自由、平等的交往主体，在公共协商过程中通过对话、讨论、审视意见之流而赋予立法和决策以合法性。[①]因此，协商民主中的公民（团体）之间并非孤立的、原子式的独立存在，而是一种互为主体的关系。具体来看，这种互为主体性体现为以下几点。

（1）互为理性主体

协商民主是一种以理性为基础、以真理为目标的治理方式。只有在理性基础上，涉及议题的观点、论据和理由才能得到清楚、准确、有力的表达，因此协商理论家们普遍强调理性在商讨和辩论中的重要性。哈贝马斯还进一步指出，区别于契约论思想家（如霍布斯、卢梭、罗尔斯等）秉承的古典哲学传统之实践理性，协商的基础实际上是一种"交往理性"。"合理性很少涉及知识的内容，而主要涉及具有语言能力和行为能力的主体如何获得和运用知识。"[②] 因而，交往理性本身就是一个交互性的概念，它使得每一个自我约束的公民（团体）把自我之外的其他人作为"他者"，同时个人主体的"自我"也成为"他者的他者"（"第三对象"），这样，公民（团体）在公共协商过程中能够共同形成、分享和运用公共理性（交往理性），从而为顺畅沟通和基于公共利益而达成共识提供有效前提。

（2）互为沟通主体

在基层协商民主中，公民（团体）以语言为媒介，自由、公开

---

① 对于西方两种公民传统的论述，参见〔德〕哈贝马斯《在事实与规范之间》，第654~664页。

② 〔德〕哈贝马斯：《交往行动理论》第一卷，洪佩郁、蔺青译，重庆出版社，1994，第22页。

地表达或倾听各种不同的理由，通过理性、认真的思考，审视各种理由，或者改变自身偏好，或者说服他人，进而作出合理的选择。在众多协商民主理论家们看来，讨论和协商是对传统投票方式的补充甚至替代，正是讨论和协商的沟通特性，建立起多个主体之间的双向甚至多向互动，而不是投票式的单向联系。这种互为沟通主体的特性，决定了每一个公民（团体）参与者，同时既作为表达者，也作为倾听者、反思者、反馈者以及说服者或妥协者等存在于协商民主的实践之中。

（3）互为利益主体

从公共协商的过程来看，共同体成员参与公共讨论和批判性审视具有集体约束力的公共政策，其主要目标是利用公共理性寻求能够最大限度满足公共利益的政策，特殊成员的利益不具有超越其他任何公民利益的优先性。从公共协商的性质来看，它是一种区别于策略性行为的交往行为，"是行为主体之间的互动……以相互理解为目的，在意见一致的基础上遵循语言和社会的规范而进行的，被合法调节的、使社会达到统一并实现个人同一性和社会相统一的合作化的、合理的内在行动"①。因此，公共协商是以相互理解和一致同意的行为为目标而不是以生产效率和成功为目标，这也决定了协商民主中的公民（团体）之间的互为利益主体关系，共同以公共利益为优先利益，就如何形成最佳决策达成一致、形成共识，而每个主体又同时都受到该决策的影响。

2. 公民（团体）的主体功能

公民（团体）在基层协商民主中的主体特征又进一步决定了其主

---

① 单世联：《现代性与文化工业》，广东人民出版社，2001，第208页。

体功能。基层协商民主作为社会主义协商民主的最基础层面，在中国的民主政治建设事业中发挥着基层性作用，既是对社会主义选举民主的有益补充，又能最直接、生动地体现中国式民主的广泛性和真实性。公民（团体）在基层协商民主实践中主要通过协商的方式合理表达诉求和意愿，为党委、政府科学民主决策提供群众基础和社会基础，增强地方政府决策的政治合法性，同时实现民主参与、民主管理和民主监督功能。

（1）通过协商实现对民主选举的有益补充

在中国政治制度的基本框架内，选举民主和协商民主逐步成为两种基本的民主实现形式，成为推进中国特色社会主义民主发展的两翼。公民（团体）在选举民主中的主要功能是通过投票表决等形式来实现的，人民代表大会制度作为中国的根本政治制度，意味着只有公民选举产生的公共权力才具有最高权威性和合法性。而公民（团体）在协商民主中通过各种交流方式，有效促进了协商主体之间（包括党政代表与公民、公民与公民之间等多层次）的平等交流、相互沟通、相互理解，最终有助于形成共识、科学决策。同时，通过协商能够充分表达和兼顾"少数人"的利益与诉求，在一定程度上弥补选举民主多数决原则的不足，既尊重多数，又兼顾少数，充分反映和协调各方面的意愿与利益，充分体现出社会主义民主的广泛性、包容性和真实性。

（2）通过协商实现民主参与和民主管理

协商民主是中国共产党领导下的中国人民对社会主义民主实现形式的伟大创造，是马克思主义民主理论的灵活运用与丰富发展，也是确保人民当家作主、自我管理的重要形式之一。公民参与的广度、深度与效度，是衡量民主制度真实性和有效性的直接标准之一。

在基层政治生活的协商过程中，特别是作为社会主义民主之"价值内核"的党群协商①，即执政党与群众的直接对话和商议，将政治参与的主体从社会精英扩展到人民大众。通过民主参与能够培养公民的社会归属感，有效提高公民的参政议政能力；通过协商，最终促进公共利益的实现与维护，又将进一步提升公民的参与热情与信心。同时，这种自下而上的公民权利的行使，也直接体现了公民的民主管理与自我管理，是社会主义民主真实性与广泛性的生动体现。

（3）通过协商实现民主监督

公民（团体）通过协商实现民主监督功能，主要体现在两个方面。一是，通过协商提高立法和决策的质量，促进政治合法性。经由协商的决策能够包容所有受决策影响的利益相关者，平等、自由、公开的协商程序能够保障每一个公民（团体）都不具有超越其他人的优先性，法律和社会制度的公平正义将通过讨论、审议等过程得到增强。公共协商还能够通过这种民主监督功能切实改善决策的结果，通过公民权利的充分行使实现对决策的实际影响，这也是哈贝马斯最为强调的"使公共舆论通过民主立法模式转变为具有约束力的政治权力影响力"。二是，通过协商矫正自由式民主的不足，限制行政权力的扩张。协商能充分唤醒公民对公共利益的责任，强调决策形成共识的过程。因此这种侧重"过程"的民主形式形成了对整个政策制定程序的实时监督，而不仅仅是对政策结果的反馈。同时，通过协商将公民权利注入政治系统，使之与日益扩大的行政机构权利之间形成新的平衡。协商模式下，所有政策协商的参与者都享有确定问题、争论证据和形成议程的同等机会，而真正的公共行政也需要在讨论和决策中把公开

---

① 王志强：《公民政治参与空间的转换与协商民主》，《华南师范大学学报》2011 年第 2 期。

性、平等性和包容性最大化。①

三 公民参与式协商的重要价值

从地方民主实践的角度来看，公民在其中处于主体性地位，发挥着制度、法律或程序无法替代的重要作用，公民参与式协商具有体现公民在民主政治中的主体地位、增强公民的主人翁意识、促进决策合法化、培育公民美德，以及控制行政权力膨胀等重要价值。公民参与式协商作为基层协商民主的重要内容与特征，与政治协商制度中的精英式协商形成了地方层面与国家层面之间的联动与呼应，并逐步发展成为中国社会主义协商民主的一个重要内容和发展方向。

1. 公民参与式协商充分体现了公民的主体地位

公民协商是公民作为自由、平等的交往主体，在公共协商过程中通过对话、讨论、审视意见之流而赋予立法和决策以合法性。从某种角度来说，讨论和协商是对传统公民投票的补充甚至替代，是公民参与的一种重要互动形式，其中既包括公民与公民之间的互动，又包括公民与政治系统的互动。正如哈贝马斯所强调的那样，以交往理性为基础的公共协商实际上体现的是一种区别于单一主体特征的"主体间性"，它始终是以相互性和复数性为特征的。

公民通过自主、理性的方式并按照一定的程序或秩序去直接或间接地影响政府决策和政治生活的政治行为，真正体现了民主和法治、参与和秩序、发展和稳定的有机结合。地方民主实践实际上是一种复杂的系统，既需要公民（市民或村民）的政治参与，也需要相应的民主制度、法律制度作为客观条件，还需要良好的参与型政治文化为其

---

① 王志强：《公民政治参与空间的转换与协商民主》。

保障，等等。

公民的参与活动，特别是"协商"这一核心参与方式与最终的公共政策密切相关，充分体现了公民在民主实践中的主体地位和主体特征。公民不仅是地方民主的践行者，也是地方民主的直接受益对象，而政治系统或各种相应的民主法律制度都是为最广泛意义上的公民服务的。"协商"（不论是传统的面对面式协商，还是新型的网络论坛式协商）对公民投票等政治参与方式的补充甚至替代，更能提高地方政治中公民参与的深度和广度，激发广大村民或市民的参政热情，提高其主人翁意识。

2. 公民参与式协商有助于增强决策的合法性，最大限度地体现公民的公共利益

公共协商过程即共同体成员参与公共讨论和批判性审视具有集体约束力的公共政策的过程，其主要目标是利用公共理性寻求能够最大限度满足公共利益的政策，特殊成员的利益则不具有超越其他任何公民利益的优先性。因此，公民参与式协商的实质是以交往理性为基础，以最大的公共利益为目标的。

以公共协商为基础而形成、制定并推行的公共决策能够将最大的公共利益通过语言沟通的方式输入政治系统，并对整个政治生活产生影响。因此，公共决策的合法性在很大程度上就取决于它对公共利益的体现程度，越是经过公民广泛而深入的协商之后形成的公共决策，便越能得到公民的广泛支持，越具有合法性。从温岭和余杭的民主实践中可以看到，协商的方式对于分歧的解决和一致意见的达成具有关键性的作用，通过村民的相互沟通论证，往往能够打开决策者的思路，扩大决策者的视野，更全面更合理地解决分歧，制定政策。

3. 公民参与式协商有助于控制行政权力的膨胀，有助于培育公民美德

哈贝马斯曾经指出，现代社会正是通过市场、行政权力和团结（或协同性）三种资源之间新的平衡而有效地整合起来。也就是说，如果三者中的一项过度膨胀，都会造成社会的紊乱和失序。公民的政治参与，特别是以协商为主的参与活动，则能够以民主的方式有效地实现对行政权力的监督和制约，从而防止腐败的产生。公民参与式协商的这一功能在中国地方实践中已经得到清晰的显示，无论是决策制定、决策修订，还是村干部任免、村干部工作评议等环节都是对行政权力的有效监督和制约，能够进一步提高行政效率并保障其合法性。同时，协商本身就要求公民具有、理性、宽容、妥协、合作等美德，公共协商也是这些美德得以强化和增进的有效训练场，公民能够通过不同的协商活动培养其政治参与的热情、锻炼其沟通论证的能力、培养其面对分歧的信心和向他人妥协、与他人合作的德行。

第三节 社会主义协商民主的挑战与应对

社会主义协商民主是将协商的方法运用于具体的民主实践，尽管当前还面临公民参与能力与责任感不足、缺乏监督机制、易流于形式等诸多挑战，但民主主体已经实现了由精英向公民的扩展，公民参与式的协商民主必然成为社会主义协商民主的一个重要发展方向。

协商民主既与中国的协商政治传统有密切的关联，又具体体现在中国人民政协的政治协商制度中，而地方民主恳谈、民主听证会、社区议事会、工资集体协商制度、互联网公共论坛等多种具体的协商形式更是体现了协商民主并不是仅仅停留在理论层面，而是活生生的社

会现实。从这个意义上讲，协商民主在中国有广阔的发展前景。但是，协商民主在中国的发展也不可能一帆风顺，面临各种困难和挑战，只有克服这些困难和挑战，社会主义协商民主才能在中国大地上生根发芽以至枝繁叶茂。

一 社会主义协商民主面临的困难与挑战

现代协商民主与中国的历史政治传统和当前的基本政治制度存在契合之处，各地的基层民主实践中涌现出了各种各样的协商民主形式，然而，这一理论毕竟是对西方政治体制特别是选举民主之不足的反思与补充，与西方发达国家的历史和现实有密切的关联。在这种情况下，将现代协商民主理论引入中国的现实中时需要特别谨慎。事实上，从其现实发展来看，中国的协商民主还面临着很大的困难和挑战。

1. 当前中国公民的政治参与能力和责任感不足是制约协商民主发展的不利因素

协商民主的顺利开展是以普通公民能参与到与其相关的公共政策制定的协商过程为前提的，这就要求公民具有较强的政治参与能力和参与责任感。但从现实情况来看，中国公民在这两方面的水平与协商民主的要求之间还有较大差距。一方面，就公民的政治参与能力而言，很多协商主体特别是相对贫穷落后地区的协商主体由于其经济地位、政治意识、教育背景以及自身语言表达能力的限制，无法平等地参与理性论证和有效地表达他们的利益诉求。也就是说，并不是所有的公民都具有理性的协商表达能力，缺乏理性表达能力的公民在不能有效表达自己利益诉求的情况下，只能被动地默认其他公民协商的结果。另一方面，就公民的参与责任感而言，参与协商过程本身需要一定的成本，导致公民对协商产生一定的冷漠心理。在具体的协商过程中，如果协商事项与其自身利益关系不大，多数公民宁愿选择回避协商；即使协商事项与其自身利益有密切关联，但由于协商成果本身属于公共产品，很多人会有"搭便车"的心理。换言之，虽然协商民主的推进可以提高公民的参与意识，但是协商民主的发展本身也是以一定水平的参与意识为前提的。

2. 中国的协商民主在具体运作过程中缺乏监督机制，协商过程容易受强势人物或集团的控制

由于中国政治体制中存在"官强民弱"的特点，以及协商能力的不平等，很可能发生少数精英控制协商过程的危险。协商议题选定容易受到强势集团的限定，一些有利于强势集团的协商被优先开展，不利于强势群体或与强势集团无关的议题则被屏蔽、推迟或无限期搁置。协商过程的参与者在认识资源上的不平等降低了弱势群体控制议题或参与协商的水平与能力，导致弱势群体在政策制定上被"相对剥夺"。此外，协商结果难以执行或执行错位导致弱势群体利益或政策结果得不到保障。因而掌握着巨大社会资源的公共部门，其作为与不作为，怎样作为对于弱势群体的政策效益具有决定性影响。[①] 如果协商结果得不到有效执行，便会对协商民主的发展带来很大的冲击。可见，在整个协商过程中，如何加强对政府部门等强势集团的监督是一个迫切需要解决的问题。

3. 中国的协商民主在很多情况下陷入形式主义的窠臼，协商无效率，对话无果而终

当前中国的协商民主制度存在重形式、轻实质的问题。比如多地开展的所谓价格听证会最后都成了"涨价会"，协商参与者虽然可以

---

① 吴晓林、左高山：《协商民主理论与中国民主政治发展》，《教学与研究》2009 年第 4 期。

就某些问题表达意见,但是多数情况下,政策是预先定好的,提问题的人也是事先安排好的,事先不发放材料,消化信息和参与讨论的时间不充分,听取意见也只是获取合法性的一种手段。有时,会有许多记者出现在会场,这就说明,协商制度的开展仅仅是宣传工作的需要。① 这种形式主义的协商无疑降低了公民政治参与的效能感,从而挫伤了他们参与协商的热情和积极性。另外,当前中国多地开展的协商民主是与政府特别是某些地方领导的推动密不可分的,其中不排除有些地方领导是出于个人政绩的考虑而推动协商民主的。如果是地方领导人搞"政绩工程",这些所谓的协商民主制度无疑会面临"人走政息"的窘境。因此,中国的协商民主需要摆脱领导人个人意志的影响从而实现可持续发展。

4. 在协商民主的实际运作中,"最大的公共利益"较为抽象,需要对其进行合理定位

公共协商过程即共同体成员参与公共讨论和批判性审视具有集体约束力的公共政策的过程,其主要目标是利用公共理性寻求能够最大限度满足公共利益的政策,特殊成员的利益则不具有超越其他任何公民利益的优先性。然而,公共利益的定位问题在理论文本和现实场域中历来困扰着政治学者们,甚至遭受过全面的否定。实际上,"最大限度地满足公共利益"即强调公共利益的可伸缩特性,也就是说,所谓的公共利益只能是尽可能多的公民的共同利益,而不是真正意义上所有公民的共同利益。如果社会主义协商民主寻求的是绝对的、全体的公共利益,那么必然与现代社会的"多样性事实"相冲突,走向极端的易于失控的"大民主",这也是特别需要警惕的一个方面。

---

① 〔澳〕何包钢:《中国协商民主制度》,《浙江大学学报》(人文社会科学版)2005 年第 3 期。

5. 虚拟协商具有时间任意性、内容随意性、互动延时性和心态娱乐化等特征，容易降低协商的质量和效率

由于网络协商的去中心化特征，任何网民都是潜在的协商主体，任何网民都可以通过发帖或跟帖的形式参与公共协商，这一新型的公共协商具有普通协商形式所不具有的时间任意性和内容随意性。也就是说，网民在面对一个议题的时候，未必能够了解这一议题的重要性和公共性，相反，他们可能采用非常随意的方式发表自己的意见和建议，如在跟帖内容中仅发表几个表情，或几个特定的网络符号，这种极具随意特性的非正式意见很难真正为议事协商提供什么有效的参考价值。另外，网民的随意发帖和跟帖也反映了网民对自己的议事权利并没有足够重视，相反更多的是抱着一种娱乐化的心态。这种心态又往往致使原本具有一定严肃性和公共性的意见长期无法通过正式的形式表达出来，而长期得不到决策者的注意，最终部分网民会更感觉自己的意见无足轻重，并逐渐远离公共讨论。

网络论坛的非正式性决定了它与面对面的传统协商不同，网民之间的交流可能并不是即时的，也就是说，从一个重大议题的发布到广大居民积极参与、各抒己见并形成一股意见流之间，可能需要十几天甚至更长的时间。通常的，论坛的帖子一般是按照点击率来排序的。也就是说，有新点击率的帖子总是会自动排到第一位，而长时间没有点击率的帖子就会"沉没"。这样越能吸引网民眼球的帖子往往点击率越高，回复率也就越高，受网民关注的程度就越高；相反那些越不能吸引眼球的帖子"石沉大海"、无人问津的概率也就越高。然而，通过帖子形式发布的公共议题，其重要性与点击率之间并不具有必然联系。因此，在面对较为重大或紧急的议题时，网络协商论坛的延时性往往使其无法发挥其他方面的优势，反而会降低议事协商和民主决策的效率。

二 发展与完善社会主义协商民主的对策建议

尽管中国自古就有政治协商的传统，但是协商民主之于中国还是一种新事物，社会主义协商民主的发展还面临着上述困难和挑战。要克服这些困难和挑战，需要执政党、各级政府特别是地方政府、专家学者以及广大民众的支持、配合和积极参与，需要各方贡献智慧。只要各方通力合作，社会主义协商民主的发展完善还是可以预期的。从现实来看，中国的民主发展不太可能走西方式的民主化道路，而发展社会主义协商民主就成为一种现实的选择。随着民主的政治文化逐渐形成，中国就会逐渐走出自己的民主化道路。在这个意义上，社会主义协商民主并不是中国民主政治发展的终点，而是中国民主政治发展过程中的一个新起点。

积极开展基层民主协商，首先需要推进政治体制改革，进一步发展和完善人民代表大会制度、共产党领导的多党协商等基本制度，为扩大公民有序政治参与和发展协商民主奠定政治制度基础。其次，积极探索各种基层民主协商的实践形式，培育健康独立的公共领域，为协商民主提供既符合地方特色又切实可行、便于操作的载体形式和平台基础，推进基层协商民主广泛、多层地发展。再次，改革和完善公共政策系统，增强决策前的吸纳能力，加强协商结果的政策影响力。进一步创建和完善公共决策与基层协商的具体的对接性制度、融入性制度和执行性制度，推进基层协商民主的制度化发展。积极开展基层民主协商既是一项党的实践性要求，也是一项系统性工程。

1. 通过参与型政治文化的熏陶、公民教育的开展和民主实践的训练，不断提高公民的协商能力与素质，培育协商式的民主主体

协商民主的发展不仅依赖执政党的支持和制度化建设，更需要民

众的广泛认同和普遍信仰。协商民主制度是否具有生命力，关键在于其生长的文化土壤能否培育出与之相适应的文化价值观念。参与型政治文化的培育、公民教育的全面开展以及民主训练的持续进行都能够提高公民的协商能力与素质。浙江温岭的民主恳谈会的例证说明，即使广大农民缺乏协商民主所需的各种素质，但是经过了几次试验之后，公共协商就很可能成为他们的一种习惯，成为他们的一种要求，如果某一时期没有通过民主协商来表达他们的看法，他们就会感觉少了什么，就有可能抱怨。也就是说，通过这种协商民主的试验，参与、协商、对话、包容等因素就会逐渐深入人心，以至成为人们生活方式的一部分。通过公民教育和民主训练的不断展开，公民也会逐步提高协商能力，学会各种协商方法和技巧，不仅愿意用协商的方法解决实际问题，达成共识，而且还真正地懂协商，会协商。这样，中国的协商民主就具有了坚实的文化基础与主体条件。

2. 建立保障协商民主贯彻实施的制度机制

协商民主获得持续发展的一个前提是把它纳入制度化的轨道，公民参与协商应该在特定的制度关系中进行。协商制度要保证决策议程能够获得广泛的信息，决定谁在何种程度上有发言权，确定每个问题的可能性决策，说明怎样修改建议，以保证协商过程的足够透明以促进理性的说服。此外，还可以借助制度来限制暴力威胁、武力或贿赂。协商民主的制度建设首先应在立法方面引起高度的重视，使其在公共管理领域的实践活动能够得到法律上的认同，并具有执行中的强制效力，从而提高协商机制的地位，获得进一步发展的空间和保障。另外也要注重对协商结果的监督和反馈。如果协商结果的监督和反馈机制缺失，协商民主就会流于形式、走过场。所以必须加大对协商的监督与反馈机制的建设，并在可操作性上下功夫，建立一个协商、反馈、监督相结合的有效协商民主机制。

3. 加大执政党的支持与推动

作为中国政治组织体系和政治运筹程序的领导核心，中国共产党处在总揽全局、协调各方的执政地位，具备极大的社会动员与整合能力，能够为协商民主在中国的发展提供各方面的资源。从目前的情况来看，执政党对发展人民政协制度方面的协商民主颇有兴趣，也提供了大量人力、财力方面的支持。而对于类似"民主恳谈"这样的地方政府协商民主试验，执政党更多地持一种默认和静观其发展的态度，并没有进行大力推动，这也是地方试验没有大规模推广的重要原因。

4. 加强地方政府与自治组织的控制功能

在扩大基层协商，提高公民参与能力与素质的同时，还需要充分发挥党组织和社区委员会的控制功能，妥善处理好公共利益与私人利益之间的关系，找到公与私的最佳平衡点，使公共决策建立在"最大限度的公共利益"基础之上。同时，对于地方民主实践中达成高度一致的协商结果，村委会、居委会和社区党组织也要对其科学性和可行性进行深入考察。特别是对于一些重大公共事务的决策，还需要在公民协商的同时邀请相关专家学者给予意见咨询和建议。这样，既能充分发挥公民协商过程中集思广益的包容性优势，又能结合专家咨询的慎议性长处，实现科学民主的重大决策。

5. 充分利用、科学管理非正式的网络议事协商

对于非正式的网络议事协商带来的随意性和延时性困境，可以通过两种途径进行解决。一是将虚拟协商与面对面协商相结合。凡是在各大社区或各个村镇已经取得实效的各种议事协商形式，都可以大胆利用。特别在一些重大、紧急的公共事务的协商中，要充分利用传统协商模式的面对面特征，在短时间内让全体居民了解议题的重要性和

具体内容,而网络模式则可以作为一种辅助和补充的形式存在。因此,这就要求社区管理者在面对不同议题时,灵活决定两种协商方式的主次关系,发挥真正的决策顾问和决策参考作用。二是通过网络管理,突出重要议题帖子的地位。从网络技术角度,可以通过将重大议题帖强制置顶的方式,使其一直处于论坛最显眼的位置。同时还要制定相应的回帖规则,保证回帖者是真正关心公共事务的社区居民,并真正愿意为之建言献策。

综上所述,在中国社会主义协商民主的发展中,制度的改革与完善、实践载体的探索与创新、主体维度的构建等一系列工作需要全面展开与共同推进,才能为基层协商民主的广泛、多层、制度化发展提供必备的主客观条件,从而进一步推动社会主义民主政治建设的发展与完善。其中,公民作为民主政治发展的一大基本主体,其政治参与意愿、能力、素质等方面的水平也将直接影响民主政治的发展水平,因此在中国社会主义协商民主的未来发展中,公民主体维度的构建既是一项重要的工作,也是一项紧迫的任务。

第四节　协商式公民的培育与养成

"对于协商民主而言,'民主的最低限度'应该通过公民的权力和能力来界定。"① 这种能力标志着现代公民区别于奴隶的根本性差异,因为对于奴隶而言,不管其被准予的自由是什么,他都是被支配着的,并因此缺乏任何内在的甚至属于自己的规范权威;他最多可能只是对他人的主动性作出回应。在博曼与雷吉看来,这种能力主要是一种协

---

① 〔美〕詹姆斯·博曼、威廉·雷吉:《协商民主:论理性与政治》,中文版序第4页。

商的能力——不仅能够对源自独立权威的动议作出反应的能力，而且还能够确定某种议程内容，以及因此确保自由以免受他人支配的能力——因而也是一种开始的能力，恰恰成为衡量协商民主中公民政治能力的恰当标准，并且能够成为人类从现有的民主迈向理想中的更民主状态的中介而发挥作用。

大力发展公民参与式协商民主，需要从公民的协商能力与素质方面入手，通过参与型政治文化的熏陶、公民教育的培育，以及民主实践的训练，不断提高其政治能力，养成具有良好"开始的能力"的公民个体，从而提升中国社会主义民主的"最低限度"，推进民主政治建设的不断前行。

一　培育参与型政治文化，为公民建设提供文化基础与环境

改革开放以来，随着中国市场化和民主化的演进，人们的政治观念和行为产生了深刻变化。公民自我意识在不断增强，自我价值意识同传统的民族整体意识相结合，逐步增强历史使命感、社会责任感、主人翁意识，更加关注国家、人民利益，也更关心政治，积极投身改革，形成了新中国成立以来前所未有的政治参与的全新格局。现代中国的政治文化基本上也体现了世界政治文化发展的参与化趋势。

阿尔蒙德和维巴在《公民文化——五个国家的政治态度和民主制》中，以"政治参与"为观察和比较的重点，分析了三种不同的政治参与者文化：村民政治文化、臣民政治文化和公民政治文化。村民政治文化所描述的是传统社会中，政治领袖与宗教领袖的重叠，村民对政治体系没有明确的意识，但对共同体具有强烈的感情，没有形成调节他们与政治体系关系的规范和标准；臣民政治文化则是指对政治体系采取一种被动关系，只与政治体系的输出有密切关系，而没有积

极地参与进去；公民政治文化存在于较为发达的社会，公民积极地参与政治生活，视自己为政治生活的积极成员，对自己的义务和权利有明确的意识，在任何层次上都存在对政治体系的评价和批评。

公民文化既非传统文化，也非纯理性的现代工业文化，而是以一种传统与现代完全融合的文化形式出现的。它是"以沟通和说服为基础的多元主义文化，是一致性和多样性相结合的文化，是允许变革但要渐进性变革的文化"[①]。公民文化的模塑在于协调公民与国家的关系，特别是平衡二者的内在紧张，只有紧张之消除、和谐之营造才能迎来政治稳定和政治发展。而公民文化的协调与平衡功能最终通过公民的政治行动取向得以实现。在传统文化与现代文化中，公民既可能选择政治参与，也可能选择政治不参与，例如，传统文化影响下的公民，对政治象征具有强烈的情感，他们不是出于自身的利益而是出于这种情感的驱使而投身政治；现代文化使公民将参与政治与其他活动进行理性的利益比较，也同样有可能作出不参与的抉择。这样，融合性的公民文化便凝聚了传统与现代、参与和疏远、积极与消极等相辅相成的多组元素，它们共存于一个政治共同体中起调协之效。

就中国的现状来看，大体上存在三种层次的参与者：第一，狭隘观念者：对政治体系所知甚少，甚至一无所知的公民；第二，顺从参与者，也称被动型参与者："已成为政治体系组成部分的，并对政治体系施加于他们生活的影响或潜在影响有所认识的公民。"[②] 第三，积极参与者："他们表现出来的是对社会的输入过程，也就是对那些促使他们介入政治的过程有一定的认识，并形成了鼓励自己利用各种参

[①] 〔美〕阿尔蒙德、维巴：《公民文化——五个国家的政治态度和民主制》，马殿军等译，浙江人民出版社，1989，第6页。
[②] 〔美〕阿尔蒙德：《比较政治学》，上海译文出版社，1987，第41页。

与机会的态度,也就是相信自己只要努力去做就能够影响国家的政治事务。"① 如果地方民主实践中的狭隘观念者和顺从参与者占据主体的话,那么政治冷漠问题则是对协商式公民的巨大挑战,公民的主体性地位也必然淹没于公民在政治行动中的碌碌无为或"搭便车"行动之中。

对此有学者提出参与型政治文化的培养的途径之一就是要逐渐消除狭隘观念者,积极培养顺从参与者,重视和正确引导积极参与者。其中存在一种否定"狭隘观念者"在政治参与中的合法地位的倾向,并急切地希望能消除"狭隘观念者"。其中一个原因在于,发展中国家急切地需要建立、健全民主政治,因而必然产生与这种急切相对应的担忧——恐怕公民参与性的减低,恐怕冷漠情绪的蔓延会阻碍民主的发展。但是,这不仅与"公民文化"的应有之义相悖,而且从现实性上看也是比较理想化的。或许我们只能通过某些途径调整三者的比例,至于消除某一层次,可能会破坏"公民文化"的平衡性——非参与型政治取向与参与型政治取向构成一种"平衡的政治文化",因为其中既有"政治的积极性、参与性和理性,但它们又因为消极性、传统性和对狭隘的地方性价值的献身而得到了平衡"。② 另外,全民的政治参与也很难总是以制度化形式出现,因此更难控制和引导,会给政府工作带来新的难题,甚至会导致政治动乱。

张明澍在《中国"政治人"》一书中,对中国公民政治素质进行了调查,调查内容包括政治观念(或曰政治参与态度)、政治知识和政治技术,以及政治参与经历。结果显示,中国政治人的基本政治态度可以概括为四个字:敬而远之。也就是尊重政治,崇尚政治,对政

---

① 〔美〕阿尔蒙德:《比较政治学》,第42页。
② 〔美〕阿尔蒙德、维巴:《公民文化——五个国家的政治态度和民主制》,第30页。

治给予积极的价值评价，但同时又回避政治，不愿意参与政治，或者在不得已参与时采取不认真、敷衍的态度。"敬"主要是因为中国人向来相信"性善"，对政治的"原始信念"就是把它看作管理国家、为人民服务的高尚事业，不过在具体问题上，又倾向于将政治参与跟切身的物质利益相分离，因而往往采取"远之"的行为方式，体现出一种伦理型的政治参与观，而区别于西方的功利型政治参与观：虽然西方政治文化出于对人性的"幽暗意识"①，进而把政治也看作罪恶的、肮脏的，但出于自身利益考虑，又往往积极地投身其中，甚至会采取种种措施防止统治者将不正当的企图付诸实践。中国公民的基本政治态度，造成了政治参与行为的两极化基本特征：一极是在非常时期的参与狂热（最典型的例子就是"文化大革命"），另一极是正常时期的参与冷漠。

现代政治学理论表明，稳定的民主制度的运作，需要的既不是狂热的参与，也不是参与的冷漠；它需要的是一种冷静的、有节制的、制度化的参与态度。这种理想的参与态度既不是来自以"扬善"为内核的传统的中国文化，它对人性的估计过于乐观和理想，对政府信任有余而监督不足；也不是来自典型的以"抑恶"为内核的西方文化，它对人性的认识充满了"幽暗意识"，对政府怀疑有余而信任不足。培养公民参与的理想土壤应该是东方与西方文化的结合——公民文化，同时政治参与还与公民的政治素质密切相关，这也是晚近公民资格理论所强调的内容。《中国"政治人"》对中国公民政治素质调查的平均得分为 3.3 分（满分 10 分），大大低于民主国家公民素质标准 5.5 分，而且不同的社会阶层，不同的受教育水平等原因导致了公民

---

① 张灏：《幽暗意识与民主传统》，载《张灏自选集》，上海教育出版社，2002，第 1~24 页。

政治素质存在较大的差异性，这更增加了情况的复杂性，可见我们前面的路还很长，还很艰难。①

另外，参与型政治文化还主要与中国政治、经济、文化和大众媒体状况相关，与社会转型、教育水平、西方思想的传入、地理条件以及个人个性气质等相关。比如，我们的经济发展相对落后，而且相当不平衡，政治制度缺乏实施性的具体项目等。因此，要排除政治参与型文化的不良制约因素还需要经济、政治等多方面的配合发展，重视政治社会化对参与型政治文化的配合作用，培养具有理性、参与、开放等基本属性的现代公民和现代人。

二 大力发展公民教育，为民主政治提供全面发展的合格主体

在西方协商民主理论中，约翰·杜威最为详细地讨论过民主与公民教育的内在关系。在杜威看来，"民主（主义）不仅是一种政府的形式，它首先是一种联合生活的方式，是一种共同交流经验的方式"②。因此，民主社会的所有成员要有数量更大和种类更多的共同利益，同时各社会群体之间要有更自由的相互影响，通过应对多方面的社会交流所产生的新形势，使社会习惯不断地重新调整。这样，民主生活便主要地成为一个交流问题："在共同、共同体和交流（沟通）这几个词之间，不仅字面上有联系，人们因为有共同的东西而生活在一个共同体内；而交流（沟通）乃是他们达到占有共同的东西的方法。"③

民主社会的上述特征使其比其他社会更加关心审慎的和有系统的

---

① 张明澍：《中国"政治人"》，中国社会科学出版社，1994，第190页。
② 〔美〕杜威：《民主主义与教育》，王承绪译，人民教育出版社，1990，第92页。
③ 〔美〕杜威：《民主主义与教育》，第10页。

教育。其中,"必须有一种教育,使每个人都有对于社会关系和社会控制的个人兴趣,都有能促进社会的变化而不致引起社会混乱的心理习惯"①。"为了形成一个共同体或社会,他们必须共同具备的是目的、信仰、期望、知识——共同的了解——和社会学家所谓志趣相投。"②也就是说,民主社会的存续需要民主的公民,而民主的公民又需要教育来培育。同时,教育是一种广泛的和终身的学习过程,"不但社会生活和交流(沟通)是一件事,而且一切交流(沟通)(因此一切真正的社会生活)都具有教育意义"③。教育即生活的过程本身。

另一位当代协商民主理论家古特曼则从民主对公民的再造角度分析了公民教育的形式与实质。在她看来,民主政治与其他制度的区别在于不仅寻求对它的社会、政治和经济安排进行自觉的再造,而且更为重要的是自觉地再造未来的民主公民。同时,公民也应该而且必须集体性地参与这些再造过程。因此,民主的核心价值体现为对包括公民在内的社会各方面的"有意识的社会再造"④。

对于古特曼而言,公民教育正是源于"公民共享政治主权的民主理想"⑤。这一理想既要求公民行为能够与政治权威相一致,又要求他们对权威进行批判性反思。民主的公民教育的实质就是要灌输给孩子们民主公民所应具备的各种习性与价值:"至少在某种程度上是通过习性的培养,商议的公民才能够坚持按照民主生活的各种常规要求来行动,同时,只要这些要求表现为会威胁到基本的民主主权理想时,

---

① 〔美〕杜威:《民主主义与教育》,第105页。
② 〔美〕杜威:《民主主义与教育》,第5页。
③ 〔美〕杜威:《民主主义与教育》,第6页。
④ 参见 Amy Gutmann, *Democratic Education* (Princeton University Press, 1999), p. 42、p. 187。
⑤ Amy Gutmann, *Democratic Education*, p. 51。

他们也能够坚持对这些要求进行质疑。"① 为此，父母、国家和职业教育者应该共同分享教育权威，以便使孩子们接受那些基本的民主价值。

从形式上看，公民教育应该包括教授各种技能与美德，如读写能力、计算能力和批判性思维能力，诚实、非暴力、依据事实作判断、相互尊重、公平正直和宽宏大量等，这些也是公民有效参与公共商议的必备技能。其中，公民之间的相互尊重是保证"合理公共判断的最小条件"所必需的。② 相互尊重的公民之间能够真诚地对待其他公民和他们的理念，而不仅仅是克制自己不去强迫纠正那些不同的分歧。因此，孩子们必须学习怎样理性地评价不同的道德主张这类技能，否则，他们在民主过程中有效地追求他们自己的利益的能力和评价其他公民所提出的论证的能力都会受到阻碍。

公民是国家和社会的基本构成单位。在中国，公民不仅是市场经济中的市民、中国特色社会主义民主政治中的选民、中华民族精神滋养和培育出的国民，更是具有权利与义务之法律身份，既能按照公共生活的常规要求进行一致行动又能对权威进行反思的公民，是中国社会建设事业中的主体和重要参与者。

公民教育是对每一个公民进行如何做合格公民的教育，是以公民的本质特征为基础而建立起来的教育目标体系，能够为民主政治实践培育重要的主体素质、能力、政治参与意识等必备条件。虽然中国公民教育的内涵基本上涵盖了自由意识、平等意识、民主意识的教育、法律信仰教育和环境教育等，但在教育目标上，主要还是以德育范畴为主，而不是一种现代公民身份视野下的全面教育。③ 例如，有的学

---

① Amy Gutmann, *Democratic Education*, p. 52.
② Amy Gutmann, "Civic Education and Social Diversity," in *Ethics* 105 (1995): 578.
③ 王凯松：《浅议现代小学生公民教育》，《延边教育学院学报》2010 年第 6 期。

校直接以德育课作为未成年公民教育的唯一方式和全部内容,从而排除了公民认同与团结、公民意识与权利、公民参与与合作等要素,严重影响了对公民教育内涵和目标的全面把握。

与公民教育在内涵和目标上的片面化缺陷直接对应的,是对公民身份内涵理解上的单一,也就是严重的道德化取向。对此,有学者指出,公民教育关键的问题不是提倡什么样的道德理想,而是什么样的道德要求既能够使个体转化成一个合格的公民,又能够在实践中切实产生这样的转化。[①] 不论从公民身份的现有理论出发,还是从公民实践的实际需求来看,公民身份都不应该仅仅包含道德层面的内容,也就是说,公民不能仅仅是一个"有道德的人"。公民身份作为一个人属于某一国家的成员的法定身份的延伸,包括了公民的法律身份、国家成员身份和社会成员身份。如果仅从道德层面理解公民身份,那么现代公民身份的丰富内涵就受到了简单化、片面化、单一化的处理,是一种认识和理解上的不足。对于公民教育中存在的这些问题与不足,笔者提出以下几条建议。

1. 在公民教育中注重交往理性的培养与习得

当前,应该打破公民教育在目标和内涵上的德育化倾向,尽快丰富公民教育的形式和内容。在教育过程中,不仅注重培养公民的公德、私德,还要注重培养公民学会从"互为主体"或"主体间"的角度来看待自我和他人,通过民主实践的方式逐步培育和习得交往理性。因此,公民教育的目标应该是培育不仅能够看到"大我"和"小我"的利益所在,更注重相互之间的关系与平衡,具有较强的表达能力、竞争意识、妥协精神、互助精神、公平感、秩序感等综合素质的现代

[①] 朱力:《小议实施公民教育的必要性》,《安徽教育》2003年第9期。

公民。

只有公民教育的进步和发展,才能为民主建设提供高素质的主体,因而发展公民教育要作为协商民主建设的一个着力点和突破口。同时,在民主治理中,具有交往理性的现代公民(或公民团体)能够以"互为主体"的换位思考方式,对个人利益、他人利益以及共同体利益进行权衡和平衡,进而采取行动。这样,国家治理中一些现存的突出矛盾或问题就能在公民或公民团体的基础层面得以化解,从而优化社会管理的程序、提升社会管理的实效,保障社会稳定与发展。

2. 通过对公民身份的内涵理解形成公民的自我定位

按照哈贝马斯"三位一体公民模式",公民身份的内涵至少应该包括三个层面:一是个体层面,即公民作为相互平等、自由、独立的主体,具备基本的公民权利。这一身份体现公民的个人价值及其自我保护,即"权利性公民"的实用向度。二是中介组织层面,即公民作为家庭、单位、学校、社区以及公民团体的成员,具备平等的权利与义务。它体现公民的个人价值和社会价值,包含公民与他人交往、互动、合作、竞争、交流、妥协等内容,即"交往性公民"身份。三是共同体层面,即公民作为国家乃至全球层面的一分子所具备的身份特征的"政治性公民"。这里,侧重的是个人与国家、个人与全球的关系界定,体现了公民的政治认知和全球视角。

在民主政治实践中,公民既是一切民主选举、民主管理、民主监督的主体,也是民主协商的主体。公民之间的利益关系、公民(公民团体)与政府之间的利益关系,以及上述主体间的互动关系、交往模式等体现在民主实践之中。全面认识公民身份的三维内涵,不仅能丰富中国公民教育的内容与目标,防止片面化倾向,还能明确公民的主体特性,形成清晰的自我定位,为民主政治的实践与发展提供主体准备与条件。

3. 注重话语的构建功能，增进公民参与的有效性

中国的基层协商民主是公民（公民团体）发挥主体性力量，积极参与其中的政治行为。不同于以选举为主要实现形式的政治参与，协商中的公民行为往往以语言的形式表现为意见的表达、相互的说服、立场的改变，并最终形成普遍认可的具有政策影响力的"公共意见"。因此，应该重视话语及其实践场所——公共领域的作用与功能，大力加强建立公民或公民团体的利益表达机制、公共协商机制、公开监督机制，增进公民参与的有效性，增强社会管理的开放性、反馈性和协商性。对公民身份内涵的全面认识和公民教育的推动，公民的自我认同、社会认同、共同体认同以及与他人之间的"互为主体性"能够转化为强有力的内在动力，促成主动参与。对公共领域中话语的规范运用，特别是对网络空间中参与话语的规范，可以通过技术性方式（如在参与性很强的网站或论坛内推行实名制、加强后台监控等）进一步确保参与交往的网民描述外部世界的真实性，表达内在情感的真诚性，以及提出的行为规则的正当性，从而提升网络参与的有效性。

结　语

一

　　民主与公民，始终是政治理论与实践中的两个密切相关、不可分割的重要议题。尽管公民理论常常被作为民主理论的一个子命题来看待，但其构成要素、内在规律及发展走向等，不仅是民主理论的核心组成部分，而且一直对民主理论的发展产生着不可低估的影响。

　　自从民主产生以来，只有在公元前五世纪的古雅典城邦存在过直接民主，彼时的"公民"是与"民主"或"政治"完全重合的同义语。在那种世界上独一无二的民主制度中，公职人员通过选举产生或抽签决定，立法通过公民大会，民主的唯一原则就是公民直接参与。然而，在柏拉图和亚里士多德那里，直接民主并没有得到多少肯定。柏拉图认为直接民主仅仅具有一种过渡意义，而《理想国》最终设想的却是一种实现正义的精英等级制度。亚里士多德也认为直接民主的可取之处甚少，甚至是一种不良的统治形式，即街头权力或下层人统治，他真正向往的仍然是君主制、贵族统治或由富人统治的混合政体。

进入现代社会，随着贡斯当所谓"古代人的自由"与"现代人的自由"的演变，公民身份内部出现了市民身份与选民身份的区分，也就是经济、文化身份与政治身份的分离。这样，民主的问题也同样变得复杂起来，发展出了以代议和宪政为核心的自由主义民主。

在公民理论和民主理论内部，自由的成分和民主的成分始终是两个最重要的发展力量，也就是自由与自治这两种元素，始终影响着公民理论与民主理论的发展与演进。对个体权利的阐释与保护构成了公民理论的自由成分，对参与权利的强调与追求则构成了其民主成分。前者在民主理论中进而表现为代议制、宪政、法治等制度设计，后者表现为直接的公民参与制度。公民理论与民主理论，要么进一步追求法律保障、基本权利不可侵犯、通过党派代表理论和通过分权防止权力滥用等自由主义的各种基本诉求，要么在古雅典制度中断之后更多地倡导公民直接参与，如法国大革命以及雅各宾派实行统治时再度将直接民主视为一种积极的目标设想。

自由成分与民主成分（即自由与自治）在公民理论中的此消彼长发展出了自由主义和共和主义两大传统，二者在民主理论中的相互竞争则形成了自由主义民主与民主主义的分殊。在世界范围内的政治实践中，各国都不断尝试着将这两种成分或力量整合起来。例如，公民投票和公民表决等（直接）民主因素均不同程度地被纳入大多数现代国家的宪法之中，而对公民参与的主张也更多地增加了通过制度和法律保障公民能够免于侵害而进行诉讼的维度。在一些实行代议制民主的国家或地区，如意大利、奥地利、美国的加利福尼亚以及法国，也在定期选举之间征求公民意见，并实践各种形式的直接民主程序。因此，当代民主政治的发展实际上正是自由主义者和民主主义者之间妥协的种种可能，是"保护公民"与"公民参与"两大诉求之间的持续折中，只不过有不同的侧重点而已。当代协商民主理论的形成与发展，无疑也是采用了一种居于民主的"自由主张"与"共和主张"①之间的中间立场，其中所包含的公民身份则体现了一种对公民理论之自由主义传统与共和主义传统的整合与超越。

二

然而，当代协商民主不论作为一种新的民主形态，还是一种新的民主方法，都无法避免民主理论的内在困境。在词源学意义上，民主是指"人民的统治"，也就是说民主在产生之时就是以"人民的统治""人民主权"作为其合法性基础的。然而，在民主实践中，古雅典的直接民主制也并非真正"人民的统治"，其"人民"是由排除了妇女、奴隶、外邦人和农民等在外的城邦贵族和成年男性自由民组成。"较之供养公民的数十万奴隶和人数众多的非自由民，数万公民的统治与其说是'多数的统治'、'平民的统治'，毋宁说是'少数的统治'、'精英的统治'。古希腊城邦民主之'人民的统治'神话，并不能掩盖其'民主的奴隶制'的深刻吊诡。"②

在欧洲中世纪世俗君主反对教会的斗争中，君主们试图以"人民主权"代替教会对神权的信奉。然而实际上，"人民主权"也仅仅是"一种关于权力的冠冕堂皇的道义辩辞"，仅仅在与独裁权力的斗争过程中才具有真实意义，而一旦斗争取胜，这种主权就成了一种名义。而在权力的行使中，人民根本无法成为实际的行使主体，正如萨托利

---

① 〔德〕哈贝马斯：《民主的三种规范模式》，《包容他者》，曹卫东译，上海人民出版社，2002，第279页。
② 高力克：《在强民主与强国家之间——孙中山民主理论的问题意识》，《权威的理由》，新星出版社，2008。

所指出的那样"名义上有权掌握的权力就连一种有名无实的权力都算不上"①。权力的名义主体与行使主体之间的分离也构成了人类民主制度的内在困境。

"民主的悖论"归根结底就在于民主合法性与民主实践之间的矛盾，体现着名义上的权力与行使中的权力、社会平等与政治平等、人权与人民主权之间的紧张。面对这一持久困扰人类的现代性困境，不论西方民主模式还是非西方民主模式都未能创造出一种能够完全解决这一问题的新理论、新模式或新方法。协商民主（不论是当代西方协商民主还是中国的社会主义协商民主）或许仍然无法摆脱这一悖论，然而，从古希腊时期到现代社会，民主的形态发生了很大变化，从直接民主向代议民主的转变，再从代议民主迈向协商民主，这种民主形态上的转变与更替并不是民主的倒退，而恰恰是为了应对民主内部的悖论以及日益复杂、多变和多元化的民主环境而出现的。现代民主理论所能够解决的只能是，在无法实现全民自治的情况下如何为更好地保护公民权利和促进公民参与探索更多的可能性。

三

在中国，"保护公民"与"公民参与"的诉求同样作为两大基本力量推动着民主政治的发展。一方面，社会主义法治建设不断加强对中国公民各种基本权利的尊重与保障；另一方面，全国各地先后涌现出多种形态的民主实验，使公民能够更真实地实现民主参与、民主管理和民主监督，充分体现了公民在社会主义建设事业中的主体地位。因此，中国民主政治的发展，特别是改革开放以来，正是在确保个人

---

① 〔美〕萨托利：《民主新论》，第32页。

权利日益受到法律和制度保障的条件下,对公民参与可能性的不断探索与尝试。

中国式社会主义协商民主是在党的领导下,实现政府-公民-社会三者之间良性合作与互动的民主形式,是社会主义属性的基本政治制度与协商之民主方法的结合。正如一位在海外教学的华裔学者所指出的那样,"西方对协商民主的理论探讨毕竟仅仅只有短短的30多年。虽然这一理论已经丰富并精致起来,而且也为完善中国的协商制度和程序提供了理论启发和经验指导,但是他们仍可以从中国超过两千年的协商实践史中汲取一些重要的启示"①。社会主义协商民主具有独特的协商历史与文化基础,协商主体对共同体具有高度的忠诚,协商功能不在于西方式的个体抗争,而在于更好地维护和强化权威,因而其在治理效率、协商与权威之间的平衡、道德规范、对政党政治或派系主义破坏性的认识、国家层面的创制等方面都具有全然不同于西方的优势与经验。②

当然,作为人类民主制度的一种,社会主义协商民主或许也难以避免"民主的悖论"这一内在困境,民主合法性与民主实践之间的紧张也将始终存在于所有真实的民主制度之中。然而,我们也必须看到,新中国成立以来,特别是改革开放以来,中国大力加强与推进社会主义法治国家建设与基层民主建设,在保障公民权利与扩大公民参与等方面均实现了重大突破,不断为民主政治的进一步发展创造有利条件。这些改革与建设的步伐,在西方发达国家可能平淡无奇,但在大

---

① 〔澳〕何包钢:《儒式协商:中国威权式协商的源与流》,《政治思想史》2013年第4期。
② 在这篇文章中,作者提出了儒式协商和威权式协商的概念,提倡从历史和文化的独特性角度来理解协商和协商制度,但弱化甚至否定了中国协商实践的民主特性。对此,笔者赞同中国历史中帝制时期的协商实践是一种中央集权的统治方法,而新中国成立以来的协商实践则完全不同,应该具有明确的民主含义。

多数发展中国家的政治转型与改革发展过程中，都是极为艰难的。党的十八大报告提出了进一步推进协商民主广泛多层制度化发展的重大决定，相信随着这一决定的全面落实，中国的民主政治建设又将迈上一个新的历史台阶。

参考文献

一 中文著作

蔡定剑:《民主是一种现代生活》,北京:社会科学文献出版社,2010。

陈家刚主编《协商民主与政治发展》,北京:社会科学文献出版社,2011。

陈家刚主编《协商民主》,上海:上海三联书店,2004。

陈家刚:《协商民主与当代中国政治》,北京:中国人民大学出版社,2009。

陈家刚主编《民主决策》,北京:中央编译出版社,2013。

陈家刚:《协商民主与国家治理——中国深化改革的新路向新解读》,北京:中央编译出版社,2014。

陈剩勇、〔澳〕何包钢编《协商民主的发展——协商民主理论与中国地方民主国际学术研讨会论文集》,北京:中国社会科学出版社,2006。

陈武明：《新的历史跨越：关于当前的政治体制改革》，杭州：浙江大学出版社，2008。

戴激涛：《协商民主研究：宪政主义视角》，北京：法律出版社，2012。

冯友兰：《中国哲学简史》，北京：北京大学出版社，1996。

顾肃：《自由主义基本理念》，北京：中央编译出版社，2003。

郭秋永：《当代三大民主理论》，北京：新星出版社，2006。

郭忠华编著《变动社会中的公民身份——与吉登斯、基恩等人的对话》，广州：广东人民出版社，2011。

何包钢：《协商民主：理论、方法和实践》，北京：中国社会科学出版社，2008。

何包钢：《民主理论：困境和出路》，北京：法律出版社，2008。

何增科：《中国政治体制改革研究》，北京：中央编译出版社，2008。

韩冬梅：《西方协商民主理论研究》，北京：中国社会科学出版社，2008。

黄国华等：《中国社会主义协商民主思想史稿》，成都：西南交通大学出版社，2013。

康有为：《公民自治篇》，《新民丛报》第五、六、七号。

刘军宁：《保守主义》，北京：中国社会科学出版社，1998。

刘军宁、王焱编《自由与社群》，北京：三联书店，1998。

刘军宁编《民主与民主化》，北京：商务印书馆，1999。

刘军宁等编《直接民主与间接民主》，北京：三联书店，1998。

梁启超：《新民说》，沈阳：辽宁人民出版社，1994。

林尚立：《当代中国政治形态研究》，天津：天津人民出版社，2000。

林尚立：《建构民主——中国的理论、战略与议程》，上海：复旦大学出版社，2012。

林火旺：《正义与公民》，长春：吉林出版集团有限责任公司，2008。

李佃来：《公共领域与生活世界——哈贝马斯市民社会理论研究》，北京：人民出版社，2006。

李强：《自由主义》，北京：中国社会科学出版社，1998。

马啸原：《西方政治思想史纲》，北京：高等教育出版社，2001。

任军锋主编《共和主义：古典与现代》，上海：上海人民出版社，2006。

谈火生：《民主审议与政治合法性》，北京：法律出版社，2007。

谈火生主编《审议民主》，南京：江苏人民出版社，2007。

陶富源、王平：《中国特色协商民主论》，芜湖：安徽师范大学出版社，2011。

王焱等编《自由主义与当代世界》，北京：三联书店，2000。

王焱编《宪政主义与现代国家》，北京：三联书店，2003。

王焱主编《社会理论的两种传统》，北京：三联书店，2012。

汪晖、陈燕谷主编《文化与公共性》，北京：三联书店，2005。

王国平主编《培育社会复合主体研究与实践》，杭州：杭州出版社，2009。

许纪霖主编《公共性与公共知识分子》，南京：江苏人民出版社，2003。

许纪霖主编《公共性与公民观》，南京：江苏人民出版社，2006。

许纪霖主编《共和、社群与公民》，南京：江苏人民出版社，2003。

徐湘林等主编《民主、政治秩序与社会变革》，北京：中信出版社，2003。

徐湘林：《寻求渐进政治改革的理性——理论、路径与政策过程》，北京：中国物资出版社，2009。

萧公权：《中国政治思想史》，沈阳：辽宁出版社，1998。

肖存良：《中国政治协商制度研究》，上海：上海人民出版社，2013。

应奇编《自由主义中立性及其批评者》，南京：江苏人民出版社，2007。

应奇编《宪政人物》，长春：吉林出版集团有限责任公司，2008。

应奇、刘训练主编《审议民主》，南京：江苏人民出版社，2006。

应奇、刘训练编《共和的黄昏：自由主义、社群主义和共和主义》，长春：吉林出版集团有限责任公司，2007。

俞可平：《敬畏民主——中国的民主治理与政治改革》，北京：中央编译出版社，2013。

杨雪冬、陈雪莲主编《政府创新与政治发展》，北京：社会科学文献出版社，2011。

资中筠：《启蒙与中国社会转型》，北京：社会科学文献出版社，2011。

张枬、王忍之：《辛亥革命前十年间时论选集》，北京：三联书店，1960。

赵鼎新：《民主的限制》，北京：中信出版社，2012。

中央档案馆：《中共中央文件选集》，北京：中共中央党校出版社，1989。

周国富主编《政协文化论坛文集》,北京:中国社会科学出版社,2010。

张灏:《张灏自选集》,上海:上海教育出版社,2002。

张明澍:《中国"政治人"》,北京:中国社会科学出版社,1994。

张扬金《权力观与权力观重塑——哈贝马斯协商民主思想研究》,北京:中国社会科学出版社,2012。

政协杭州市委员会、人民政协报社编《协商民主与人民政协》,北京:中国书籍出版社,2014。

二 外文译著

〔美〕阿尔蒙德、维巴:《公民文化——五个国家的政治态度和民主制》,徐湘林等译,杭州:浙江人民出版社,1989。

〔美〕阿尔蒙德:《比较政治学》,曹沛霖等译,上海:上海译文出版社,1987。

〔英〕阿克顿:《自由史论》,胡传胜译,南京:译林出版社,2001。

〔美〕阿米·古特曼、丹尼斯·汤普森:《民主与分歧》,杨立峰、葛水林、应奇译,上海:东方出版社,2007。

〔南非〕登特里维斯主编:《作为公共协商的民主:新的视角》,王英津等译,北京:中央编译出版社,2006。

〔英〕戴维·赫尔德:《民主的模式》,燕继荣等译,北京:中央编译出版社,1998。

〔英〕德里克·希特:《何谓公民身份》,郭忠华译,长春:吉林出版集团有限公司,2007。

〔美〕杜威:《民主主义与教育》,王承绪译,人民教育出版社，1990。

〔美〕丹尼尔·贝尔：《资本主义文化矛盾》，赵一凡等译，北京：三联书店，1989。

〔美〕丹尼尔·贝尔：《社群主义及其批评者》，李琨译，北京：三联书店，2002。

〔美〕弗朗西斯·福山：《政治秩序的起源：从前人类时代到法国大革命》，桂林：广西师范大学出版社，2012。

〔美〕菲利普·塞尔兹尼克：《社群主义的说服力》，马洪、李清伟译，上海：上海人民出版社，2009。

〔德〕斐迪南·滕尼斯：《共同体与社会——纯粹社会学的基本概念》，林荣远译，北京：北京大学出版社，2010。

〔法〕贡斯当：《古代人的自由与现代人的自由之比较》，阎克文、刘满贵译，北京：商务印书馆，1999。

〔德〕哈贝马斯：《在事实与规范之间——关于法律和民主法治国的商谈理论》，童世骏译，北京：三联书店，2003。

〔德〕哈贝马斯：《交往行动理论》，洪佩郁、蔺青译，重庆：重庆出版社，1994。

〔德〕哈贝马斯：《后形而上学思想》，曹卫东、付德根译，南京：译林出版社，2012。

〔德〕哈贝马斯：《合法化危机》，刘北成、曹卫东译，上海：上海人民出版社，2009。

〔德〕哈贝马斯：《哈贝马斯精粹》，曹卫东译，南京：南京大学出版社，2004。

〔德〕哈贝马斯：《现代性的哲学话语》，曹卫东等译，南京：译林出版社，2004。

〔英〕霍布斯：《利维坦》，黎思复等译，北京：商务印书馆，1985。

〔美〕汉密尔顿等著：《联邦党人文集》，程逢如等译，北京：商务印书馆，1980。

〔英〕哈耶克：《自由秩序原理》，邓正来译，北京：三联书店，1997。

〔美〕格罗斯：《公民与国家：民族、部族和族属身份》，王建娥等译，北京：新华出版社，2003。

〔美〕凯斯·R. 孙斯坦：《设计民主：论宪法的作用》，金朝武、刘会春译，北京：法律出版社，2006。

〔美〕卡罗尔·佩特曼：《参与和民主理论》，陈尧译，上海：上海人民出版社，2006。

〔美〕罗伯特·达尔：《多头政体——参与和反对》，谭君久等译，北京：商务印书馆，2003。

〔美〕罗伯特·A. 达尔：《现代政治分析》，王沪宁、陈峰译，上海：上海译文出版社，1987。

〔美〕罗伯特·A. 达尔：《论民主》，李风华译，北京：中国人民大学出版社，2012。

〔美〕罗伯特·古丁、汉斯-迪特尔·克林格曼主编《政治科学新手册》，钟开斌等译，北京：三联书店，2006。

〔英〕洛克：《政府论》（上、下），叶启芳等译，北京：商务印书馆，1964。

〔美〕列奥·施特劳斯：《霍布斯的政治哲学》，申彤译，南京：译林出版社，2001。

〔英〕密尔：《代议制政府》，汪瑄译，北京：商务印书馆，1982。

〔英〕迈克尔·H. 莱斯诺夫：《二十世纪的政治哲学家》，冯克利译，北京：商务印书馆，2001。

〔美〕迈克尔·桑德尔：《民主的不满——美国在寻求一种公共哲学》，曾纪茂译，南京：江苏人民出版社，2008。

〔美〕乔·萨托利：《民主新论》，冯克利等译，北京：东方出版社，1993。

〔美〕塞缪尔·亨廷顿：《第三波——20世纪后期民主化浪潮》，刘军宁译，上海：三联书店，1998。

〔美〕塞缪尔·亨廷顿：《变化社会中的政治秩序》，干冠华译，北京：三联书店，1992。

〔英〕斯金纳，〔瑞典〕斯特拉思：《国家与公民：历史、理论、展望》，彭利平译，上海：华东师范大学出版社，2005。

〔美〕托马斯·雅诺斯基：《公民与文明社会》，柯雄译，沈阳：辽宁教育出版社，2000。

〔美〕托马斯·麦卡锡：《哈贝马斯的批判理论》，王江涛译，上海：华东师范大学出版社，2010。

〔法〕托克维尔：《论美国的民主》，董果良译，沈阳：沈阳出版社，1998。

〔法〕托克维尔：《旧制度与大革命》，冯棠译，北京：商务印书馆，2012。

〔德〕韦伯：《新教伦理与资本主义精神》，康乐、简惠美译，桂林：广西师范大学出版社，2010。

〔加〕威尔·金里卡：《当代政治哲学》，刘莘译，北京：三联书店，2004。

〔加〕威尔·金里卡：《自由主义、社群与文化》，应奇、葛水林译，上海：上海译文出版社。

〔英〕威廉姆·奥斯维特：《哈贝马斯》，沈亚生译，哈尔滨：黑龙江人民出版社，1999。

〔英〕休谟：《休谟政治论文选》，张若衡译，北京：商务印书馆，2010。

〔美〕约·埃尔斯特：《协商民主：挑战与反思》，周艳辉译，北京：中央编译出版社，2009。

〔澳〕约翰·S. 德雷泽克：《协商民主及其超越：自由与批判的视角》，丁开杰等译，北京：中央编译出版社，2006，第5~6页。

〔美〕约翰·罗尔斯：《正义论》（修订版），何怀宏、何包钢、廖申白译，北京：中国社会科学出版社，2009。

〔美〕约翰·麦克里兰：《西方政治思想史》，彭淮栋译，海口：海南出版社，2003。

〔英〕以赛亚·伯林：《自由论》（《自由四论》扩充版），胡传胜译，南京：译林出版社，2003。

〔古希腊〕亚里士多德：《政治学》，吴寿彭译，北京：商务印书馆，1965。

〔美〕詹姆斯·博曼、威廉·雷吉：《协商民主：论理性与政治》，陈家刚等译，北京：中央编译出版社，2006。

〔美〕詹姆斯·博曼：《公共协商：多元主义、复杂性与民主》，黄相怀译，北京：中央编译出版社，2006。

〔美〕詹姆斯·菲什金、〔英〕彼得·拉斯莱特主编《协商民主论争》，张晓敏译，北京：中央编译出版社，2009。

〔美〕詹姆斯·M. 布坎南：《自由、市场与国家》，平新乔、莫扶民译，上海：上海三联书店，1989。

〔日〕猪口孝等：《变动中的民主》，林猛等译，长春：吉林人民出版社，1999。

三 期刊论文

毕苑：《民国的公民教育》，《炎黄春秋》2012年第4期。

陈家刚：《多元主义、公民社会与理性：协商民主要素分析》，《天津行政学院学报》2008年第4期。

陈家刚：《协商民主研究在东西方的兴起与发展》，《毛泽东邓小平理论研究》2008年第7期。

陈剩勇：《协商民主理论与中国》，《浙江社会科学》2005年第1期。

陈剩勇：《互联网公共论坛：政治参与和协商民主的兴起》，《浙江大学学报》2005年第3期。

陈炳辉、王倩：《试析麦克弗森的参与式民主理论》，《江淮论坛》2010年第2期。

陈云云：《协商民主视阈中的中国共产党党内民主建设》，《创新》2010年第6期。

陈婷婷、贺小林：《协商民主：公民有序政治参与的重要方式》，《理论月刊》2008年第8期。

崇明：《民主与社会改革：托克维尔论社会问题》，《社会学研究》2008年第2期。

丁成荣：《关于党内协商民主的思考》，《中共南宁市委党校学报》2009年第3期。

杜英歌、娄成武：《协商民主对公民参与的多维审视与局限》，《南京社会科学》2011年第1期。

杜学文、李雯：《社会主义民主的本质与核心——以社会主义协商民主为视角》，《中共山西省委党校学报》2009年第3期。

董石桃：《寻求自由与民主的和谐——贡斯当、托克维尔和密尔的探索及其比较》，《前沿》2009年第8期。

范会勋：《关于协商民主的争论——国外协商民主理论研究综述》，《理论月刊》2013年第12期。

郭忠华：《个体·公民·政治——公民的当代境遇与公民身份的政治责任》，《浙江学刊》2007年第6期。

郭忠华：《变动社会中的公民身份——概念内涵与变迁机制的解析》，《武汉大学学报》（哲学社会科学版）2012年第1期。

郭淑清：《协商民主：中国公民社会的必然诉求》，《广东省社会主义学院学报》2006年第1期。

高力克：《卢梭的公民观》，《浙江学刊》2004年第4期。

黄艳永、杨金广：《浅论党的开放性》，《法制与经济》2009年第8期。

何包钢：《中国协商民主制度》，《浙江大学学报》（人文社会科学版）2005年第3期。

何包钢：《儒式协商：中国威权式协商的源与流》，《政治思想史》2013年第4期。

何包钢：《协商民主和协商治理：建构一个理性且成熟的公民社会》，《开放时代》2012年第4期。

何丽华：《协商民主与票决民主的必要结合——当代集体决策的现实选择》，《贵州社会主义学院学报》2010年第4期。

蒋招华、何包钢：《协商民主恳谈：参与式重大公共事项的决策机制——温岭市泽国镇公众参与2005年城镇建设资金使用安排决策过程的个案报告》,《学习时报》2005 年第 308 期。

蒋红:《协商民主:社会主义民主优越性的本质体现》,《红旗文稿》2013 年第 19 期。

蒋永甫:《控制民主——贡斯当、托克维尔与宪政思想比较》,《学术探索》2008 年第 1 期。

刘军宁:《善恶:两种政治观与国家能力》,《读书》1994 年第 5 期。

刘晔:《公共参与、社区自治与协商民主:对一个城市社区公共交往行为的分析》,《复旦学报》2003 年第 5 期。

刘蕾:《人民民主:社会主义协商民主的生命》,《渤海大学学报》2010 年第 1 期。

林尚立:《协商政治:对中国民主政治发展的一种思考》,《学术月刊》2003 年第 4 期。

林尚立:《公民参与——民主深度发展的动力之源》,《中国政府创新网》,2011 年 03 月 31 日,http://www.chinainnovations.org。

刘靖北:《协商民主——党的群众路线在政治领域的重要体现》,《人民网》,2013 年 11 月 18 日,http://theory.people.com.cn/n/2013/1118/c40531-23574946.html。

刘福元:《行政参与的正当性阐释——程序正义、协商民主与公民权利》,《内蒙古大学学报》(哲学社会科学版)2012 年第 4 期。

李力东:《从协商政治到协商民主——基于政治发展维度的思考》,《北京工业大学学报》(社会科学版)2012 年第 3 期。

李拯:《实现民主的"中国路径"》,《人民日报》2012 年 11 月 1 日。

李强彬、黄健荣:《国外协商民主研究 30 年:协商民主何以须为何以可为》，《四川大学学报》（哲学社会科学版）2012年第3期。

马黎晖：《西方协商民主理论是当代中国协商民主可资借鉴的重要资源》，《新疆大学学报》（哲学·人文社会科学版）2010年第2期。

马奔：《公民会议：协商民主的一种制度设计》，《山东社会科学》2009年第10期。

倪玉珍：《托克维尔理解民主的独特视角：作为一种"社会状况"的民主》，《社会学研究》2008年第3期。

宁乐锋：《社群主义视域内的共和主义民主的复兴——基于查尔斯·泰勒的共和主义论题的分析》，《南京社会科学》2010年第7期。

乔传秀：《充分发挥人民政协作为协商民主重要渠道作用》，《人民政协报》2013年1月30日。

谈火生：《审议民主理论的基本理念和理论流派》，《教学与研究》2006年11期。

王学军：《协商民主与公共决策》，《天府新论》2006年第1期。

王志强：《公民政治参与空间的转换与协商民主》，《华南师范大学学报》2011年第2期。

王洪树、李敏：《国外关于协商民主理论的研究综述——理论流派、政治实践与存疑及回应》，《云南行政学院学报》2009年第5期。

吴晓林、左高山：《协商民主理论与中国民主政治发展》，《教学与研究》2009年第4期。

吴兴智：《理性、权威与制度变迁——中国协商民主发展逻辑再思考》，《南京社会科学》2011年第2期。

吴乐珍：《协商民主理论与中国地方民主的实践国际学术研讨会综述》，《浙江社会科学》2005年第1期。

王凯松：《浅议现代小学生公民教育》，《延边教育学院学报》2010年第6期。

徐家良：《民主合作制：政府与公民间的双赢博弈》，《浙江社会科学》2003年第1期。

俞可平：《协商民主：当代西方民主理论和实践的最新发展》，《学习时报》2006年11月6日。

俞可平：《当代西方政治理论的热点问题》，《理论参考》2003年第1期。

俞可平：《中国公民社会：概念、分类与制度环境》，《中国社会科学》2006年第1期。

俞可平：《中国公民社会研究的若干问题》，《中共中央党校学报》2007年第6期。

杨绍华：《论中国特色社会主义民主政治的基本特点》，《湖南科技大学学报》（社会科学版）2007年第2期。

杨雪燕：《协商民主理论：中国特色政党制度理论的重要组成部分》，《中央社会主义学院学报》2010年第5期。

杨守涛：《国外协商民主研究的回顾与反思——协商主体不平等研究述评》，《陕西行政学院学报》2011年第4期。

叶娟丽：《协商民主在中国：从理论走向实践》，《武汉大学学报》（哲学社会科学版）2013年第2期。

颜德如：《深化中国协商民主的公民认同——一种观念史的研究路径》，《学习与探索》2008年第3期。

郑大华、朱蕾：《国民观：从臣民观到公民观的桥梁——论中国近代的国民观》，《晋阳学刊》2011年第5期。

张方华：《协商民主语境下的公民参与》，《南京社会科学》2007

年第 7 期。

张美兰：《社会主义协商民主的发展路径》，《长春日报》2013 年 1 月 18 日。

朱勤军：《中国政治文明建设中的协商民主探析》，《政治学研究》2004 年第 3 期。

朱勤军：《中国特色社会主义协商民主的发展和创新——基于政治文明发展的视野》，《北京联合大学学报》（人文社会科学版）2009 年第 4 期。

朱哲：《自由主义宪政民主与中国民主政治建设》，《学术交流》2009 年第 7 期。

左宪民：《论中国特色社会主义协商民主》，《求索》2008 年第 5 期。

周国文：《现代视域下的公民伦理》，《理论与现代化》2005 年第 2 期。

四 外文文献

Beetham, David, "Liberal Democracy and the Limits of Democratization," in *Prospects for Democracy: North, South, East, West*, ed. by David Held, Oxford: Polity Press, 1992.

Burnheim, J., *Is Democracy Possible*, Cambridge: Polity Press, 1985.

Dryzek, John S., *Deliberative Democracy and Beyond: Liberals, Critics, Contestations*, Oxford: Oxford University Press, 2000.

Goodin, Robert E., "Democratic Deliberation Within," in *Reflective Democracy*, New York: Oxford University Press, 2003.

Gutmann, Amy, *Democratic Education*, Princeton University Press, 1999.

Habermas, *Citizenship and National Identity: Some Reflections on the Future of Europe*, Praxis International, 1991.

Luskin, Robert C., James S. Fishkin and Roger Jowell, "Considered Opinions: Deliberative Polling in Britain," *British Journal of Political Science*, Vol. 32, No. 3, 2002.

Miller, David, *Philosophy and Ideology in Human's Political Thought*, Oxford: Clarendon Press: 1981.

Nino, Carlos Santiago, *The Constitution of Deliberative Democracy*, New Haven and London: Yale University Press, 1996.

Parkinson, John, *Deliberating in the Real World*, Oxford University Press, 2006.

Philips, Anne, *The Politics of Presence*, Oxford: Oxford University Press, 1995.

Rosenberg, Shawn W., *Deliberation, Participation and Democracy: Can the People Govern*, New York: Palgrave Macmillan, 2007.

索 引

一 关键词

B

辩论 4，5，18，34，47，51，61，103，111，142~144，152，153，155，164，230，233，250，254，255，261，270，276，282，283，288~290，305，323

表达 6，43，50，61，70，76，78，82，85，91，95，97，101，102，105~107，112，114，119，132，137，143，147，149，155，158，161，164，166，169，170，180，181，189，228，231，241，247，250，251，256，258，260，262~264，271，282，283，285，288，295，296，299，301，307，311，314，315，317~319，322，326，338，340~343，348，349，351，354

C

参与民主 13，17，39，45，51，69，70，72，132

参与意识 11，248，266，273，307，331，344

臣民 11，14，120，172，175~178，181~184，188，275，338

城邦公民 12，16~19，27，40

村民 211，213，217，218，221~224，229，230，232，235，260，266，267，319，322，327，328，338

D

代议民主 8，13，17，24，29~31，32，38，39，68，165，253，351

党的建设 247，292

党的统一战线理论 195，196

党内协商民主 213，245~253，

255，277

道德规范　352

地方试验　336

独立自由　174～176，179

对话　4，6，45，59，60，72，74，77，81，87，94，95，113，146，147，150，151，154，158，160，164，165，169，170，195，198，210～212，220～222，229～231，233，234，258，260～262，267，270，271，275，278，279，283，285，287～291，294，296～300，306，308，320，322，323，326，327，331，335

多数决原则　60，325

多元文化　11，13，50，51，122，124，294

F

方法论　14，15，77，256

G

个体　4，8，9，11，13，14，17，18，20，22，27～29，31，33～36，38～40，43～48，51，55，59，71，72，74～76，79，80，82，84～87，91～95，97～102，104，105，107，119，120，122，124，125，131，142，148，150，159，189，192，193，197，199，213，238，248，252，263，269，271，275，276，283，285，289，294～296，298～300，306～308，312～315，318，319，321，322，337，352，354

个体意志　7，84，85，291

公共决策　4，10，14，18，34，85，88，92，150，151，155，168，170，228～231，233，254，256，271，278，281，286，287，289，290，297，303～307，320，322，328，334，336

公共利益　4，58，62～64，71，87，144，147，150，154，163，168，169，193，194，222，223，226，230，246，252，266，270，271，276，281～283，285～290，294，296～300，304，306，308，309，314，322～324，326，328，332，336

公共领域　33，42，49，71，74，75，80，84，100～108，110～112，116，117，119，124～126，129～131，134～136，138，157～160，162，171，251，281，282，284，294，334，347

公共协商　4，7，69，83～89，91，92，152，158，160～163，169，228～230，233，269，275，279，280，283，286，287，290，291，297，299，305，306，308，309，321～324，326～329，332，333，335，347

公民　1，2，4，5，7，11～39，41～66，69，70，72，75～81，83～85，87，

255，277

道德规范　352

地方试验　336

独立自由　174～176，179

对话　4，6，45，59，60，72，74，77，81，87，94，95，113，146，147，150，151，154，158，160，164，165，169，170，195，198，210～212，220～222，229～231，233，234，258，260～262，267，270，271，275，278，279，283，285，287～291，294，296～300，306，308，320，322，323，326，327，331，335

多数决原则　60，325

多元文化　11，13，50，51，122，124，294

F

方法论　14，15，77，256

G

个体　4，8，9，11，13，14，17，18，20，22，27～29，31，33～36，38～40，43～48，51，55，59，71，72，74～76，79，80，82，84，87，91，95，97～102，104，105，107，119，120，122，124，125，131，142，148，150，159，189，192，193，197，199，213，238，248，252，263，269，271，275，276，283，285，289，294～296，298～300，306～308，312～315，318，319，321，322，337，352，354

个体意志　7，84，85，291

公共决策　4，10，14，18，34，85，88，92，150，151，155，168，170，228～231，233，254，256，271，278，281，286，287，289，290，297，303～307，320，322，328，334，336

公共利益　4，58，62～64，71，87，144，147，150，154，163，168，169，193，194，222，223，226，230，246，252，266，270，271，276，281～283，285～290，294，296～300，304，306，308，309，314，322～324，326，328，332，336

公共领域　33，42，49，71，74，75，80，84，100～108，110～112，116，117，119，124～126，129～131，134～136，138，157～160，162，171，251，281，282，284，294，334，347

公共协商　4，7，69，83～89，91，92，152，158，160～163，169，228～230，233，269，275，279，280，283，286，287，290，291，297，299，305，306，308，309，321～324，326～329，332，333，335，347

公民　1，2，4，5，7，11～39，41～66，69，70，72，75～81，83～85，87，

88，90~96，99，100，105~126，128~139，144，145，147~154，156~171，178~193，195~211，213，228，231，236，242，247~251，253，257，258，262~264，267，269~271，273，276，278，279，281~285，288~291，293，295~299，301，303，305，306，308，310，311，313~315，317，319~322，324~326，328，330，334~346，348~354

公民参与　5，6，11，12，15，20，31，40，46，49，59，61，72，84，90，92，108，109，115，118，137，143，149~151，155，164，167，194，228，230，242，264~266，288，293，307，312，313，319，321，325，327~329，335，336，338，340，341，345，347，349，351，352

公民传统　5，12，13，16，17，20，21，24，30，32，34，35，43，46，50，51，58，90，109，110，118，119，323

公民建设　11，338

公民教育　11，12，14，15，172，183~190，299，334，335，338，342~347

公民精神　2，87，168，169，269，306~308

公民理论　10~13，16，39，50，85，90，92，100，109，112，116，117，119，125，136，137，187，261，348~350

公民权利　11，12，17，27，39，57，96，100，110~116，123，136，137，171，176，178，180，181，190，230，326，346，351，352

公民社会　12，14，24，32，58，74，80，82~84，116，125，136，138，139，149，169，171，172，184，251，254

公民身份　11~13，16~18，20，23，27~29，35，39~42，49~52，54，56~59，84，100，108，109，112，115~125，132，178，282，344，345~347，349，350

公民素质　21，227，306，341

公民文化　2，12，116，338~341

公民德行　51，136，169

公民行动　10

公民资格　13，18，20，34，41，49，51，56~58，79，84，109，171，183，184，341

公民自治　4，5，20，173，186，189，250

共和主义　4，5，12，16，17，20，21，24，25，27，29，32，34，35，39~41，46，48~51，54，57，61，74，

90，97，108，109，117，118，120，122，126，129，164，165，323，349，350

共同体 12，18~21，28，31，32，41~50，52，54，58，63，64，71，92，97，110，115~121，123，128，130，135，169，262，264，271，279，282，292，296，308，322，324，328，332，338，339，342，343，346，347，352

沟通 13，68，91，101，106，111，133，136，144，155，195，205，210，211，219，220，227，228，230，239，241，252，254，255，258，276，278，279，287，289~291，297，303，306，320，323~325，328，329，339，342，343

广泛多层制度化发展 214，258，302，353

国家 1~4，6，8，9，11~13，15~17，23，24，26~31，34，38，39，41，43，45~47，51，55，57，59，61，65，70，71，82，85，87，88，90，94，95，103，105，107，113，115，118，121~123，125，127，130~133，135~137，141，148，149，152~155，161，166~170，172~175，178~182，185~191，193~200，202，205，206，208~211，213~215，220，225，227~232，238，248~250，256，258，259，261，263~267，270，271，273~278，280~283，285~291，294，296~299，308，309，311~313，316，321~325，327~330，332，334，335，345，348，354

国家能力 2，3，14，15，256，257

国家治理 2，346

国民 9，10，14，36，41，67，164，166，174~178，180~183，185，188，189，191，196，198~206，243，246，258，259，263，264，269，273，296，314，331，334，344，351

H

合作 1，2，76，78，81，88，90~92，101，121，128，147，164~166，171，190，191，195，196~209，213，215，232，248，249，251，257，261，262，265，266，268~272，274~276，283，293，302，309，313，316，319，320，324，329，334，342，345，346，352

后自由主义 11，43，45，61，117，164，256

J

基层民主 14，166，211，213~215，218，220，222，230，232~235，242，247，257，260，262，264，266，267，275，277，293，313，319，322，330，

334, 352

交往理性 71, 92~96, 115, 117, 118, 126, 132, 133, 283, 286, 290, 303~306, 323, 327, 328, 345, 346

交往行动 13, 83, 92, 95, 100, 101, 106, 107, 110, 111, 113, 116, 126, 281, 283, 284, 323

经济增长 2, 28

精英 6, 7, 15, 20, 40, 64, 69~72, 86, 121, 140, 144, 147, 158, 166, 198, 215, 251, 268, 269, 274, 278, 293, 304, 312, 315, 318~321, 326, 327, 329, 331, 348, 350

L

理想的对话情境 6, 77, 294

理性 5, 6, 10, 18, 19, 25, 27, 28, 33, 50, 56, 57, 65, 69, 70, 79~84, 90~93, 96, 97, 100~106, 112, 114, 117, 122, 124~126, 138~140, 143, 145, 148~150, 154, 158, 159, 162~165, 167~170, 179~181, 213, 242, 247, 250, 252, 258~260, 262, 263, 267, 271, 282, 284, 285, 293~295, 297, 299, 300, 302, 303, 306~308, 313~315, 317~322, 332, 338, 340~342, 346, 348, 349, 351, 352, 354

M

马克思主义民主理论 256, 325

民本 133, 190~192, 300

民众 4, 64, 70, 108, 120, 141~143, 145, 147, 148, 155, 158, 174, 185, 189, 200, 230, 242, 267, 269, 285, 305, 334

民主 1~19, 21, 23~27, 31~34, 36, 39~43, 46, 48~55, 57, 60, 61, 64~70, 72~75, 77~100, 105~108, 111~118, 120, 122, 123, 125, 131~133, 136~157, 159, 161~184, 188~190, 196, 198~200, 204, 205, 210~354

民主参与 178, 181, 242, 248, 253, 265, 275, 306, 314, 325, 326, 351

民主的悖论 351, 352

民主的内在价值 7, 69, 293

民主方法 15, 138, 139, 247, 257, 350, 352

民主管理 220, 225, 227, 232, 234, 235, 275, 306, 316, 325, 326, 346, 351

民主化 1~3, 9, 11, 51, 90, 106, 125, 131~133, 165, 203, 240, 264, 265, 277, 303, 312, 314, 320, 334, 338

民主监督 203, 205~207, 215, 216, 220, 226, 229, 257, 274~276, 306, 316, 325, 326, 346, 351

民主进程　155，213

民主路径　256

民主实践　4，7，8，10，11，15，51，83，149，167，172，190，191，193～195，198，200，202～211，213，214，231，236，244，245，260，264，266，267，272，275，288，293，297，299，308，312，319，325，327～330，334，336，338，340，345，346，350～352

民主协商　14，15，51，132，166，168，196，197，200，201，205，208，209，211，212，214～216，218，221～227，229～233，235，242，257，266，267，275～277，307，319，322，334，335，346

民主形态　4，8，262，301，321，350，351

民主选举　51，316，325，346

民主政治建设　9，11，15，196，211，213，214，222，232，234，241，246，248，259，262，263，293，311，313，317，319，321，325，337，338，353

P

批判　8，13，15，31，39，42，46，51，61，78，79，81～83，86，87，90，91，93，95，97，150，159，161，162，166，177，178，188，256，275，278，290，308，314，318，322，324，328，332，343，344

平等　4～6，13，14，17～20，22，24，27，28，30～33，35，39，40，42～45，47，51，54，55，61，63，65，68，69，71，74～80，83～85，88，90，91，94，97～99，105，107，109～111，114～116，119～122，126，132，133，136，138，140，142，146，147，150，151，154，157～159，161，162，164～166，168～171，179，181，182，189，196，198，200，205，215，217，241，250，258～263，270，276，283，284，289，292，294，295，297，298，300～307，313，314，319～322，326，328，332，338，339，343～345，348，349，354

Q

权力主体　111

权利义务　173，175，176，183，189

权威　21，25，34，36，43，47，58，102，106，122，125，150，151，152，174，207，229，230，251，270，280，282，325，337，338，343，344，350，352

群众路线　164，190，194～196，217，258，295，300～302

R

人民当家作主　166，167，195，210，

229，261，262，286，302，311，315～318，325

人民民主　9，15，164，166，206，209，212，218，247，257，259，261，262，265，269，271，272，282，286，295，300，301，311，313，316，317，319

人民政协　14，197，205～209，215，219，249，257，274，295，329，336

人民主权　30，36，37，47，84，91，96～100，110，116，121，131，293，294，317，350，351

人民主体　166，195，301

人权　1，4，29，30，34，36，37，39，40，61，96～100，108，110，115，116，123，171，180，182，184，185，281，282，316，351

S

社会　1～3，5，9～19，21，23～40，42～48，50～55，57，59～63，65，68，70～74，78，79，81～91，93，94，96，98，100，101，103～125，129，132，133，135～138，141，144，145，149～153，155，157，159～162，166～173，175～178，180～182，184，186，188，190，191，196，198，201，203～207，210，211，213～216，218，220～242，246，248～251，254～290，292～304，306～323，325～338，

342～347，349～352，354

社会和谐　12，261，269，299

社会条件　10，13，42，125，131

社会主义基本政治制度　14

社会主义协商民主　9，14，15，164～166，195，198，205，209，213，218，228，256～259，261～268，270，271，273，275，278～280，282，283，286，290～293，295，302，303，306，308～310，313，314，318，319，321，325，329，330，334

审议民主　5，6，13，73，74，86～92，100，106，125，126，129，131，132，136，163，171，278，298

审议主体　125，132～136

市民　1，16，27，28，31～33，39，48，49，57，100，103～109，111，116，121，238，242，260，303，322，327，328，344，349

市民社会　1，16，27，32，33，49，57，94，100，101，103～108，111，116，136，260，303

事实与规范　7，49，91，94～99，101～105，108～110，113～115，118，120～124，126～130，133，134，158，281，288，308，323

双元发展　2，15

私性公民　12，17，24，25，28，31，

32，39，47

T

讨论 6，7，19，26，33，53，66，67，70，74，79，82，84，85，87，90，95，108，118，125，141，149，154～156，158～161，165～170，179～181，194，205，214，215，223～225，228，230，231，240，242，245，252，253，256，262～264，267，271，282～284，288～291，293，294，299，300，303～307，311，313，314，317，319，320，326，338，339，341，342，344～346，349，354

天下为公 190，193，194

X

现代公民 11，12，14，17，32，146，172，178，179，181，184～186，189，275，308，309，337，342，344～346

现代化转型 1，2，268，269

现代性 31，103，109，119，324，351

现代性困境 109，119，351

宪政民主 6，13，17，24，32，35，37～39，61，80，165，313

协商民主 5～15，17，50，51，58～64，67～75，78～87，90，91，125，131，132，138，139，141，142，149～152，158，160，163～172，190，191，193～198，200～207，209～215，217～221，223～233，236，237，240～242，244～303，306～311，313～315，318～325，327，329～332，334～338，342，343，346，347，350～354

协商式公民 92，337，340

选民 4，5，60，62，73，249，250，273，312，323，344，349

Y

语言 44，82，92～95，98，101，106，111，116，120，122，126，133，275，283，284，287，303，306，308，323，324，328，330，347

Z

整合 2，5，13，16，33，46，50～52，58，84，90，95，96，101，116～118，120，123，142，193，216，230，241，242，248，263，269，291，299，305，329，336，349，350

政府效能 11

政治发展 2，9，61，64，85，140，164，165，167，191，196，213，247，251，258～261，263，264，269，307，314，319，331，334，337，339

政治合法性 2，5，17，27，43，51，66，78，90，150，246，248，258，271，285，286，322，325，326

政治冷漠 60，164，340

政治理想 7，12，20，69

政治系统 2，100，103，105~107，111，116，119，129，131，230，290，293，297，306~308，326~328

政治协商 7，14，64，67，68，80，85，164~166，190，191，193，196~210，213，215，216，219，246，248，249，251，256，257，262~267，269，271，274~276，292，296，300，310，313，314，316，318~321，327，329，334

直接民主 3，13，17，21~24，29~31，59，64，165，246，253~255，348~351

制度建设 11，209，215，223，243，257，302，335

法治 11，29，37，61，106，108，120，122，123，125，136，178，180，229，235，307，311，313，315，317，318，327，349，351，352

中国经验 311

中国模式 311

中间立场 350

主权在民 5，22，165，180，182，301，316

主体 2，4，5，10~14，16，18，29，57，72，75，78，80，82，84，88，92，93，100~106，108，109，112，116，117，119，120，122，123，125，126，136，139，143，144，147，149~151，172，188，190，193，211，213，220，236，238，246，249~265，267，271，272，277，278，281~286，288~295，297~303，305~308，314~316，318~322，328，330，332，334~346，348，349，351，352，354

自由 1，4~6，8，9，12~15，17~63，65，68，69，71，72，78，80，82~89，91，93，94，97~101，105~111，113，115，116，118~122，124~126，128，129，132，133，135，136，138，140，151~153，162~164，168，169，171~174，179，181，182，184，186~197，199，200，204，205，208，212，242，251，259，262，263，265，270，276，283，284，289，291，292，295，297，298，301~305，307，311，313，314，318，319，321~323，325~327，329，330，332，338，339，341，344，345，352，354

自由主义 16，24，43，50，66，118，164，165，318，349，350

自治 4，5，13，19~21，23，45，48，49，59，91，166，173，176~180，186，189，203，207，211，213，220，224，229，250，251，262，264，266，267，273，275，280，293，295，313，

316，319，336，349，351

二　人名

A

阿尔蒙德　2，338~340

阿克曼　6，80，143

阿伦特　18，41，54，119

埃尔斯特　5，6，8，59，60，73，77，152，169，304

B

柏拉图　17，99，348

毕塞特　6，61~64，84，85，293

伯林　35，39，50，52~56

C

陈独秀　178~180

陈家刚　9，61，64，74，85，140，294

陈剩勇　10，159，167，191，260

D

达尔　57，312

德雷泽克　7，8，73，78，79，81~84，138，159，278，318

邓小平　198，204，247，249

杜威　74，278，342，343

F

房宁　269，300

菲什金　6，8，73，139~146，166，168，253

G

古特曼　8，72，73，86~89，91，136，343

贡斯当　12，17，32，34，35，39，50，52~55，58，96，109，349

H

哈贝马斯　6，8，11，13，14，52，64，80~83，85，88，90，91，95~102，104~122，124~126，129~133，135，136，139，140，143，147~152，167，262，267，293，296，300，302，303，306，307，311，318，319，322，339，340，345，346，354

何包钢　9，10，77，141，142，149，157，159，167，191，260，315，332，352

胡适　178，179

霍布斯　2，24，25，26，53，65，98，99，323

K

康有为　173

科恩　7，64，69，79，84，85，104，105，108，278，285，297

L

李大钊　179，180

梁启超　173~177，181

林尚立　9，164，191，258，259，261，263~265

卢梭　11，17，27，29，31，32，40，
　　67，85，97，98，102，121，130，
　　133，174，178，277，286，312，323
罗尔斯　6，7，13，41，50，65，66，
　　68，69，73，75，77～80，84，91，
　　92，123，279，285，294，323
洛克　11，25～28，30～32，178，312

M

马歇尔　56，57，112
曼宁　7，64，65，67～69，84，85
毛泽东　165，194～197，203～206，
　　247，300～302，320
密尔　5，30，60，75～77，86，160，
　　278，294

S

萨托利　9，21～24，29～31，350，351

桑德尔　40，44，46，48
孙中山　182，189，350

T

泰勒　40，45～49，108
汤普森　8，73，86～89，91，136
托克维尔　11，12，17，32～37，39，40

W

维巴　338～340

Y

雅诺斯基　18，52，112，115
亚里士多德　3，11，17～19，23，31，
　　40，48，57，59，93，278，348
杨　132，278，292，318
俞可平　8，12，258

后　　记

"协商民主"和"公民理论"是本书最重要的两个关键词，也是我深入思考社会主义协商民主发展的两把钥匙。对公民理论的关注源于我在浙江大学读书期间的论文选题，从此激发了我对政治哲学的浓厚兴趣，并找到了自己的学术起点。2006年，我进入浙江省社会科学院从事理论研究工作，对社会主义协商民主的关注则来自此后几年的工作经历。其间，我与同事先后数次走访浙江各地市、村庄、社区，开展大量调研工作，逐步对中国基层协商民主有了亲身体验与感性认识。鉴于浙江基层协商民主实践的蓬勃发展，以及协商民主对国家治理现代化的积极意义，本书选择以政治哲学的主体维度为切入点，对中国社会主义协商民主进行理论与实证两个方面的思考与分析，因而本书也可算作两个研习阶段的小结吧。

能够顺利完成本书，要感谢的人很多。感谢浙江大学高力克教授。在浙大求学期间，作为我的授业导师，高老师的睿智与博学给我留下了深刻印象。在他的引领下，我慢慢领悟到学术大家精妙的思辨能力，对社会的深切关注，对人类未来的美好构想，以及理论本身的无穷魅力。在本书的写作过程中，与他的一通通电话和一封封电邮，总是能在我最困惑和不知所措时，为我指明方向，让我坚定信心、充满希望。

感谢浙江省社会科学院的领导，他们为科研工作者提供了深入基层、触摸土地的机会，让我能够将自己的理论研究佐以实证分析。尤其要感谢政治学所所长陈华兴教授，在他的"养涵"思想下，我所全体同仁能够充分享受宽松、自由、融洽的学术氛围，全身心地投入各自的研究领域，这对于科研工作者来说，无疑是"最高待遇"。在本书的选题准备、提纲设计和后期修改中，陈教授给予我很多启发与指导，如果本书对协商民主的进一步发展有所裨益，无疑也应归功于他。同时，也要感谢《观察与思考》杂志社主编黄宇研究员的关心与指导。同时，本书为浙江省哲学社会科学重点研究基地——"浙江省中国特色社会主义理论研究中心"学术成果、浙江省社会科学院"区域政治学"重点学科学术成果，以及浙江省社会科学院重点课题"公民理论视域中的社会主义协商民主研究"（2014CZD02）学术成果，在此对本书获得的相关资助表示感谢。

感谢我的师姐，也是现在的同事胡丽娟博士。她不仅承担了本书第五章的撰写工作，而且时常与我一起讨论中西方民主理论的相关问题，给予我莫大帮助。相识十年，人生最美好的年华，这份至诚至真的友情我会用一生来呵护。感谢我的同窗好友李力东、王小燕为本书部分章节提供了素材与资料。感谢余华、王一胜、李旭、傅歆、唐晓燕、王釜屾、王宇、王莉等多位同仁的支持与帮助。感谢浙江省社会科学院科研处的李东老师和朴姬福老师，她们为本书的出版提供了诸多帮助。

最后，感谢我的家人。我的先生李如涛，作为一名文艺学专业的政治学爱好者，无论在生活上，还是在精神上都给了我很大支持。记不得多少个夜晚、周末，抑或旅行途中，我就写作中遇到的问题与他讨论，他总是从跨学科的角度给出不同的解读。人们常说，文学是感性的，政治学是理性的。但我始终相信，对于现实生活中驳杂的政治现象，不仅需要理性的思考，更需要身临其境般的感悟。这种感性与理性的跨界组合，一定会产生不一样的化学反应。我的儿子李若晨，5周岁零四个月，活泼、可爱、富有正义感，时常让我感叹生命的美好。在我写作遇到瓶颈、心情低落的时候，是他让我忘掉一切，轻松自在地享受亲子时光，并在新的一天重新唤起前进的动力。还要感谢我的父母、公婆、姨妈等诸位长辈的照顾和关爱。因为他们，我的人生更趋完满，感谢生活厚爱于我！

2014 年仲夏于杭州西溪

图书在版编目（CIP）数据

社会主义协商民主：主体维度的思考/唐玉著.—北京：社会科学文献出版社，2014.10
（中国地方社会科学院学术精品文库.浙江系列）
ISBN 978-7-5097-6297-4

Ⅰ.①社… Ⅱ.①唐… Ⅲ.①社会主义民主-政治制度-研究-中国 Ⅳ.①D621

中国版本图书馆CIP数据核字（2014）第171530号

·中国地方社会科学院学术精品文库·浙江系列·
社会主义协商民主：主体维度的思考

著　　者 / 唐　玉

出 版 人 / 谢寿光
项目统筹 / 宋月华　杨春花
责任编辑 / 袁卫华

出　　版 / 社会科学文献出版社·人文分社（010）59367215
　　　　　 地址：北京市北三环中路甲29号院华龙大厦　邮编：100029
　　　　　 网址：www.ssap.com.cn
发　　行 / 市场营销中心（010）59367081　59367090
　　　　　 读者服务中心（010）59367028
印　　装 / 三河市尚艺印装有限公司
规　　格 / 开　本：787mm×1092mm　1/16
　　　　　 印　张：24.75　字　数：309千字
版　　次 / 2014年10月第1版　2014年10月第1次印刷
书　　号 / ISBN 978-7-5097-6297-4
定　　价 / 98.00元

本书如有破损、缺页、装订错误，请与本社读者服务中心联系更换

▲ 版权所有 翻印必究